Manual Prático e Fundamental de Tradução Técnica

Manual Prático e Fundamental de Tradução Técnica

Luís Cavaco-Cruz

Copyright Notice:
Copyright first edition © 2012 Arkonte LLC. ALL RIGHTS RESERVED.
Copyright reprint first edition © 2017 Arkonte Publishing, a Division of Arkonte LLC. ALL RIGHTS RESERVED.

Imprint by Arkonte Publishing, a Division of Arkonte LLC, 16657 E 23rd St Suite 220, Independence, MO 64055, United States of America.

Printed in the United States of America.

Author:
Luís Cavaco-Cruz

Introduction by:
Maria Clotilde Almeida

Cataloging data:
- Keywords: Tradução, Tradução Técnica, Portuguese, Terminologia, Neonímia, Profissão de Tradutor.
- Pages: 282. Illustrations: 17.
- OCLC Four-Figure Cutter Table: Ap587
- ISBN: 978-0-9985095-2-5 (Paperback)
- ISBN: 978-989-98046-1-6 (Kindle Edition)
- Library of Congress Control Number: 2017900046

APA Citation format:

Cavaco-Cruz, L. (2012). *Manual Prático e Fundamental de Tradução Técnica.* Independence, MO: Arkonte Publishing.

Credits for illustration, design, production and editing:
Cover Illustration and Design Copyright © 2012-2017 by Victor Costa, Artbit, Lda, (www.artbit.pt).
Book design and production by Arkonte Publishing, a Division of Arkonte LLC, www.arkontepublishing.com

Legal notices:
© 2017 Arkonte Publishing, a Division of Arkonte LLC. ALL RIGHTS RESERVED.
This book contains material protected under International and Federal Copyright Laws and Treaties. Any unauthorized reprint or use of this material is prohibited. No part of this book may be reproduced or transmitted in any form or by any means, electronic or mechanical, including photocopying, recording, or by any information storage and retrieval system without express written permission from the author / publisher. This book is under the Berne Convention for the Protection of Literary and Artistic Works (1886), and subsequent legislation.

Disclaimers:
Although the author and the publisher have made every effort to ensure that the information in this book was correct and legal at press time, the publisher does not assume and hereby disclaims any liability to any party for any loss, damage, or disruption caused by errors or omissions, whether such errors or omissions result from negligence, accident, or any other cause.

Ao meu pai

Índice

Índice de siglas e abreviaturas..v
Índice de Ilustrações...vi
Nota Prévia..vii
Como utilizar o sítio Web de apoio?..ix
Prefácio...xi
Introdução..1
1. O texto técnico...3
   1.1. O significado de "técnico"...3
   1.2. O texto técnico e a tradução técnica..4
   1.3. Estilo e comunicação técnica...17
   1.4. Texto técnico, comunicação sem estilo: mito ou realidade?...........31
   1.5. Tradução técnica: áreas de especialização......................................33
   1.6. Tradução técnica / tradução literária...35
2. Texto técnico e terminologia...40
   2.1. O que é a terminologia?..40
   2.2. A prática da terminologia..45
   2.3. O trabalho do terminólogo..54
      2.3.1. Procedimentos metodológicos..55
      2.3.2. Extração e pesquisa terminológica 57
      2.3.3. Controlo de qualidade dos resultados 60
   2.4. Neologia e terminocriatividade...61
   2.5. Exemplos de criação neonímica..68
      2.5.1. Neologismos denominativos formais derivados por prefixação..70
      2.5.2. Neologismos denominativos por extensão semântica..........72
      2.5.3. Neologismos denominativos de compostos sintagmáticos por extensão semântica..73
      2.5.4. Neologismos denominativos por decalque semântico.........75

2.6. Rotinização e repetição "vs." neologia 78
3. A atividade da tradução técnica 84
   3.1. Globalização e internacionalização 84
      3.1.1. A globalização 84
      3.1.2. A internacionalização 86
   3.2. A tradução técnica e a localização 88
   3.3. As agências de tradução 90
   3.4. As equipas de tradução técnica 94
   3.5. A gestão de projetos de tradução 97
      3.5.1. A adjudicação 100
      3.5.2. A preparação de documentos 101
      3.5.3. A tradução 102
      3.5.4. A edição e a revisão 104
      3.5.5. A conclusão 105
4. O tradutor técnico 106
   4.1. Características do tradutor técnico 107
   4.2. Da importância do tradutor técnico na lusofonia 109
   4.3. As ferramentas do tradutor técnico 111
      4.3.1. Tradução automática 112
      4.3.2. Ferramentas CAT e memórias de tradução 115
      4.3.3. Contagem de palavras 122
      4.3.4. Glossários e terminologias multilingues 130
      4.3.5. Códigos ISO de línguas 132
   4.4. Os revisores e os editores 135
5. A profissão de tradutor *freelance* 137
   5.1. Processos de trabalho 139
      5.1.1. Formatação 140
      5.1.2. Precisão 140
      5.1.3. Consistência terminológica 141
      5.1.4. Deteção de erros 141

    5.1.5. Prazos (datas de entrega) 141
    5.1.6. Controlo de garantia de qualidade 142
  5.2. Trabalhar com clientes diretos 142
  5.3. Trabalhar com agências de tradução 147
  5.4. Testes de tradução 151
  5.5. Curriculum Vitae e autopromoção 152
  5.6. Carta de apresentação 155
  5.7. Diário de candidatura 155
  5.8. Que preços cobrar e como receber? 155
  5.9. Contratos de trabalho 159
  5.10. Evitar problemas 162
    5.10.1. Evite os "esquemas" cibernéticos 163
    5.10.2. Faça aquilo que sabe 164
    5.10.3. Cuidado com os prazos 165
    5.10.4. Esclareça as suas dúvidas 165
    5.10.5. Pondere cada projeto 166
    5.10.6. Cuidado com a forma como comunica 167
    5.10.7. Mantenha a casa arrumada 167
    5.10.8. Cuidado com a lei 168
6. Controlo de qualidade em tradução técnica 169
  6.1. Normas de qualidade 170
  6.2. Listas de verificação (*checklists*) 173
  6.3. Guias de estilo 174
7. Vocabulário da tradução, L10N, e terminologia 177
  A 177
  B 179
  C 180
  D 187
  E 190
  F 193

G 197
H 199
I 200
J 201
L 201
M 205
N 206
O 208
P 209
Q 211
R 212
S 214
T 218
U 224
V 224
W 226
X 226
Bibliografia 229
Índice remissivo 236
Notas 245

Índice de siglas e abreviaturas

Sigla ou Abreviatura	Significado
Cf.	Confronte
G. do A.	Gráfico do autor
ibid.	Ibidem; indica que o que se cita é do mesmo livro ou do mesmo autor citados anteriormente (Do latim *ibidem*, "aí mesmo, no mesmo lugar")
id.	Idem; o mesmo, a mesma coisa (Do latim *idem*)
p.	Página
PB	Português Brasileiro
PE	Português Europeu
pp.	Páginas
T. do A.	Tradução do autor
Tab. do A.	Tabela do autor
TC	Texto de chegada
TP	Texto de partida
Vd.	Vide; indica uma remissão do tipo: veja, veja-se em (Do latim *vide*)

Índice de Ilustrações

A relação signo—conceito—objeto, segundo Pierre Lerat e Contente (G. do A.) 18
CIES — "Resultados globais da distribuição da população adulta (15-64 anos) por níveis de literacia – 1994" 20
População residente com 15 e mais anos: por nível de escolaridade completo mais elevado – 1998. G. do A. 21
População residente com 15 e mais anos: por nível de escolaridade completo mais elevado – 2010. G. do A. 22
Imagem esquemática da definição de termo, de Rondeau. G. do A. 43
Exemplo de um diagrama conceptual. G. do A. 58
Aspetos da globalização. G. do A. 84
O processo de globalização. G. do A. 85
A globalização de sítios Web. G. do A. 89
A gestão de projetos de tradução. G. do A. 98
O processo de adjudicação de um projeto de tradução. G. do A. 100
O processo de preparação de um projeto de tradução. G. do A. 101
O processo de tradução de um projeto de tradução. G. do A. 102
O processo de edição e revisão de um projeto de tradução. G. do A. 104
O processo de conclusão de um projeto de tradução. G. do A. 105
Correspondência contextual. G. do A. 125
Elementos de colocação (*placeables*). G. do A. 127

Nota Prévia

Sobre o Manual:

Impõe-se que o leitor tenha alguma informação adicional acerca dos bastidores deste projeto.

Primeiramente, este projeto partiu de várias premissas,

1. a de que não existe em língua portuguesa um trabalho de fundo sobre a tradução técnica,
2. a de que o mesmo se enquadra no seguimento da filosofia pedagógica e científica do trabalho realizado ao longo do meu Mestrado em Tradução, na vertente de Tradução Técnica, e
3. a de que se articula com a minha experiência profissional de mais de doze anos como escritor técnico, tradutor técnico e literário, e gestor de projetos de tradução e comunicação técnica, em Portugal e especialmente nos EUA, onde resido e trabalho.

O *Manual Prático e Fundamental de Tradução Técnica* é, sem dúvida, um trabalho dinâmico e em construção, pois é impossível dizer tudo num só livro. Por isso mesmo eu e a minha equipa de trabalho criámos um sítio Web — www.traducaotecnica.pt — que procurará continuamente atualizar a informação existente neste Manual.

Igualmente, o Manual tem e terá sempre um formato multissuporte, com versões em papel e suporte digital no formato Kindle, de forma a responder às necessidades dos profissionais — presentes e futuros — da tradução técnica no mundo lusófono.

Questões metodológicas:

Quer as citações quer a bibliografia seguem o sistema estabelecido pela APA (*American Psychological Association*), 5ª edição.

Na bibliografia, sempre que as hiperligações da Internet se mostrarem demasiado extensas, optei por proceder à sua redução através do serviço do sítio Web https://bitly.com/, mantendo, contudo, o redirecionamento para o sítio Web original da entrada bibliográfica.

Subjacente à escrita deste livro esteve também o postulado de que a escrita deve ser simples, económica e eficaz — aliás, em cujo estudo prático estou a trabalhar ativamente de forma a produzir uma obra que seja útil e de fácil utilização para todos.

Apesar do Português Europeu constituir, em frases declarativas simples, uma língua de sujeito nulo — isto é, uma situação de sujeito oculto determinado — optei por inserir um pronome pessoal sempre que existisse ambiguidade na identificação do sujeito — isto é, uma ambiguidade provocada pela não materialização do sujeito na oração.

Finalmente, este manual foi escrito tendo por base o Acordo Ortográfico de 1990, em vigor em Portugal desde 2009.

Espero, portanto, que o leitor veja neste manual a utilidade para que foi pensado e escrito. Pela minha parte, foi um prazer não só escrevê-lo mas também antecipar o proveito que o meu humilde contributo possa ter para si.

Luís Cavaco-Cruz
Portugal, verão de 2012.

Como utilizar o sítio Web de apoio?

Ao adquirir o *Manual Prático e Fundamental de Tradução Técnica*, eu e a minha equipa de trabalho oferecemos-lhe adicionalmente o acesso **exclusivo** a muitos outros materiais e serviços através de um sítio Web de apoio ao Manual!

Para utilizar o sítio basta utilizar o **código de autenticação** que recebeu quando adquiriu o Manual — cada Manual impresso ou digital possui um código exclusivo e intransmissível constituído por nome de utilizador e palavra-passe:

- ☑ navegue para o endereço www.traducaotecnica.pt;
- ☑ faça o login utilizando **código de autenticação** fornecido;
- ☑ o sistema autenticará o seu código exclusivo e você poderá utilizar o sítio de imediato; se quiser, poderá alterar a sua palavra-passe imediatamente.

A partir desse momento terá **acesso exclusivo a um vasto acervo de conteúdos sempre atualizados**, como por exemplo:

- listas e resumos acerca de
    - agências de tradução selecionadas criteriosamente
    - associações profissionais
    - glossários
    - software DTP e de ferramentas CAT
- listas de verificação (*checklists*)
- fóruns de debate
- materiais de referência
- materiais formativos
- testes de tradução
- newsletter com informações, atualizações e atividades
- tutoriais
- *webinars*
- *white papers*
- *workshops* / ateliês e cursos de formação

Esperamos que usufrua de todos os serviços e que nos contacte sempre que deseje e nos coloque as suas questões ou sugestões.

Prefácio

A presente obra sobre Tradução Técnica, que emerge, em larga medida, de um relatório de estágio no ISCPSI (Instituto Superior de Ciências Policiais e Segurança Interna) sobre a Tradução de Sistemas de Segurança, sob orientação da minha pessoa, no contexto do Mestrado em Tradução da Faculdade de Letras de Lisboa, vem preencher uma carência generalizada de obras neste segmento da tradução em língua portuguesa.

Com grande mestria, Luís Cavaco-Cruz desmistifica a ideia generalizada de que este domínio da tradução, o mais representativo em volume de textos traduzidos ao nível europeu e mundial, se resume à tradução de terminologia técnica. Assim sendo, enraizada no conceito de Português Simplificado, por inspiração no conceito de "Plain English", preconiza que a dimensão estilística, em concreto, uma estruturação simplificada do texto, se afigura determinante para a Tradução Técnica, a par do processo de cunhagem terminológica pelo tradutor, tratando questões tão importantes como a neonímia e a terminocriatividade. Ao focar a actividade de tradução técnica propriamente dita, envereda por uma explicação detalhada acerca dos trâmites da contratualização de uma tradução na sociedade de informação, alvitrando numerosos conselhos muito úteis para os iniciados neste domínio de actividade profissional.

O autor, Luís Cavaco-Cruz, ao aliar a sua vasta experiência como tradutor técnico quer de inglês-português, quer de espanhol-português, em regime de freelance, nos Estados Unidos da América, à investigação teórica e à prática linguístico-terminológica, envereda por uma abordagem teórico-prática do texto técnico, permeada de exemplificação de segmentos traduzidos do inglês para o português, o que se afigura da maior relevância para os estudantes de tradução dos diversos ciclos do ensino universitário.

Maria Clotilde Almeida
Directora do Mestrado em Tradução
da Faculdade de Letras da Universidade de Lisboa

Introdução

A tradução técnica, como qualquer outra profissão de profunda independência, intelectualidade, rigor e seriedade, é uma atividade altamente especializada e como tal deve ser encarada por todos os intervenientes neste processo.

Esta atividade requer do linguista profissional, enquanto tradutor técnico, uma grande polivalência de conhecimentos e um leque alargado de competências que são fulcrais à comunicação empresarial, industrial e tecnológica por todo o mundo.

Obstante a estes predicados é a visão daqueles que olham o tradutor técnico como simples mercadoria. Esta tendência alicerçou-se não só na falta de normas orientadoras no decurso da globalização, mas também na inexistência de informação abrangente, coesa e rigorosa que tivesse podido mostrar a todos os intervenientes no processo o verdadeiro calibre da tradução técnica.

Com efeito, a muitos aproveitaria uma obra que orientasse de uma forma prática, direta, e bem fundamentada, o caminho a seguir no avanço qualitativo da atividade da tradução técnica:

- aos estudantes de tradução e escrita técnica, sequiosos de materiais didáticos que os orientem e lhes deem uma visão prática da tradução técnica em língua portuguesa;
- aos muitos tradutores sem formação académica na área da linguística ou da tradução, e cuja carreira profissional necessita de alguma orientação especializada;
- aos empresários e gestores que gostariam de saber mais acerca do mundo da tradução, para que possam fazer as escolhas mais acertadas para as suas empresas em matéria de qualidade e eficácia de conteúdos;
- aos governantes e legisladores, para que fiquem mais cientes da necessidade de implementar e fazer cumprir as regras e normas de qualidade existentes;
- aos professores de tradução, que tanta falta têm de materiais de apoio em língua portuguesa para uso nas suas aulas.

É isto que procurarei também demonstrar aqui, neste manual: que a profissão do linguista especializado em tradução técnica ombreia, em predicados e mestria, com os melhores ofícios de qualquer área de especialização. Felizmente, não estou sozinho nesta demanda. Nas duas últimas décadas ocorreram grandes mudanças no plano internacional em termos de normas reguladoras da qualidade dos serviços de tradução.

Os dois maiores motores da economia mundial — os Estados Unidos da América e a União Europeia — têm, desde há vários anos, produzido legislação normativa que vai no sentido de implementar políticas de qualidade nos serviços de tradução. Os dias de desregramento e da ausência de rigor de alguns estão a acabar. Estão a ser substituídos por valores que se orientam pela responsabilidade, investigação, conhecimento e permanente atualização dos serviços de tradução.

A tradução técnica está-se a tornar, de forma pausada mas firme, numa profissão que tem como caminho de sentido único a via da qualidade. Aliada às ferramentas da gestão, como o *benchmarking* e os processos de controlo de qualidade, e imbuída cada vez mais dos rumos investigativo e empresarial, a tradução técnica apresenta-se internacionalmente como uma das profissões com um dos maiores índices de crescimento e com uma procura formativa de relevo.

É por tudo isto que fazia já falta um manual, em língua portuguesa, que desse conta da panóplia de competências que constituem a tradução técnica nesta segunda década do Século XXI.

Luís Cavaco-Cruz
Setembro de 2012

1. O texto técnico

O tradutor técnico lida quotidianamente com textos de inúmeras tipologias e géneros[1]: manuais formativos, guias de instalação, sítios Web e documentos comerciais, entre outros. Até que ponto podemos chamar-lhes "textos técnicos"? Quais são as características de um texto técnico? São estas as perguntas às quais tentarei responder seguidamente de forma simples e sucinta.

1.1. O significado de "técnico"

Parece-me que importa, antes de mais, investigar o significado do termo "técnico".

O substantivo feminino português "técnica" tem a sua origem no étimo grego "τέχνη" (techne) o qual significava, na antiguidade, a *arte manual, indústria, ofício; a habilidade (manual, em coisas de espírito); conhecimento teórico, método*[2], a que se pode acrescentar *profession; savoir son métier; avoir un métier, connaitre et exercer un art ou un métier*[3]. Hoje em dia, o nome feminino "técnica" é-nos dado pela Infopédia como

> *1. conjunto de processos baseados em conhecimentos científicos, e não empíricos, utilizados para obter certo resultado*
> *2. conjunto dos processos de uma arte, de um ofício ou de uma ciência*
> *3. ciência aplicada, especialmente no campo industrial*
> *4. (geral) conjunto de processos utilizados para obter certo resultado*
> *5. conhecimento prático*
> *(De técnico)*[4]

Esta mesma aceção é-nos confirmada pela significação francesa, que encontramos no Larrousse:

> *1. Ensemble de procédés et de moyens pratiques propres à une activité.*
> *2. Savoir-faire, habileté de quelqu'un dans la pratique d'une activité.*
> *3. Manière de faire pour obtenir un résultat.*

4. Ensemble de procédés reposant sur des connaissances scientifiques et destinés à la production.
5. Ensemble des applications de la science dans le domaine de la production.[5]

Começamos então por verificar que o termo se aplica a uma ampla variedade de situações, teóricas e práticas, o que nos deixa uma vasta latitude de interpretação, sendo que, para que possamos considerar o termo desambiguadamente, necessitamos de ir muito mais a fundo nesta investigação.

1.2. O texto técnico e a tradução técnica

As tentativas de explicação do conceito de "tradução técnica" têm-se multiplicado e complicado ao longo dos tempos. Por isso mesmo, antes de prosseguirmos no nosso estudo das questões da terminologia técnica, importa que clarifiquemos o que se entende por "tradução técnica". Será conveniente, por isso mesmo, sabermos o que os especialistas pensam sobre o assunto, antes sequer de esboçarmos uma opinião sobre a matéria.

Conforme apontado por Durão, na sua Tese de Doutoramento[6], que versa a formação de tradutores em tradução científica e técnica, e que nos elenca sucintamente as perspetivas de vários especialistas, sobre o que é "tradução técnica",

[para Jenny Williams e Andrew Chesterman é] *a tradução de diferentes tipos de textos especializados sobre ciências e tecnologias e sobre outras disciplinas como a Economia e a Medicina*;

Amparo Hurtado Albir [...] distingue entre a tradução técnica de outros tipos de tradução, como a tradução jurídica, a tradução económica, a tradução literária ou a tradução de publicidade;

Isadore Pinchuck [...] segue o sistema de classificação internacional Dewey e o sistema de Classificação Decimal Universal, adoptados pela UNESCO [[7]] *em 1957,* [classificação agora atualizada por esta mesma organização] *e cataloga a tradução científica como a tradução que diz respeito às ciências puras e a tradução*

> *técnica como a que tem a ver com as ciências aplicadas, designadamente, as ciências naturais e as tecnologias;*
>
> *[segundo Carlos Castilho Pais,] a tradução dita 'técnica' não existe, assim como não existe a tradução dita 'literária'. Existem sim textos traduzidos, que ostentam naturezas e funções diversas, que mostram teórica e praticamente um modo específico de traduzir.*

Registe-se que Durão acaba, ela própria, por adotar a tese de Castilho Pais, considerando a

> *tradução científica e técnica como uma forma simplificada de nos referirmos [...] à tradução de documentação científica e técnica [...] relacionada com as áreas das ciências do sistema de classificação da UNESCO.*

Por outro lado, Byrne[8] apresenta a tradução técnica como um serviço comunicativo para dar respostas a uma necessidade de informação técnica:

> *The purpose of technical translation is, therefore, to present new technical information to a new audience, not to reproduce the source text, per se, or reflect its style or language. Technical translation is a communicative service provided in response to a very definite' demand for technical information which is easily accessible (in terms of comprehensibility, clarity and speed of delivery).*

Porém, Byrne[9] sublinha ainda que é possível delimitarmos a "tradução técnica" através do conceito de área científica, ao afirmar que

> *a definition of technical translation [...] has its roots in the translation industry and indeed industry as a whole, namely, that technical translation deals with technological texts. Or more specifically, technical translation deals with texts on subjects based on applied knowledge from the natural sciences.*

Sublinhe-se que Byrne reconhece que a existência num texto de uma terminologia especializada não o torna num texto técnico[10], contrariamente à visão tradicional de "língua de especialidade", tal como a vemos na aceção de Manuel González González[11], quando interveio no vigésimo encontro da

APL para responder aos *puntos de reflexión que a coordinadora da mesa [lhe] suxeriu*. Relativamente à pergunta se se deveria proceder do mesmo modo quer em relação à regulação de neologismos da língua corrente quer em relação a termos científicos e técnicos, González González assegura que

> *normalmente a lingua común é un espello moito máis transparente da vida social de cada momento do que é a lingua de especialidade. A lingua de especialidade debe ter como finalidade fundamental asegurar a comunicación especializada, e a comunicación especializada é sempre moito máis precisa que a comunicación informal.*

Esta ideia de "língua de especialidade" foi também corroborada por vários outros autores, cujo conceito se prende com a noção de compartimentação linguística. Para H. Picht e J. Draskau, citados por Contente[12], uma "língua de especialidade" é

> *a formalized and codified variety of language, use for special purposes and in a legitimate context - that is to say, with the function of communicating information of a specialized nature at any level - at the highest level of complexity, between initiate experts, and at lower levels of complexity, with the aim of informing or initiating other interested parties in the most economic, precise and unambiguous terms possible.*

Esta mesma autora cita ainda Marie-Claude l'Homme[13], uma autora francesa que *faz uma análise exaustiva do conceito de língua de especialidade, abordando as diferentes concepções propostas pelos investigadores* e que apresenta o conceito como um subgrupo linguístico:

> *sous-ensemble linguistique comprenant l'ensemble des moyens d'expression (lexicaux, morphologiques, syntaxiques et stylistiques), utilisés la plupart du temps par un groupe de spécialistes, à l'intérieur d'un domaine du savoir humain.*

Continuando nesta conceção, Contente[14] acredita que *este conceito subentende que cada ciência possui a sua própria língua de especialidade*. Nesse sentido, cita a norma ISO 1087:2000[15], onde o conceito *é definido como uma língua utilizada num domínio e caracterizada pela utilização de meios particulares de expressão linguística [...]*.

Parecendo certificar esta conceção, a UNESCO[16] publicou as *Guidelines for Terminology Policies*, uma edição preparada pelo *Infoterm* (*International Information Centre for Terminology*), onde, a dado passo, especifica que

> [a] special purpose language (SPL or specialized language) means the language used by expert communities with a greater or smaller share of terminology and domain-specific linguistic conventions.

Em suma, para todos estes autores, "línguas de especialidade" revestem-se de funções comunicativas especiais que subsistem independentemente das línguas naturais, e aparentemente alheadas do público geral.

Ainda assim, Contente procura matizar-nos o conceito, afirmando que *a comunicação especializada admite diferentes níveis de especialização, diferentes graus de opacidade cognitiva, que indicam diferentes níveis de densidade terminológica e cognitiva*[17]; contudo, Contente não nos dá orientações sobre os vários "níveis de especialização", ou sobre os diferentes graus de "opacidade cognitiva", nem sobre os níveis de "densidade terminológica e cognitiva".

Quem conhecer minimamente as técnicas do *benchmarking* e dos processos de medição em gestão, especialmente no respeitante a questões de controlo de qualidade de tradução e de gestão de projetos, interrogar-se-á acerca da viabilidade destes "níveis", "opacidades" e "densidades" no mundo tecnológico e empresarial de hoje, uma vez que estas características me parecem demasiadamente inefáveis e muito pouco mensuráveis.

Temos então, até aqui, várias tentativas de delimitar o conceito de tradução técnica, agora respaldadas pela noção de "línguas de especialidade". Por isso, **em resumo**, e **segundo** o que lemos dos **autores anteriores, a tradução técnica deveria ser**
- a tradução de textos especializados sobre ciências e tecnologias;
- diferente da tradução de outras áreas do saber, como da área jurídica, económica ou do marketing;
- catalogada segundo o sistema de Classificação Decimal Universal da UNESCO;
- a tradução de áreas específicas do saber (as que incluam tecnologias ou conhecimento científico aplicado);
- a tradução de textos que utilizam uma língua especializada utilizada por uma comunidade de especialistas;
- pura e simplesmente, segundo outros, inexistente enquanto género de tradução.

Contudo — e o leitor com certeza concordará comigo — até agora ainda não encontrei uma definição cabal de tradução técnica que nos permita estabelecer uma delimitação clara das suas fronteiras.

Não obstante a ineficácia das tentativas doutrinárias, não podemos esquecer que foi a própria tecnologia, através da sua popularização e massificação, que tornou ainda mais difícil traçar, com clareza, esta linha.

Dado que nenhuma destas tentativas de delimitação é convincente, teremos de prosseguir com a nossa busca.

Comecemos então por observar a classificação da UNESCO[18] para as áreas da Ciência e Tecnologia[19], que tantos invocam, e que apresenta os seguintes campos temáticos (as secções *31* e *33* a **negrito** são as que mais nos interessam, como veremos de seguida):

11 Lógica	53 Ciências Económicas
12 Ciências Matemáticas	54 Geografia
21 Astronomia e Astrofísica	55 História
22 Física	56 Ciências Jurídicas e Direito
23 Química	57 Linguística
24 Ciências da Vida	58 Pedagogia
25 Ciências da Terra e do Espaço	59 Ciência Política
31 Ciências Agrárias	61 Psicologia
32 Ciências Médicas	62 Ciências das Artes e das Letras
33 Ciências Tecnológicas	63 Sociologia
51 Antropologia	71 Ética
52 Demografia	72 Filosofia

Permita-me o leitor que eu possa reiterar o facto que as secções *31 Ciências Agrárias* e *33 Ciências Tecnológicas* — por possuírem um pendor tecnológico e produtivo comum — se afiguram fulcrais na definição de tradução técnica. Estas secções são constituídas pelas seguintes subsecções:

31 Ciências Agrárias	**33 Ciências Tecnológicas**
3101 Agroquímica	3301 Tecnologia e Engenharia Aeronáutica
3102 Engenharia Agrícola	
3103 Agronomia	3302 Tecnologia Bioquímica
3104 Produção Animal	3303 Tecnologia e Engenharia Química
3105 Peixes e Vida Selvagem	
3106 Ciência Florestal	3304 Tecnologia da Computação
3107 Horticultura	3305 Tecnologia da Construção
3108 Fitopatologia	3306 Tecnologia e Engenharia

3109 Ciências Veterinárias
3199 Outras Especialidades
Agrícolas (Especificar)

Elétrica
3307 Tecnologia Eletrónica
3308 Tecnologia e Engenharia Ambiental
3309 Tecnologia Alimentar
3310 Tecnologia Industrial
3311 Tecnologia da Instrumentação
3312 Tecnologia dos Materiais
3313 Tecnologia e Engenharia Mecânica
3314 Tecnologia Médica
3315 Tecnologia Metalúrgica
3316 Tecnologia de Produtos Metálicos
3317 Tecnologia de Veículos Motorizados
3318 Tecnologia da Mineração
3319 Tecnologia Naval
3320 Tecnologia Nuclear
3321 Tecnologia do Carvão e do Petróleo
3322 Tecnologia Energética
3323 Tecnologia Ferroviária
3324 Tecnologia Espacial
3325 Tecnologia das Telecomunicações
3326 Tecnologia Têxtil
3327 Tecnologia dos Sistemas de Transporte
3328 Processos Tecnológicos
3329 Urbanismo

Convém, porém, referir que algumas das secções se relacionam entre si, conforme patenteado abaixo:

- A subsecção *2306 Química Orgânica*, pertencente à catalogação *23 Química*, uma ciência pura, relaciona-se com as subsecções *3303 Engenharia e Tecnologia Químicas* e *3321 Tecnologia do Carbono e do Petróleo*;
- A subsecção *2209 Ótica*, pertencente à *Física* (uma ciência pura catalogada em *22*) e entronca com a subsecção *3311 Tecnologia da Instrumentação*.

Todavia, o tronco tecnológico comum que outorga às secções *31* e *33* alguma dissemelhança das outras secções, parece, como vimos, não evitar alguma interseção temática com estas, o que dificulta — senão mesmo, impossibilita — a partição das áreas temáticas como forma exclusiva de delimitar o âmbito do conceito de "tradução técnica".

Parece-me, então, que, a jusante, a definição de "tradução técnica" — e a montante, o conceito de "texto técnico" — carecem de uma definição epistemológica cabal.

Até agora, os autores têm-se focalizado quase exclusivamente nos textos sem terem em atenção o seu destinatário, como se um texto pudesse existir sem um leitor. É essa a doutrina dos teóricos da tradução que advogam a expressão *traduttore, traditore*, ao considerem os textos de partida como unidades autónomas a que o público de chegada se tem de subjugar – fundamentalismo que levaria, em última instância, à impossibilidade da tradução.

De alguma forma, é contra este fundamentalismo que Jakobson é perentório ao afirmar que

> *se alguma categoria gramatical não existe numa língua dada, seu sentido pode ser traduzido nessa língua com a ajuda de meios lexicais*, isto porque, *as línguas diferem essencialmente naquilo que devem expressar, e não naquilo que podem expressar*[20].

Acredito que o argumento purista possa ter alguma expressão, em parte, no que toca à tradução literária — em parte, digo, porque não podemos esquecer nunca que um qualquer texto de partida deve ser entendido pelo seu público-alvo, e algumas adaptações, maiores ou menores, poderão ser necessárias ao texto de chegada.

Concordo com o postulado da tradução literária em como o espírito, o estilo e o propósito artístico do original devam ser mantidos, para que se possam transmitir, entre as línguas, as subtilezas literárias e estilísticas do seu autor. Da mesma forma o afirma Eco[21]:

> *Traduzir, portanto, quer dizer compreender o sistema interno de uma língua e a estrutura de um texto dado nessa língua, e construir um duplo do sistema textual que, sob uma certa descrição, possa produzir efeitos análogos no leitor, tanto no plano semântico e sintáctico, como no*

estilístico, métrico, fonossimbólico, e quanto aos efeitos passionais para que tende o texto-fonte.

Traduzir um texto literário com outro intuito seria o mesmo que expor "Os Girassóis" de Van Gogh numa galeria a partir de uma cópia fotográfica a preto e branco. Ainda que fosse interessante e belo, seria contudo radicalmente diferente, se considerarmos que a pujança visual desse quadro está na cor. Porém, essa realidade artística da tradução literária não se coaduna nem com o espírito nem com a letra da tradução técnica. Métrica, fonossimbolismo e *pathos* não têm lugar na tradução técnica.

Os textos provenientes da tradução técnica — e consequentemente, os da escrita técnica — cumprem uma função essencialmente pragmática e utilitária. É deles que emana, diariamente, a panóplia de atividades que enformam a vida das pessoas: quer sejam atividades profissionais, escolares, ou lúdicas.

Como comprova Byrne[22], *technical translation accounts for some 90% of the world's total translation output each year*. Com efeito, os textos técnicos fazem parte da vida das empresas, dos escritórios, dos manuais escolares, da publicidade, dos telemóveis e dos meios de transporte, das consolas de jogos e das fábricas, e de quase todo o tipo de atividades nas sociedades modernas.

Nesta perspetiva alargada de "língua de especialidade" não se distingue a tradução técnica de uma outra que o não seja.

É neste sentido que Gamero Pérez[23] afirma que

> *por una parte, que toda traducción es especializada, puesto que siempre entran en juego conocimientos especiales. […] la clave que justifica el uso de esta denominación es que el tipo de texto a que se refiere está caracterizado fundamentalmente por los llamados «lenguajes de especialidad»: lenguaje técnico, científico, jurídico, económico, administrativo, etc.*

Estes "conhecimentos especiais" mais não são que o conhecimento que os falantes têm do mundo que os rodeia, que é utilizado ao manusearem um telemóvel para telefonar a um amigo ou ao conduzirem um veículo, rumando ao local de trabalho. Não serão estes equipamentos peças de tecnologia que fazem parte do nosso quotidiano? Não entraram já os termos "carro", "veículo", "automóvel" no léxico do quotidiano ao mesmo tempo que são termos especializados? Da mesma forma que são técnicos os procedimentos para se enviar uma mensagem num telemóvel ou engrenar a marcha-atrás num qualquer automóvel. Não o fazemos todos diariamente?

Dado que o assunto não se esgota aqui, temos que continuar a procurar determinar em que medida um texto é ou não técnico, e quais os fatores que o enformam.

O facto de um texto estar redigido numa possível "língua de especialidade" não é um garante de estarmos perante um texto técnico. Outros fatores há — como o uso que se lhes dá — que concorrem para a sua diferenciação:

> *Junto a la especificidad del uso, también hay diferencias de tipo textual. Así, en los textos científicos prevalece la argumentación y la descripción, mientras que en los textos técnicos dominan claramente la descripción y la exhortación*[24].

Há todavia, para Gamero, outros fatores, decorrentes da sua investigação, que influenciam a classificação de texto técnico e que passam pela função de cada texto, nomeadamente nas situações em que

> *el ámbito de uso de los textos técnicos es mucho más amplio, e incluye la producción de textos con el fin de contribuir a la organización de los procesos industriales [...], ofrecer información al usuario de los productos [...], anunciar productos [...], y otros muchos más*"[25],

deixando, aqui, de lado, os texto teóricos. Porém, se atentarmos na tipologia (ou área de especialização de um texto) facilmente chegamos à conclusão, em sintonia com Gamero[26], de que o tipo de matéria abordada não é, efetivamente, um garante da exatidão da sua classificação enquanto texto técnico ou científico:

> *Por supuesto, también se escriben artículos de investigación sobre campos técnicos, pero aquí se produce un divorcio entre el tema y el ámbito comunicativo de uso. La situación comunicativa en la que se produce un artículo de este tipo no es técnica, puesto que no surge en el seno de la industria ni están implicados técnicos en su emisión, ni su finalidad está relacionada directamente con la aplicación práctica de conocimientos teóricos. Por tanto, un artículo de investigación sobre el control de la polución del aire (3308: ingeniería y tecnología ambiental) es un*

texto científico, mientras que un proyecto de medidas para la rápida descontaminación del medio ambiente en una determinada zona geográfica (idéntico campo temático) es un texto técnico.

O problema reside, efetivamente, na multifuncionalidade textual — isto é, o facto de um texto pertencer a uma área de ciência, como a engenharia ambiental, não faz dele necessariamente um texto científico, na mesma medida que um ensaio académico sobre a química dos materiais utilizados na construção de pistões cerâmicos não é um texto técnico mas sim um texto científico. É então claro que a simples observação do contexto da "área de ciência" não tem em conta os vários focos contextuais de cada texto.

Portanto, para chegarmos à definição de texto técnico, importa atentarmos na **dimensão comunicativa do contexto**, isto é, temos de considerar a dimensão pragmática do texto: por um lado, a *situação comunicativa dos textos técnicos está ligada à indústria, ao fabrico de produtos ou à prestação de serviços*[27], de uma maneira muito semelhante ao que acontece com os processos económicos[28]. Por outro lado, segundo Gamero, há que contar com outras variáveis, tais como as **três funções textuais: a argumentativa, a expositiva e a exortativa**. Para além das funções textuais há ainda que considerar o foco contextual que, segundo Basil Hatim e Ian Mason[29], pode existir, num mesmo texto, enquanto foco dominante e foco secundário.

Segundo a autora, a função argumentativa prende-se fortemente à escrita académica e científica[30], pelo que devemos, no que toca aos textos técnicos, dar uma atenção especial à exposição e à exortação.

A **função expositiva** é uma *função textual com três variantes: a) a exposição conceptual, b) a descrição e c) a narração*[31], e relativamente à **função exortativa**, assegura Gamero que

> *el emisor pretende regular el modo de actuar o de pensar de las personas por medio de la exhortación o de la instrucción.*
> *Los focos contextuales que predominan en los textos técnicos son la exposición (sobre todo la descripción) y la exhortación (tanto con alternativa como sin alternativa). Casi todos los textos técnicos poseen más de un foco; es decir, son multifuncionales*[32].

Então, tendo por base Gamero[33], somos, agora, capazes de apontar uma definição de texto técnico, em português, de uma forma que se afigura suficientemente englobante:

> **Texto Técnico**
>
> O **texto técnico** é um ato concreto de comunicação em que
> - os emissores são especialistas, engenheiros, técnicos ou profissionais;
> - os destinatários são outros especialistas, engenheiros e técnicos, formadores ou público em geral;
> - a situação comunicativa está relacionada com a indústria, a exploração de recursos naturais, agrários e marítimos, a fabricação de produtos, e a oferta de serviços;
> - o foco predominante é a exposição ou a exortação;
> - o meio é geralmente escrito;
> - o tema é de natureza exclusivamente técnica.

Nesta mesma linha, há que definir o que é o género técnico, pois ao fazê-lo, abarcamos por completo aquilo que outros autores disseram anteriormente e que me propus sumariamente analisar:

> **Género Técnico**
>
> Podemos definir o **género técnico** como um protótipo textual, usado em determinadas situações comunicativas que se repetem dentro de uma cultura específica em qualquer das áreas incluídas na nomenclatura da UNESCO para os campos da tecnologia, e que tem como finalidade que a comunicação seja efetuada da forma mais eficiente possível.
>
> Cada género técnico apresenta uma série de elementos textuais fixos:
>
> - um ou dois focos contextuais (exortativos, expositivos, ou uma combinação de ambos),
> - um emissor que é sempre um especialista,
> - um recetor que pode ser outro especialista ou o público em geral,
> - um meio que pode ser escrito, oral ou audiovisual,
> - e, finalmente, como protótipo, um funcionamento textual interno de características relativamente fixas e convencionais[34].

A partir desta definição, podemos gizar com Gamero[35] o **modelo de caracterização do género**:

❶ Género
❷ Foco contextual dominante
❸ Foco contextual secundário
❹ Recetor

Assim, tendo em conta a **definição de texto técnico**, a **definição de género técnico**, e **a sua caracterização**, apresento os 30 géneros[36] que Gamero[37] identificou na sua investigação. A estes acrescentei os 11 géneros que identifiquei na minha própria investigação e que penso poderem completar a lista da autora espanhola (os meus encontram-se a *negrito itálico*), perfazendo 41 géneros técnicos:

Anúncios por SMS	Listas de peças
Anúncios especializados	*Listas de verificação*
Anúncios técnicos gerais	Manuais de instruções especializadas
Artigos comerciais	Manuais de instruções gerais
Artigos informativos	Manuais técnicos
Atas de reuniões técnicas	Monografias informativas
Bulas de medicamentos	Normas laborais
Cartas técnicas	Normas técnicas
Certificados técnicos	Patentes
Comunicações internas de empresas	Planos de estudos
Conteúdos de SEO	Planos de produção
Conteúdos para a Web	Projetos técnicos
Descrições técnicas	*Propostas comerciais*
Enciclopédias técnicas	Publireportagens
Especificações	Relatórios anuais
Folhetos informativos publicitários	Relatórios técnicos
Folhetos publicitários	Requerimentos de desenvolvimento de produto
Guias de estilo	*Sítios Web*
Instruções de jogos	*Software*
Instruções de trabalho	*Tweets*
Jogos de computador	

Ainda, do trabalho da autora espanhola resultou um **modelo de género técnico orientado para a função textual**[38]:

❶ Géneros expositivos.
❷ Géneros expositivos com foco secundário exortativo.
❸ Géneros exortativos.
❹ Géneros exortativos com foco secundário expositivo.

Este último modelo deu origem a um **quadro**[39] **de géneros de tradução da escrita técnica**, que seguidamente apresento. O quadro foi igualmente baseado em Gamero, no qual os textos estão classificados por foco contextual e tipo de recetor. Mais uma vez, juntei os géneros que adicionei no quadro anterior (também em ***negrito itálico***):

Foco contextual	Tipo de recetor		
	Geral	Especializado	
Expositivo	> Artigos informativos > Enciclopédias técnicas > Monografias informativas	> Atas de reuniões técnicas > ***Conteúdos de SEO*** > Descrições técnicas	> Listas de peças > ***Listas de verificação*** > Manuais técnicos > Relatórios técnicos
Expositivo com foco secundário exortativo	> Artigos comerciais > ***Conteúdos para a Web*** > Folhetos informativos publicitários > Relatórios anuais > ***Sítios Web*** > ***Software*** > ***Tweets***	> Anúncios especializados > Comunicações internas de empresas > ***Propostas comerciais***	
Exortativo	> Manuais de instruções gerais	> Certificados técnicos > ***Guias de estilo*** > ***Instruções de jogos*** > Instruções de trabalho > ***Jogos de computador***	> Manuais de instruções especializadas > Normas laborais > Normas técnicas > Patentes > Planos de estudos > Planos de produção
Exortativo com foco secundário expositivo	> ***Anúncios por SMS*** > Anúncios técnicos gerais > Bulas de medicamentos > Folhetos publicitários > Publireportagens	> Cartas técnicas > Especificações > Projetos técnicos > Requerimentos de desenvolvimento de produto	

1.3. Estilo e comunicação técnica

Lindley Cintra denomina "estilo" como *a escolha entre os diversos meios de expressão* [discursiva, enquanto ato de língua, disponível para cada indivíduo, de entre] *o rico repertório de possibilidades, que é a língua*[40].
Existem, contudo, autores que creem que os textos técnicos são desprovidos de estilo. Urge, portanto, que demonstremos que essa premissa está errada, e que os textos técnicos possuem estilos próprios e que são extremamente relevantes quer ao autor de textos técnicos, quer ao tradutor técnico.

Como afirma DeGeorge[41], interpelando diretamente os autores de textos técnicos,

> *those who will read your writing have many duties and will not, as a rule, spend large amounts of time thinking specifically about your writing style.*
> *Much of the time, their primary interest will be in your ability to convey information clearly and accurately.*

Efetivamente, ao recetor de um texto técnico pouco lhe importa os estilos rebuscados que lhe ofereçam uma fraca inteligibilidade. Continua DeGeorge, dizendo que

> *writers tinker with their prose when they examine and listen to the structures they have created and consider stylistic options based on other, often more economical, clear, or "readable" ways of delivering their message. In a sense, they combine and recombine stylistic options that have become available to them through their experience with language and their innate ear for it*[42].
> *Although you can find many explanations of what writing effectively means, we prefer to define it in terms of the reader. Ultimately, the reader decides whether your writing is clear, whether you have presented the information or ideas in a style that is satisfactory, and whether you have a sound understanding of your subject*[43].

Perguntamo-nos: quem são estes leitores / recetores e de que estilos necessitam?

É necessário refletirmos sobre os fatores que determinam a inteligibilidade dos textos técnicos. Isto porque os estilos estão ligados à receção da mensagem e do conteúdo, e à forma como estes interagem com o recetor. E para isso temos de perceber como funcionam esses conteúdos e como se caraterizam esses recetores.

Como vimos, a linguagem técnica decorre da forma como a sociedade organiza o seu conhecimento. Em última análise, e sem querermos enveredar por considerações de índole filosófica, podemos dizer que linguagem é conhecimento.

Jakobson[44] refere que

> *não há signatum sem signum. O significado da palavra "queijo" não pode ser inferido de um conhecimento não-linguístico do roquefort ou do camembert sem a assistência do código verbal.*

Isto é, só da relação entre o objeto e o signo, segundo Jakobson, nasce o conceito na nossa mente. Na senda de Pierre Lerat, Contente[45] apresenta-nos um gráfico — que eu tomei a liberdade de aperfeiçoar — que elucida bem acerca da relação de signo—conceito—objeto:

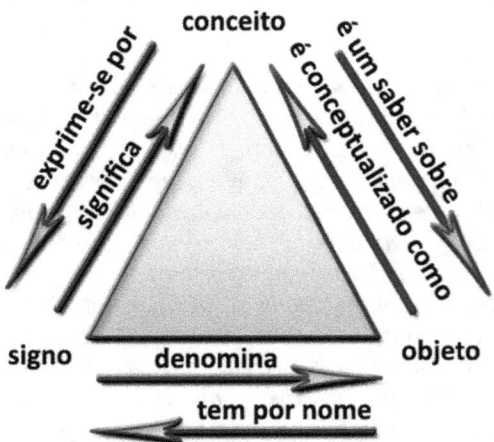

Ilustração 1: A relação signo—conceito—objeto, segundo Pierre Lerat e Contente (G. do A.).

Não pode, portanto, haver conhecimento sem linguagem, pois só esta permite que os processos de apreensão e interpretação dos estímulos cognitivos do mundo envolvente, através do trinómio "signo—conceito—objeto", possam constituir-se em pensamento e daí em ações do quotidiano.

Para que a informação possa ser veiculada, é necessário que tenhamos em mente dois fatores determinantes para a existência de conhecimento: a acessibilidade e a relevância da informação, conforme nos afirma Rowley e Farrow[46]:

> *Accessibility*
> *Accessibility is concerned with the availability of knowledge to potential users. [...] Also the form and style of communication needs to be amenable. The user's subject knowledge, environmental context, language used and preferences, all influence the success with which a message is received.*
>
> *Relevance*
> *Knowledge available to an individual must be appropriate to the task in hand. [...] Knowledge is relevant when it meets the user's requirements, and can contribute to the completion of the task in which the user is engaged, [...]. Relevance can be assessed in relation to many of the other characteristics listed in this section, such as currency and accuracy, but may specifically be judged in terms of level of detail and completeness. Completeness is normally judged in relation to a specific task or decision; all of the material information that is necessary to complete a specific task must be available. In addition, the level of detail, or granularity, of the information must match that required by the task and the user.*

A forma como o conhecimento e a informação estão acessíveis ao utilizador / "recetor" desempenha assim um papel crucial para a boa receção da informação.

São vários os fatores que influenciam a boa receção da informação:

- o nível de conhecimento do recetor acerca do assunto em questão;
- o contexto em que é veiculada a informação;
- os registos e níveis de língua utilizados;
- a relevância da informação para o recetor; e
- a promoção, completude, precisão e o detalhe dessa informação.

Qual é a importância destes fatores para a produção textual técnica em Portugal?

Uma boa maneira de abordarmos esta sequência de fatores com um intuito prático será a de começarmos por saber qual é o nível de conhecimentos dos recetores portugueses. Para isso atentemos num estudo de literacia levado a cabo por uma equipa portuguesa constituída por quatro investigadores do CIES – Centro de Investigação e Estudos de Sociologia: João Sebastião, Patrícia Ávila, Maria do Carmo Gomes e António Firmino da Costa[47]:

> *O inquérito foi aplicado a uma amostra representativa da população nacional constituída por 2449 indivíduos, com idades compreendidas entre os 15 e os 64 anos* [e através de uma] *prova de avaliação directa de competências foi então possível construir uma única escala compreendendo as três dimensões mencionadas (literacia em prosa, documental e quantitativa), que permitiu situar a população portuguesa em cinco níveis distintos de literacia.*

Os resultados foram expressivos, como o mostra o gráfico abaixo:

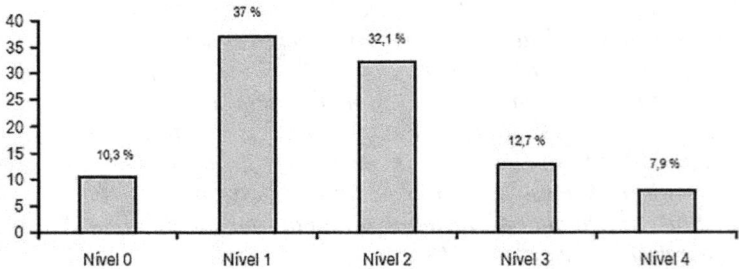

Ilustração 2: CIES — "Resultados globais da distribuição da população adulta (15-64 anos) por níveis de literacia – 1994".

[...] *a maior parte dos inquiridos situa-se em níveis de literacia baixos ou muito baixos, sendo bastante reduzidas as percentagens correspondentes aos níveis superiores de literacia. No Nível 0 situam-se 10,3% dos inquiridos, cujo posicionamento revela a incapacidade de resolver correctamente qualquer das tarefas. Os Níveis 1 e 2 englobam as maiores percentagens (37,0% e 32,1%, respectivamente). Finalmente, no Nível 3 localiza-se 12,7% da população e no Nível 4 surge apenas 7,9%.*

Manual Prático e Fundamental de Tradução Técnica | 21

Este estudo vai de encontro aos níveis de habilitações académicas em Portugal, em 2010, que correspondem, *grosso modo*, aos resultados do estudo, como demonstro abaixo, em dados que obtive a partir do Pordata:

Dados obtidos de www.pordata.pt em 2012-06-03

População residente com 15 e mais anos: total e por nível de escolaridade completo mais elevado
Indivíduo - Milhares

Ano	Nível de escolaridade						
	Total	Sem nível de escolaridade	Básico - 1º ciclo	Básico - 2º ciclo	Básico - 3º ciclo	Secundário e pós-secundário	Superior
1998	8444,9	1598.9	2892.3	1365.1	1190.4	877.1	521.1
2010	9021.4	932.2	2562.6	1279.9	1765	1416.6	1065

Fonte de Dados: INE - Inquérito ao Emprego
Fonte: PORDATA Última atualização: 2012-02-20 14:47:55

Dos valores obtidos do Pordata, pude construir os dois gráficos seguintes:

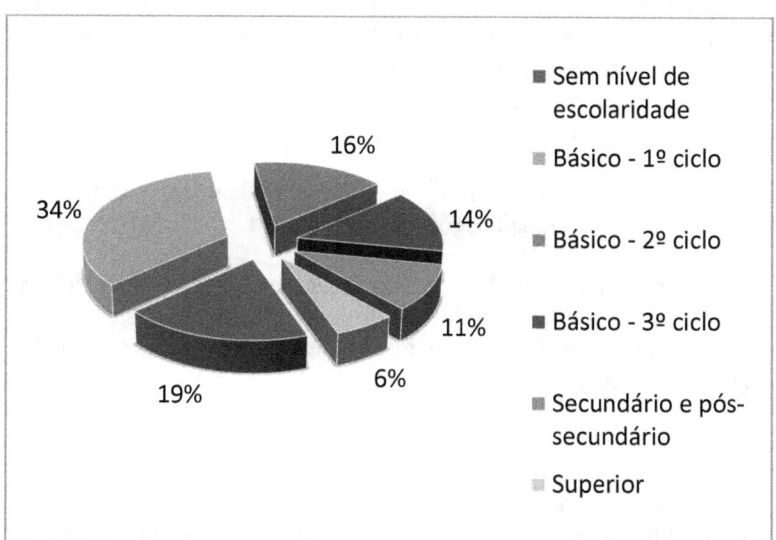

Ilustração 3: População residente com 15 e mais anos: por nível de escolaridade completo mais elevado – 1998. G. do A.

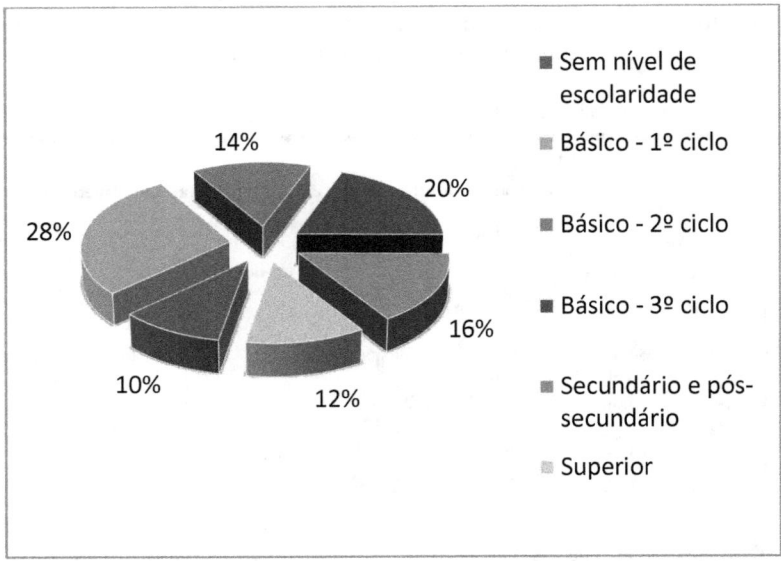

Ilustração 4: População residente com 15 e mais anos: por nível de escolaridade completo mais elevado – 2010. G. do A.

Ainda que tenha havido um diferencial positivo entre 1998 e 2010, com especial incidência para o aumento substancial de indivíduos formados com ensino superior e uma redução considerável dos indivíduos sem escolaridade, verificamos, em 2010, ao somarmos as percentagens dos níveis académicos desde "sem nível de escolaridade" até ao "terceiro ciclo", que estas perfazem 72% da população acima dos 15 anos de idade.

A colação de todos estes resultados[48] permite-nos tirar algumas conclusões relativamente à literacia média dos recetores de textos técnicos em Portugal.

Primeiramente, o facto de que 72% da população possui um nível de leitura abaixo do 9º ano de escolaridade (o terceiro ciclo do ensino básico) — na verdade, muito abaixo desse ano de ensino, se atentarmos nas especificidades de cada grupo da população.

Em segundo lugar, é por demais evidente que o conhecimento dos níveis de literacia e escolaridade do público-alvo se afigura fundamental para os autores de materiais de escrita técnica, bem como para todos os intervenientes no processo da transposição linguística da documentação, incluindo gestores de projeto, tradutores e terminólogos.

Assim, como o afirmam Rowley e Farrow, a transmissão de conhecimento e de informação requer uma estruturação e uma organização que vão de encontro ao perfil do recetor:

> *All knowledge has a structure. At the individual cognitive level, the brain holds associations between specific concepts. Structure is important to understanding. This cognitive structure is reflected in the way in which individuals' structure information in their communications in the form of verbal utterances, text and graphical representations. [...] The two important features of this structure are:*
> *— the way in which items are grouped into categories*
> *— the relationships between these categories.*[49]

Reitero, então, que os textos devem ser adaptados às características dos leitores / recetores, e não o contrário. A elaboração textual deve recorrer a construções que o recetor espera encontrar, especialmente quando sabemos que os recetores de textos técnicos têm uma estratégia de realizar o mínimo esforço ao efetuar a leitura de um texto.

Laubach e Koschnick[50], especialistas em inteligibilidade textual e fórmulas de medição de inteligibilidade em inglês, corroboram esta visão:

> *1. The readability of a piece of writing refers to qualities that make it easy or hard for a person with a certain level of reading skill.*
> *2. You practice the act of readability when you identify and measure some of those qualities to help you match the writing to the reader. Of course, you must know the reader's level of skill.*

De forma geral, as estratégias de leitura constituem-se como formas individuais de ultrapassar as dificuldades encontradas na leitura, pois como Talebi[51] sustenta,

> *[...] reading is a problem-solving activity. [...] that is the reader in order to read efficiently, employs a range of strategies including skimming ahead, considering titles, headings, pictures and text information, anticipating information to come, and so on.*

Convém sublinhar que esta noção é partilhada por Araújo[52]:

> *A investigação comprova que a leitura só é incidentalmente visual. O leitor contribui com mais informação do que o material impresso. Isto quer significar que os leitores compreendem o que lêem porque são capazes de levar os estímulos para além da representação gráfica e fazer a sua ligação a um conjunto apropriado de conceitos já armazenados na sua memória.*

Assim sendo, a leitura é um processo complexo que envolve muitas estratégias de abordagem de um texto, muito para além de soletrar palavras ou percorrer sequências de palavras. Na verdade, segundo Goodman[53], a leitura é um processo multitarefa:

> *Reading is a selective process. It involves partial use of available minimal language cues selected from perceptual input on the basis of the reader's expectation. As this partial information is processed, tentative decisions are made to be confirmed, rejected, or refined as reading progresses.*
> *[...] Efficient reading does not result from precise perception and identification of all elements, but from skill in selecting the fewest, most productive cues necessary to produce guesses which are right the first time*[54].
>
> *Readers utilize [...] three kinds of information simultaneously. Certainly, without graphic input there would be no reading. But, the reader uses syntactic and semantic information as well. He predicts and anticipates on the basis of this information, sampling from the print just enough to confirm his guess of what's coming, to cue more semantic and syntactic information. Redundancy and sequential constraints in language, which the reader reacts to, make this prediction possible. Even the blurred and shadowy images he picks up in the peripheral area of his visual field may help to trigger or confirm guesses.*

Porém, este processo de leitura motivada e empreendedora precisa necessariamente de motivação e empreendedorismo na ação de ler. E isso é algo que não acontece facilmente na leitura de textos técnicos. Na verdade, é exatamente o contrário. Como sustenta Dubay[55],

> *unless we are highly motivated, we just give up reading, not even reflecting what just happened. The problem that the text should have solved we take elsewhere. The difficult text lies unread. We have been victims of a literacy gap.*

Esta desmotivação para a leitura aumenta à medida que o nível de literacia diminui. Quanto menor for a capacidade de leitura do recetor, menor será a sua vontade e motivação em interpretar / descodificar textos que possa considerar complicados.

De uma maneira geral, estes problemas de inteligibilidade não constituiriam um problema de maior — para além do facto de um recetor não ler um texto de que eventualmente necessitaria para realizar uma tarefa. Contudo, tarefas mal entendidas através de manuais de instruções podem pôr em risco a vida dos recetores ou de outrem, como por exemplo a montagem de um assento de segurança para crianças, a forma de operar uma máquina, ou a condução de um veículo profissional com características especiais, como, por exemplo, um trator.

Atentemos num estudo de caso[56]:

> *In 1998, traffic accidents caused 46 percent of all accidental deaths of infants and children aged 1 to 14 (National Center for Health Statistics, 2000). One study (Johnston et al. 1994) showed that the single strongest risk factor for injury in a traffic accident is the improper use of child-safety seats. Another study (Kahane 1986) showed that, when correctly used, child safety seats reduce the risk of fatal injury by 71 percent and hospitalization by 67 percent.*
> *To be effective, however, the seats must be installed correctly. Other studies, showed that 79 to 94 percent of car seats are used improperly (National Highway Traffic Safety Administration 1996, Decina and Knoebel 1997, Lane et al. 2000).*
> *Public-health specialists Dr. Mark Wegner and Deborah Girasek (2003) suspected that poor comprehension of the installation instructions might contribute to this problem. They looked into the readability of the instructions and published their findings in the medical journal Pediatrics.*
> *[…].*
> *The authors referred to the National Adult Literacy Study (National Center for Educational Statistics, 1993), which*

> states the average adult in the U.S. reads at the 7th grade level. They also cited experts in health literacy who recommend that materials for the public be written at the fifth or sixth-grade reading level (Doak et al., 1996; Weiss and Coyne, 1997).
> Their study found that the average reading level of the 107 instructions they examined was the 10th grade, too difficult for 80 percent adult readers in the U.S. When texts exceed the reading ability of readers, they usually stop reading. The authors did not address the design, completeness, or the organization of the instructions. They did not say that the instructions were badly written. Armed with the SMOG readability formula, they found the instructions were written at the wrong grade level.

Pela leitura deste estudo de caso referido por Dubay, é notório que a má compreensão das instruções de montagem de um texto aparentemente tão inócuo como o de um assento de segurança para crianças pode ter efeitos catastróficos na vida das pessoas. A falta de inteligibilidade de um texto não é concebível quando põe em risco a segurança dos utilizadores de produtos ou serviços. O facto é que é possível que os utilizadores de um produto possam utilizá-lo mal devido à má compreensão do seu manual técnico ou, pior ainda, por desistirem da sua leitura por falta de adequação do texto à sua literacia. Mais uma vez, a responsabilidade recai sobre os autores dos textos técnicos e, por consequência, sobre todos os linguistas intervenientes na transmissão desse texto aos seus recetores.

Como verificámos anteriormente, o nível de literacia em Portugal não se revelou sobremaneira elevado. É do conhecimento geral que ocorrem inúmeros acidentes em Portugal devido ao não cumprimento de medidas de segurança ou de má utilização de equipamentos. Quantos desses acidentes são causados por negligência ou incapacidade de ler um texto técnico, nomeadamente, um manual de instruções ou um guia de utilizador? É um estudo que está por fazer e que poderia esclarecer se muitos dos problemas existentes em Portugal ao nível da segurança, decorrem da falta de inteligibilidade — e a montante, da baixa literacia.

Contudo, é importante salientar que a fraca inteligibilidade de um texto, desajustado da sua missão informativa e comunicativa, pode — e fá-lo comummente — por em risco a vida humana quer do recetor, quer dos que estão à sua volta.

Manual Prático e Fundamental de Tradução Técnica | 27

Mas esta falta de inteligibilidade não se reporta exclusivamente a manuais técnicos. No âmbito empresarial — qualquer que seja o meio de comunicação e o género utilizados — a situação é igualmente preocupante. O mesmo se pode dizer do discurso político, legislativo, e inúmeros outros.

A acessibilidade linguística é, pois, uma problemática que envolve

- processos cognitivo-comportamentais,
- direitos democráticos e de cidadania,
- desempenhos profissionais,
- comunicação empresarial,
- processos técnicos e industriais.

A excessiva espessura linguística – eivada de gírias profissionais e jargão absurdo — é um impedimento à boa comunicação e ao desinteresse de muitos pela coisa pública ou pelos serviços de muitas empresas, públicas ou privadas, resultando num desperdício de tempo e de dinheiro.

Vejam-se os seguintes exemplos, tão elucidativos do problema que apresento:

> *A [..., empresa de] formação & consultadoria, nasceu da sólida e experimentada afinidade humana e de uma forte motivação, o desejo de juntar os saberes à ousadia e ao querer vencer e criar valor*[57].

Aqui está um excelente exemplo de um texto empresarial que não está eficazmente construído, em parte devido à excessiva coordenação e adjetivação, mas também devido ao palavrório e à vacuidade deste jargão "empresarial", que nada diz de substancial e apenas tenta embelezar o texto.

Miguel Gaspar, então editor-executivo do DN (hoje diretor-adjunto do jornal Público), pronuncia-se acerca da necessidade de uma completa transparência da escrita, nomeadamente no exercício do jornalismo:

> *Uma regra básica do jornalismo ensina que nunca num texto devemos colocar uma palavra incompreensível para um leitor sem explicar o respectivo significado. Ainda que nem sempre respeitada, essa norma implica uma dimensão estruturalmente democrática do jornalismo. Durante séculos, a comunicação pública entre humanos assentou, paradoxalmente, na incompreensão: o vulgo era obrigado a assistir à missa numa língua que não entendia, o latim.*

> *[...] A verdade é esta: vivemos cercados por palavras inventadas não para mostrar algo mas sim para esconder algo. O vocabulário económico, por exemplo, é uma extraordinária montra desta newspeak pós-orwelliana*[58].

Ao lermos a visão crítica de Orwell[59], que Gaspar corrobora, apercebemo-nos que a excessiva utilização de jargões e de gírias destrói a comunicação, quer pela espessa verbosidade quer pelo emaranhado sintático que estes criam. Escondem a verdade e confundem o leitor que procura a claridade num texto que o devia servir.

Por tudo isto importa definir as características estruturais de um texto técnico — e, em última análise, de um qualquer texto cujo escopo seja a comunicação de informação. Mais do que um exercício académico, é uma missão social.

Este trabalho de simplificação linguística teve já início no que concerne a língua inglesa, desde 1948, com a publicação da primeira obra sobre a matéria, *Plain Words*, de Sir Ernest Gowers, a pedido do Tesouro da Coroa britânica. Desde então muitos outros trabalhos aprofundaram e aumentaram os estudos sobre o *Plain English*. Uma das instituições que mais tem contribuído para o desenvolvimento do *Plain English* é a BBC[60], empresa de comunicação social britânica que advoga fortemente a redução de jargões e gírias, e de estruturas sintáticas complexas, através da utilização de um inglês escorreito e simples:

> *Well written English is easier to understand than poorly written English.*
> *It is our job to communicate clearly and effectively, to be understood without difficulty, and to offer viewers and listeners an intelligent use of language which they can enjoy. Good writing is not a luxury; it is an obligation.*
> *Our use, or perceived misuse, of English produces a greater response from our audiences than anything else. It is in nobody's interest to confuse, annoy, dismay, alienate or exasperate them.*
> *The fact is that good English will offend no one and so serves our audiences better. The best journalists appreciate that writing well is not a tiresome duty but a necessity.*
> *Television is a medium of mass communication. When its practitioners can no longer use the English language*

> *properly they cease to communicate effectively and the whole thing becomes pointless.*

Refira-se, contudo, que em 2010, o Serviço de Publicações da União Europeia publicou uma brochura para simplificar a escrita de conteúdos em português. A brochura, intitulada *Redigir com clareza*, constitui-se como uma ferramenta de auxílio aos tradutores e autores de textos da Comissão Europeia[61]. Esta brochura procura dar algumas diretrizes em como otimizar a escrita, de acordo com os padrões do *Plain English* veiculados pelo pequeno livro de Martin Cutts, *The Oxford Guide to Plain English*.

A brochura da Comissão Europeia apresenta dez sugestões:

> *Sugestão 1: Pense antes de escrever*
> *Sugestão 2: Dê prioridade ao leitor – seja direto e interessante*
> *Sugestão 3: Organize o seu documento*
> *Sugestão 4: Seja breve e claro*
> *Sugestão 5: Seja coerente – organize as frases*
> *Sugestão 6: Elimine os substantivos desnecessários – as formas verbais têm mais ação*
> *Sugestão 7: Vá direto ao assunto, evite as abstrações*
> *Sugestão 8: Não seja passivo, prefira a voz ativa — e diga quem faz o quê!*
> *Sugestão 9: Fuja dos falsos amigos e evite o jargão e as siglas*
> *Sugestão 10: Reveja* e verifique

Este é, com efeito, um trabalho por demais valioso, sendo que, todavia, é necessário sensibilizar os autores de língua portuguesa para a necessidade de transformar o estilo deficiente de escrita existente que, efetivamente, não cumpre a sua missão comunicativa, ao permitir que muitos milhões de pessoas acedam a textos confusos, ambíguos e desconexos.

Este problema de inteligibilidade recorda-nos que o processo cognitivo inclui não só o conhecimento expositivo-descritivo, mas também o conhecimento exortativo-procedimental, que, como vimos no subcapítulo anterior, podemos considerar como o fulcro da escrita técnica.

O **conhecimento expositivo-descritivo** é o ramo do conhecimento que implica informação factual. É a parte do saber que descreve

- as coisas
- os eventos
- os processos
- os seus atributos
- e as relações entre todos eles

Por outro lado, o **conhecimento exortativo-procedimental**, comummente associado ao *know-how*, liga-se ao conhecimento descritivo enquanto forma do saber executar e do saber operar coisas, eventos, e processos.

Tidwell[62], numa obra publicada pela *American Society of Civil Engineers*, reitera esta necessidade de textos bem estruturados e construídos de forma a responder às necessidades tecnológicas de hoje:

> [...] *today, high-technology demands accurate, comprehensive, and more easily understood O&M* [Operations & Maintenance] *manuals.* [...] *While not all facilities are high-tech, most require definitive manuals that cover start-up, shutdown, and emergency operations, at a minimum* [...]. *Instrumentation and control systems alone can require extensive operation, maintenance, and troubleshooting documentation. Many facilities also require detailed supplemental information about various operation and maintenance techniques, sampling procedures, laboratory procedures, etc..*
>
> *A clear and concise manual benefits the staff that maintains and operates the equipment. Information affecting the efficient operation and maintenance of the equipment must be included, but not using over-technical jargon.* [...] *an O&M manual should be written at the level of the staff involved in the day-to-day operations and maintenance of the facility.*

É por tudo isto que é fundamental compreender que o estilo — isto é, concomitantemente com Lindley Cintra, o vasto repertório de meios de expressão que temos à nossa escolha — possa ser adequado às necessidades e limitações dos nossos recetores. Só assim todos nós, autores, linguistas, tradutores e terminólogos, poderemos levar a cabo a missão comunicativa. Como diriam os nossos amigos anglófonos, *one size doesn't fit all*!

1.4. Texto técnico, comunicação sem estilo: mito ou realidade?

Pensar que um texto técnico é desprovido de estilo é ignorar o próprio conceito de "estilo" em escrita.

Jody Byrne[63] opõe-se adequadamente a quem advoga que "o estilo não interessa em tradução técnica":

> *If we look at style from a literary point of view, then it does not have any place in technical translation. But if we regard style as the way we write things, the words we choose and the way we construct sentences, then style is equally, if not more, important in technical translation than in other areas because it is there for a reason, not simply for artistic or entertainment reasons. As Korning Zethsen (1999:72) asserts, literary texts "do not hold a monopoly on expressivity and creativity.*
>
> *In many cases, the importance or even existence of style in technical texts goes completely unacknowledged, due largely to the belief that because technical language is functional, it must be "plain" and stripped of any form of style or linguistic identity.*

Ora como atrás demonstrei, o estilo é inerente aos diferentes tipos de comunicação, dependendo do contexto comunicativo. Ou seja, o estilo é transversal à própria comunicação. Logo, podemos ver que o postulado de que o estilo está confinado à literatura não tem cabimento, especialmente se levarmos em linha de conta o vasto universo da comunicação escrita.

Comunicar através da escrita não tem apenas a ver com escrever obras ficcionais ou ganhar prémios literários; assim como conduzir um automóvel em segurança não tem a ver com ganhar o Grande Prémio do Mónaco; nem pintar uma parede de uma casa tem a ver com o teto da Capela Sistina. Com efeito, comunicar não tem de ser um ato artístico, assim como a condução automóvel não tem de ser competitiva, ou uma parede pintada não tem de ser um fresco renascentista. Mas todas estas operações têm de ser realizadas com extrema correção.

Convém sublinhar que Zethsen[64] confirma-nos isso mesmo ao postular, em 1998, que a sua tese nos apresenta provas da

> *intuitive impression that many technical texts, instead of being almost exclusively informative, are meant to serve a variety of communicative purposes and that a multitude of stylistic expressive means are applied in order to get the intended messages through in the most effective way.*

Do mesmo modo, um ato comunicativo escrito não tem necessariamente de requerer esforço interpretativo nem polissemia terminológica que possa afetar a segurança dos cidadãos. Nenhuma destas estratégias comunicativas de simplificação estrutural ganhará seguramente um *Pulitzer* ou um Nobel, mas poderá salvar uma vida, otimizar uma ciclo produtivo, ou poupar tempo precioso a uma dada operação.

Registe-se que Tarutz[65] corrobora precisamente a minha afirmação ao declarar que

> *technical writing explains technical concepts, describes processes, defines technical terminology, gives diagnostic information, instructs how to use a product, tells how to perform a task, and provides reference information.*

Efetivamente, um texto técnico é funcional; deve ser prático e de fácil leitura quer seja expositivo-descritivo ou exortativo-procedimental. Deverá deter-se no concretismo substantivo e não na subjetividade adjetiva. Um tal texto é útil, e portanto deve possuir uma estrutura

- clara e monossémica — porque a clareza e a monossemia são fundamentais para a coerência, coesão e evidência de um qualquer texto técnico — clareza na utilização de palavras comuns, de uso quotidiano, e monossémica pela utilização coerente de apenas um termo para designar um mesmo conceito, ao longo de um mesmo texto;
- fluida e simples — fluidez e simplicidade, por exemplo, ao nível da sintaxe e construção frásica, com a redução de orações intercaladas ou relativas; porque fluidez e simplicidade sintáticas são atributos de um texto acessível a públicos-alvo de baixa literacia;
- célere na leitura e breve na extensão — uma vez que celeridade e brevidade facilitam a leitura de manuais técnicos e outras "ferramentas" escritas que cumpram a sua missão utilitária; materiais escritos há que fazem depender a sua eficácia da simplicidade da sua sintaxe ou da extensão das suas frases; frases curtas são mais eficazes na veiculação da informação do que frases longas e de estrutura complexa.

Se outros haverá, estes serão, contudo, os traços mais marcantes dos textos técnicos, que formam assim uma escrita simples, facilmente inteligível e acessível ao seu público-alvo.

Todos os intervenientes na feitura de materiais técnicos deverão ter estes traços em conta:

- Os autores, na criação dos textos;
- Os tradutores, na adaptação dos textos da cultura de partida para a de chegada;
- Os terminólogos, na criação de termos que respeitem o público a que se destinam;
- E os gestores de projeto, que ao gerirem os materiais e os recursos humanos de tradução, compreendam as subtilezas dos materiais de que são responsáveis.

1.5. Tradução técnica: áreas de especialização

Como parte integrante dos géneros de tradução da escrita técnica — que podemos ver no subcapítulo *1.2 O texto técnico e a tradução técnica* a partir da página **4** — e que caracterizam o género técnico relativamente à sua função textual, existem as áreas de especialização do tradutor técnico. Estas áreas correspondem a tantas quantas as áreas existentes do conhecimento, desde que conformem com o modelo de género técnico que aqui propus. De fora ficarão todos os textos argumentativos, que não pertencem, como vimos, ao género técnico — por exemplo, textos científicos ou académicos cuja função primeira seja a de argumentar teorias, práticas ou doutrinas.

Dentro das áreas de especialização, as que costumam ser destacadas pelos fornecedores de serviços de tradução são as seguintes:

- → Agricultura
- → Arqueologia
- → Arquitetura
- → Arte, Artesanato e Pintura
- → Artes e Humanidades
- → Artes gráficas e fotografia
- → Astronomia
- → Beleza e Cosméticos
- → Bens imobiliários
- → Biologia e biotecnologia
- → Direito (bancário e financeiro)
- → Direito (contratos)
- → Direito (geral)
- → Direito (patentes, marcas comerciais, etc.)
- → Ecologia do meio ambiente
- → Economia e Finanças
- → Eletrónica
- → Engenharia (aeronáutica,

- Botânica
- Certificados, diplomas Etc.
- Ciência (geral)
- Ciências sociais
- Comércio e Negócios (geral)
- Computadores (geral)
- Construção civil
- Contabilidade e Auditoria
- *Copywriting*
- Desportos, lazer e Fitness
- Direito (tributação aduaneira)
- Florestas, madeira e silvicultura
- Folclore
- Gastronomia
- Genética
- Geografia
- Geologia
- Gestão
- Globalização
- Hardware de computador
- História
- Física
- Indústria automóvel
- Indústria e tecnologia (geral)
- Indústria transformadora
- Jogos de lazer e jogos de computador
- Jornalismo
- Legendagem (cinema, TV)
- Linguística
- Literatura e Poesia
- Localização
- Máquinas ferramentas
- Marketing e estudos de mercado
- Medicina (especialidades)
- Medicina (geral)
- Medicina (instrumentos)
- Medicina (Odontologia)
- Medicina (produtos farmacêuticos)
- aviação)
- Engenharia (elétrica)
- Engenharia (energia)
- Engenharia (geral)
- Engenharia (hidráulica)
- Engenharia (industrial)
- Engenharia (mecânica, robótica)
- Engenharia (nuclear)
- Engenharia (petrolífera)
- Engenharia (química)
- ERP (*Enterprise Resource Planning*)
- Estatística
- Filosofia
- Metalurgia
- Militar e Defesa
- Mineração, extração e minério
- Moda, têxtil e vestuário
- Música
- Nutrição
- Pedagogia da educação
- Pescas
- Políticas governamentais
- Psicologia
- Publicações e editorial
- Publicidade
- Química
- Recursos humanos
- Redes e sistemas informáticos
- Relações Públicas
- Religião
- SAP (*Systems, Applications, and Products in Data Processing*)
- SaaS (*Software as a Service*)
- Seguros
- Software de computador
- Telecomunicações
- TI, Comércio eletrónico e Internet

- Medicina (saúde pública)
- Meios de comunicação multimédia
- Transportes de carga e logística
- União Europeia
- Viagens e Turismo
- Zoologia

Estas são as áreas mais procuradas pelas empresas de tradução. Para um tradutor técnico singrar, será uma boa ideia começar por se especializar numa ou mais destas áreas. Tradutores há que trabalham simultaneamente muitas destas áreas. Para que isso seja possível, tem de se investigar bastante sobre cada uma das áreas em questão, quer ao nível da terminologia quer ao nível das estruturas sintáticas. Cada uma destas áreas poderá ter estilos muito próprios de escrita, e compete ao tradutor técnico saber em detalhe cada um destes estilos e particularidades, quer da língua de chegada quer da língua de partida.

Se o tradutor não tiver uma prática profissional efetiva das áreas de especialização — por exemplo, poderá ter alguma formação em engenharia, ou ter trabalhado em turismo — terá de aprofundar substancialmente os seus conhecimentos nestas matérias.

Recordo-me de um projeto de tradução de um manual de rádios militares em que participei como tradutor e revisor e para o qual tive de reunir bastante material sobre eletrónica e radiofrequência e conversar com especialistas na matéria. Mais adiante falarei em detalhe das estratégias que um tradutor técnico deve ter no seu trabalho diário.

1.6. Tradução técnica / tradução literária

A tradução técnica está tão longe da tradução literária como a engenharia o está da arquitetura. Contudo, tal como estas, aquelas complementam-se.

Vimos já que existem muitos mitos que levam alguns a considerar a tradução técnica como um parente pobre da tradução literária.

Como também observei, há quem sustente que a tradução científica e técnica tem apenas de lidar com terminologias técnicas e de estabelecer um equivalente do vocabulário técnico da língua de partida para a língua de chegada; outros também afirmam que qualquer falante nativo da língua de chegada com algum conhecimento técnico pode efetivamente produzir boas traduções técnicas e científicas; outros afirmam ainda que a tradução técnica deve pouco à criatividade.

Porém, como também sublinhei anteriormente neste livro, estão todos absolutamente errados. Incorrem num erro crasso: o de pensarem que um tradutor técnico é uma mera ferramenta, assim à guisa de mercadoria linguística com uma função meramente instrumental, barata, trivial entre um texto de uma língua de partida e um texto de uma língua de chegada. Pois enganam-se. E este engano custa, aos que assim julgam — sejam eles académicos, empresas ou instituições — uma enorme perda de eficácia, credibilidade, qualidade e, em última instância, uma enorme perda de dinheiro, pois descuram os critérios de qualidade necessariamente transversais a toda a indústria. Sobre as características do tradutor técnico falarei em **4. O tradutor técnico**, a partir da página **106**.

Há, todavia, alguns aspetos a considerar entre tradução técnica e tradução literária.

Uma obra literária é, como sabemos, um texto de forte pendor conotativo. Os textos literários, como produto da imaginação do autor, oferecem um terreno fértil para a imprecisão do significado, a ambiguidade e a multiplicidade interpretativa.

Os textos técnicos, por um lado, deverão cumprir uma determinada função pragmática, enquanto os textos literários, por outro lado, não estão destinados a qualquer fim específico; os textos literários podem transmitir uma gama de intenções (para inspirar, oferecer aconselhamento ou mesmo comover), embora possam ganhar uma função pragmática mais específica e possivelmente individual durante o processo de leitura. É por isso que Eagleton[66] afirma que a literatura se define melhor como "um tipo de escrita altamente valorizado".

A característica mais relevante de uma obra literária é a de que é portadora de uma função estética. O texto literário nasce como um reflexo subjetivamente transformado da realidade objetiva em sintonia com a intenção estético-emocional do autor. Este esforça-se por transmitir as ideias, pensamentos e emoções, os quais são ativados e orientados pela sua experiência.

Por exemplo, ao lermos o artigo *Poetry as Knowing*[67], de Barbara Folkart, acerca da poesia e das dificuldades de a traduzir, salta-nos imediatamente à vista que um tradutor literário terá de ter as características próprias de um escritor. Através de Folkart, vemos que a poesia se descobre na espessura da realidade inaudita, rica, profunda e subjetiva, criando um espaço de sentido entre o escrito e o lido, que mais não é do que a atualização de uma nova realidade. Isto é, o poema torna-se numa realidade nova, diferente da realidade pré-existente, pela "urgência da voz interior"[68]. A poesia torna-se então no instante renovador do conhecimento em contraposição aos modelos cognitivos existentes. Vislumbra-se um trabalho difícil, o de traduzir um texto poético.

Tal como o escritor / poeta modelador da linguagem, o tradutor literário torna-se um pouco num alquimista, representado pelo termo latino *"Solve et coagula"*: esotericamente, "*solve*" refere-se à dissolução das posições endurecidas, estados negativos da mente e do corpo, dissolvendo e desvanecendo assim todas as cargas energéticas negativas; "*coagula*" refere-se à coagulação dos elementos dispersos num todo integrado, que representa a nova síntese. Este *solve et coagula* expressa então a transmutação da base existente para um estado mais refinado, o objetivo permanente do crescimento espiritual e da evolução humana. E uma vez que este é material de que é feito a poesia, desta mesma forma terá de ser a mestria do tradutor literário.

Como nos diz Folkart, *"há traduções de poemas e há traduções que são, na verdade, poemas"*[69], isto é, a tradução lexical de um poema é uma exegese do poema e não é senão uma aproximação, em contraposição a uma tradução semântico-artística que se torna num poema, o que nos leva de volta à premissa inicial do texto literário enquanto texto conotativo: a tradução da letra em contraposição à tradução da substância, enquanto atualização e "re-criação".

Ser tradutor literário é, portanto, ser — em parte — escritor ficcional e poético, é ser artista. Em tradução literária não se consegue veicular uma obra de arte — quer lhe chamemos "interpretação", "re-criação", ou "transcriação" — sem que o tradutor possua alguma sorte de mestria artística da escrita literária.

Por outro lado, os textos técnicos, enquanto documentos denotativos, baseiam-se na precisão e na razão pragmáticas e são caracterizados por uma progressão lógica expositiva e/ou exortativa. Contudo, esta missão do processo de tradução técnica, ainda que pareça simples, não o é porque implica ter em conta não só as diferenças linguísticas entre as línguas a traduzir, mas também fenómenos estilísticos, culturais e convenções sociais — sobre o processo da tradução técnica falaremos mais adiante.

A missão adensa-se quando percebemos que a tradução técnica requer do tradutor um profundo conhecimento linguístico ao nível da gramática, da eficácia comunicativa, dos processos e variáveis da inteligibilidade e da legibilidade, dos registos de língua, e das funções textuais enquanto fator distintivo do objeto comunicativo.

Pensar, contudo, que a tradução de uma obra literária requer mestria superior à de traduzir um manual de operações militares é um equívoco que pode ter consequências letais: um erro de tradução num poema causa espanto, talvez uma gargalhada; um erro num manual militar causa ferimentos e morte.

Sem querer ser leviano e afrontar as mentes mais etéreas, quiçá mais sublimes do virtuosismo artístico, traduzir uma obra literária requer mestria diferente da de traduzir um manual. Nem inferior nem superior. Apenas diferente. Recordemos: as mestrias do século XXI são substancialmente diferentes daquelas do século XIX, pois o escopo das sociedades modificou-se, quer em termos de prioridades sociais, quer em termos de conceito de cidadania. E esta modificação trouxe às pessoas necessidades tão importantes como a necessidade da arte, nomeadamente a eficácia da comunicação. Veja-se, por exemplo, a importância que a comunicação social, a legendagem, e as tecnologias da informação têm hoje na vida das pessoas. Não teríamos a civilização que temos hoje sem nenhuma delas.

Desenganem-se, portanto, todos aqueles que pensam que a arte da tradução técnica é mercadoria barata. Fazer corresponder palavras entre duas línguas é fácil; ser um bom tradutor — técnico ou literário — é outra coisa completamente diferente.

Fundamentalmente, a diferença substancial entre os tradutores literários e os tradutores técnicos reside no seu objeto de trabalho, considerando que o texto técnico (ou, em geral, não-literário) está preocupado com a eficácia da comunicação de informações, factos e realidades, enquanto o texto literário compreende a virtuosa transposição do mundo da mente, do onirismo e dos sentimentos e se baseia na veiculação ficcional.

É neste sentido que Peter Newmark[70] resume assim a diferença entre tradução literária e não-literária:

> *A tradução literária e não-literária são duas profissões diferentes, embora possam ser exercidas simultaneamente pela mesma pessoa. São ambas complementares e são igualmente nobres, cada uma procurando no texto de partida uma verdade valiosa mas diferente, a primeira*

alegórica e estética, a segunda factual e tradicionalmente funcional. [Estes dois tipos de tradução] *têm, por vezes, diferentes origens culturais, ocasionalmente referidas como "as duas culturas", que se opõem negativamente entre si.*

Há aqui uma longa história de mútua distorção e hostilidade: a tradução literária é tida como tradicionalista, conservadora, académica, sentada na sua torre de marfim, fora do contacto com o mundo, enquanto a tradução não-literária é filisteia, orientada para o mercado, incivilizada. A linha divisória é a palavra "engenheiro", o ingénieur como académico, mécanicien ou monteur ou Mechaniker na vida profissional. Em textos literários, estas são as suavemente românticas, poéticas, e obsoletas palavras do século XIX: ermo, divisar, cogitar, meditar, deter-se, contristar, aplacar, todas estas palavras pessoais que, quando despojadas de ternura e sentimento, se podem tornar não-literárias: simples, observar, pensar, contemplar, atrasar, arrepender, aliviar, que mais não são do que simples palavras descritivas.

2. Texto técnico e terminologia

Não se pode entender o conceito de texto técnico dissociado de uma das suas componentes fundamentais: a terminologia. Como vimos, o conceito de texto técnico está longe de se esgotar na substância terminológica das línguas de especialidade, mas a ela faz recurso permanente.

2.1. O que é a terminologia?

Podemos descrever sucintamente a terminologia como um vocabulário de palavras, termos e frases que são utilizados numa indústria, organização ou área científica específicos. Uma terminologia pode ser interlíngua (isto é, bilingue ou multilingue) ou intralíngua (como o nome indica, dentro da mesma língua). Contudo, a terminologia é também um conjunto de termos que representa não só um sistema de conceitos acerca de um assunto ou domínio temático específicos, mas representa também a própria ciência que estuda estes termos[71].

A idade moderna, através da sua imensa especialização, por um lado, e dos seus crescentes aspetos interdisciplinares, por outro, gerou problemas crescentes na comunicação, dando, contudo, especial relevância à terminologia para que esta tente resolvê-los. Adicionalmente, a existência de numerosas bases de dados e de sistemas informáticos e multimédia cada vez mais complexos e de vários tipos significa que é imperativa a utilização de boas terminologias se queremos que estas tecnologias funcionem eficientemente.

Os princípios e métodos terminológicos podem, em suma, servir de base a diferentes tipos de atividades, desde a classificação ao ensino e à indexação, bem como a exibição de pontos de vista diferentes em relação aos conteúdos de vários conceitos e às suas inter-relações num qualquer domínio temático.

Primeiramente, a pesquisa terminológica propõe-se identificar os termos que comunicam conhecimentos especializados — ainda que esta "especialização" tenha já transbordado para a vida quotidiana das pessoas. A função principal destes conhecimentos especializados consiste em transmiti-los eficazmente e autenticá-los através do uso terminológico.

Na verdade, o princípio fundamental da terminologia é a pertinência dos termos relativamente às áreas temáticas, estruturadas em sistemas de classificação de conhecimentos especializados. Cada especialidade apresenta um sistema de áreas estruturadas em árvore, as quais devem evidentemente figurar em qualquer acervo terminológico coerente.

Os sistemas de classificação documental, as enciclopédias, os manuais e as bases de dados destinadas a transferir conhecimentos oferecem ao terminólogo as balizas necessárias para estabelecer ou adotar um sistema de classificação para a área de especialização na qual efetuará a pesquisa terminológica.

Os sistemas de classificação evoluem e refletem os progressos que se têm produzido em cada área de especialização. Esta evolução pode proporcionar o surgimento de novas disciplinas, a migração de conceitos entre disciplinas, ou mesmo o desaparecimento, a fusão ou diferenciação de determinados conceitos e/ou designações.

Outro princípio fundamental na classificação das áreas temáticas é a diferença entre área primária e área de aplicação. Os conceitos de uma especialidade podem ser aplicados a várias disciplinas, sem que isso implique que deixem de pertencer à área primária. Por exemplo, a mecânica de motores aplicada à indústria pesqueira não implica necessariamente que a terminologia da mecânica de motores se altere.

Concomitantemente a isto, um certo "conservadorismo codicológico" tem dado primazia a alguns tipos de documentação em detrimento de outros. Assim, têm-se preferido as obras na língua original às suas traduções, assim como se preferem as enciclopédias e outras obras pedagógicas amplamente reconhecidas ou recomendadas pelos especialistas aos prospetos e folhetos publicitários ou informativos. Dá-se também prioridade às publicações especializadas, em vez das revistas de divulgação. A Internet, por seu lado, oferece um amplo leque de fontes documentais que poderão ser efémeras e de valor discutível, pelo que se deverá ter alguns cuidados de seleção ao utilizar materiais da Web.

Enquanto ciência, a terminologia designa uma disciplina linguística consagrada ao estudo dos conceitos e dos termos utilizados nas "línguas de especialidade" — que, como vimos no subcapítulo *1.2 O texto técnico e a tradução técnica* a partir da página **4**, não são fáceis de delimitar.

Tradicionalmente — isto é, num mundo não-tecnológico — a "linguagem comum" seria aquela que utilizamos no dia-a-dia, ao passo que a "língua de especialidade" seria a utilizada para proporcionar uma comunicação "sem ambiguidade" em determinadas áreas do conhecimento ou da prática profissional, com base num vocabulário e em usos linguísticos específicos desse campo.

Contudo, como sabemos, as pessoas utilizam quotidianamente quer uma quer outra (língua comum e de especialidade) ao utilizarem coisas, utensílios, ferramentas, veículos, de forma comum e despreocupada, uma vez que o léxico do quotidiano está impregnado de terminologia técnica. No mundo tecnológico de hoje já não se pode desenlear um do outro, não sem algum esforço.

Impõe-se então que, nos dias de hoje, abordemos o conceito de terminologia no seu todo, para além do domínio do conhecimento que representa, e vejamos as suas implicações práticas ao nível económico, científico e social.

Para que o possamos fazer, teremos de saber o que é e para que serve a terminologia. Comecemos por algumas definições.

Segundo Correia[72], termos são, antes de mais, unidades lexicais que assumem significados específicos quando usadas em discurso especializado, significados esses que lhes permitem denominar conceitos científicos e técnicos.

Convém, contudo, precisar, tal como Contente[73], que a unidade terminológica é uma unidade lexical, mas nem todas as unidades lexicais são unidades terminológicas. Para que uma unidade lexical seja considerada uma unidade terminológica é necessário que esta unidade faça parte de um sistema de conceitos.

Este sistema de conceitos, continua a autora[74], ao citar G. Rondeau, constitui-se em cinco características fundamentais do termo:

> 1) *o termo distingue-se pela sua extensão semântica e define-se sobretudo em relação ao significado, mais do que ao significante;*
> 2) *a significação do termo define-se relativamente ao conjunto de significações dos termos que pertencem ao mesmo domínio; um termo não pode ser considerado isoladamente, ele está sempre dependente de um conjunto semântico a que pertence, ou de uma disciplina ou de uma ciência;*
> 3) *um termo corresponde, teoricamente, apenas a um conceito. Esta característica do termo baseia-se num*

> *postulado da terminologia, isto é, a relação da univocidade entre denominação e conceito;*
> 4) *os termos possuem processos próprios de terminogénese, a qual estudaremos nos próximo subcapítulo;*
> 5) *a homonímia não constitui ambiguidade, uma vez que o termo pertence a um grupo semântico específico; deste modo, no plano do discurso, um termo constitui uma relação denominação-noção que é atualizada pelo contexto e, no plano lógico, encontra-se numa estrutura hierárquica nocional pertencente a um determinado domínio.*

Rondeau, através de Contente, esquematiza bem a definição de termo:

$$T\ (termo) = \frac{D\ (denominação)}{N\ (noção)} = \frac{significante}{significado}$$

Ilustração 5: Imagem esquemática da definição de termo, de Rondeau. G. do A. [75]

Por isto, um termo define-se como tal pelo contexto de utilização no discurso especializado, diferenciando-se da unidade lexical homónima, do discurso corrente, através do contexto semântico de especialidade.

Ex.:
- rato — unidade lexical, substantivo masculino; contexto: mundo animal, mamífero roedor.
- rato — termo informático, substantivo masculino; contexto: tecnologias da informação, acessório periférico.

Teresa Cabré[76], por seu lado, apresenta-nos as premissas para a elaboração teórica do conceito do termo, que passo a sumariar:

- A terminologia é um domínio do conhecimento interdisciplinar, e deve integrar os aspetos cognitivos, linguísticos, semióticos e comunicativos das unidades terminológicas.
- A terminologia tem os termos por objeto e por isso é, unicamente, uma teoria dos termos e não uma teoria da terminologia.

- As unidades que veiculam o conhecimento especializado denominam-se unidades terminológicas ou termos. Estas unidades têm um carácter linguístico e surgem no seio de uma língua natural.
- Estas unidades são ao mesmo tempo semelhantes e diferentes das unidades lexicais de uma língua, denominadas 'palavras' para a lexicologia. A sua especificidade reside na sua significação e no seu aspeto pragmático.

Consequentemente, a teoria terminológica apresenta, hoje, resumidamente, os seguintes princípios:

- Trata-se de uma teoria que faz o tratamento multidimensional dos termos.
- O objeto termo é uma unidade com três aspetos: semiótico-linguístico, cognitivo e comunicativo.
- Os termos são unidades recursivas e dinâmicas que podem mudar de um domínio de especialidade para outro. Tais fenómenos justificam a polissemia, a sinonímia e a homonímia.
- As unidades terminológicas têm as mesmas características formais das unidades lexicais.
- As unidades de base encontram-se associadas a um grande número de informações gramaticais, pragmáticas e enciclopédicas. O valor pragmático está ligado aos traços da significação.
- O objetivo da teoria dos termos é descrever formal, semântica e funcionalmente as unidades de valor terminológico sobre um determinado assunto e estabelecer as suas características.
- A teoria dos termos é essencialmente descritiva, e dá-nos conta das diferenças e semelhanças linguísticas, semióticas, cognitivas e comunicativas entre termo e unidade lexical. Da neologia terminológica falaremos no próximo subcapítulo.

Há, contudo, que ter em conta que muitos termos de especialidade — como é o caso das tecnologias da informação, que é a área tecnológica que mais terminologia produz nos dias de hoje — surgem frequentemente de entre os seus utilizadores, como é o exemplo do verbo inglês "*to google*", que se traduziria como o verbo "googlar" em português. Vejamos a entrada no dicionário online dictionary.die.net[77]:

> google v. [common] To search the Web using the Google search engine, `www.google.com'.

Mais curiosa é a etiqueta do verbete, [*common*], que significa "palavra de ocorrência comum", e que desafia, de alguma maneira, o senso de delimitação da "comunicação de especialidade", delimitação que, como afirmei anteriormente, se esbate inversamente ao avanço e popularização da tecnologia.

Resta-nos então perguntarmo-nos: para que serve a terminologia e quais são as suas aplicações práticas?

2.2. A prática da terminologia

Num mundo analógico, o conceito de "terminologia" era efetivamente muito mais estanque e delimitado, muito mais votado aos ditames dos especialistas e dos linguistas. O *Webster's Revised Unabridged Dictionary*[78] (edições de 1913 e 1828) diz-nos que "terminologia" é

> 1. The doctrine of terms; a theory of terms or appellations; a treatise on terms.
> 2. The terms actually used in any business, art, science, or the like; nomenclature; technical terms; as, the terminology of chemistry.
> 3. In natural history, that branch of the science which explains all the terms used in the description of natural objects.

Podemos verificar que as definições de então se aproximam bastante da doutrina atual, ainda que não utilizem a nomenclatura contemporânea em uso na linguística ou nos estudos sobre terminologia, quer ingleses quer portugueses.

Vejamos agora como surge o verbete *"terminology"* no *Computer Desktop Encyclopedia*[79], um dicionário terminológico da era digital:

> *terminology*
> *The terminology used in the computer and telecommunications field adds tremendous confusion not only for the lay person, but for the technicians themselves. What many do not realize is that terms are made up by anybody and everybody in a nonchalant, casual manner without any regard or understanding of their ultimate ramifications. Programmers come up with error messages that make sense to them at the moment and never give a thought that people actually have to read them when*

> *something goes wrong. In addition, marketing people turn everything upside down, naming things based on how high-tech and sexy they sound. And, the worst of all is naming specific technologies with generic words.*

Este é um excelente retrato do que se passa na Internet no respeitante ao uso da terminologia, e que evidencia a questão da fragilidade e volatilidade da terminologia na era digital, e da necessidade premente de ordem e de difusão da documentação regulamentar existente que possa estar disponível a todos os interessados.

Exemplos deste caos são as práticas comuns e quotidianas de má gestão terminológica devido à falta de informação junto dos utilizadores e dos criadores de terminologia especializada, ou simplesmente devido a pura ignorância destes relativamente aos mecanismos e estratégias neológicas, geralmente apenas acessíveis no universo universitário.

Creio que é importante salientar que existe a absoluta necessidade de levar os ensinamentos e as técnicas da neologia e da gestão terminológica — ainda que a um nível bastante essencial — para junto daqueles que delas necessitam na sua tarefa quotidiana de nomear coisas novas, tais como

- gestores de produto que necessitam de nomear novos produtos em vernáculo ou fruto de tradução;
- engenheiros e técnicos especializados que investigam e criam novos produtos;
- gestores de empresas e especialistas de marketing que criam e recriam novos conceitos e novos serviços;
- agências de tradução e tradutores *freelance* a quem falta a formação terminológica específica e que têm a necessidade diária de materiais de referência.

Com efeito, se muita da neologia terminológica existente se apresenta caótica — daí a necessidade da filtragem através dos estudos terminológicos e linguísticos — esta realidade espelha a rapidez com que os termos emergem no tecido social e empresarial dos dias de hoje.

Sabemos, pois, que um termo, ou unidade terminológica, é a etiqueta de um conceito num diagrama conceptual.

Esta unidade terminológica pode ser

- uma palavra,
- um sintagma,
- um símbolo,
- uma fórmula química ou matemática,
- um nome científico em latim,
- um acrónimo,
- uma sigla, ou
- a denominação ou o título oficial de um cargo, organismo ou entidade administrativa.

Um termo ou unidade terminológica numa língua de especialidade distingue-se duma palavra da linguagem comum pela sua relação unívoca com o conceito especializado que designa (a monossemia) e pela estabilidade dessa relação entre a forma e o conteúdo em textos que tratam desse conceito (a lexicalização). Posteriormente, é a frequência de utilização e o ambiente contextual (coocorrência) relativamente fixo, assim como os indicadores tipográficos (itálico, negrito, aspas, etc.) que explicitam a situação do termo.

Os conceitos próprios de uma especialidade são representações mentais que ajudam a estruturar os objetos no mundo real. Esses objetos podem ser

- entidades físicas ou abstratas (p. ex. computador, segurança);
- propriedades (p. ex. portátil, violento);
- relações (p. ex. equivalência, anterioridade, hierarquia); e
- funções ou atividades (p. ex. fricção, processo, resistência dos materiais).

Cada termo que designe um conceito está, numa qualquer língua de especialidade, em relação de monossemia com esse conceito, isto é, cada termo designa unicamente um conceito. Este facto não impede a utilização de homónimos para designar outros conceitos em diferentes áreas temáticas.

A relação monossémica conceito—termo implica o princípio uninocional, segundo o qual o terminólogo deve tratar um único conceito de cada vez, quer em cada ficha terminológica unilingue ou multilingue, quer em cada entrada de um vocabulário especializado. Trata-se exatamente do fenómeno contrário ao princípio polissémico aplicável aos dicionários gerais, nos quais cada entrada lexicográfica é composta por uma série de aceções, cada uma dando notícia de um conceito diferente.

Como vimos através das definições dos especialistas, devem-se respeitar os seguintes princípios ao redigir definições terminológicas:

- previsibilidade: a definição insere o conceito num diagrama conceptual;
- simplicidade: a definição é concisa e clara, e deve ser constituída pelo mínimo de palavras possível;
- enunciado afirmativo: a frase diz o que é o conceito, não o que ele não é;
- ausência de circularidade: a definição não deve remeter para uma outra definição que, por sua vez, remete de volta à primeira;
- inexistência de tautologia: a definição não se deve centrar na repetição do termo, mas deverá ser uma descrição dos traços semânticos do conceito.

Tendo por base estes princípios ao redigir uma definição, o terminólogo deve selecionar:

- as características distintivas que permitem identificar o conceito — por exemplo, o género mais próximo e a diferença específica;
- o tipo de definição que melhor se adapta ao perfil dos utilizadores, aos quais se destina o produto terminológico, quer respeitando as suas necessidades de comunicação quer respeitando o seu nível de conhecimentos. Por exemplo, uma definição analítica que menciona os traços intrínsecos do conceito (tais como a natureza, o material ou o tema de que trata) pode ser preferível a uma definição descritiva que enuncia os traços extrínsecos (como a função ou modo de operação, origem, destino e referente); pode ser preferível uma definição através da descrição de uma ação que enumera as partes de um objeto a uma definição por paráfrase sinonímica;
- o guia de estilos estabelecido para redigir as definições de todas as fichas que pertencem a uma determinada base de dados terminológicos — por exemplo, se as definições devem ou não começar com um artigo definido ou indefinido;
- a palavra inicial com que vai começar o enunciado — por exemplo, o termo que designa o conceito superordenado;
- a fórmula preferida para a categoria de conceitos em questão — por exemplo, a definição dos conceitos de estado poderá começar pela fórmula "Aplica-se a...", "Condição de..."; a dos conceitos de ação por "Ação de...", "Arte de...", "Técnica de..."; enquanto a fórmula dos conceitos adjetivais pode começar por "Qualifica...", "De...", "Relativo a...", "Diz-se de...", "Aplica-se a...".

Note-se que a despeito do ideal declarado de monossemia, a língua de especialidade é constituída por um conjunto de convenções sociais e, por isso, está em constante evolução. Em consequência, as línguas de especialidade apresentam variantes linguísticas, da mesma maneira que a língua geral.

Ao redigir uma ficha terminológica ou ao atualizar o conteúdo de uma base de dados terminológicos, o terminólogo deve distinguir os sinónimos que designam um conceito em função da sua real utilização. Um termo, por exemplo,

- pode ser uma designação científica ou técnica, ou
- pode pertencer a um vocabulário técnico;
- pode estar registado de forma correta ou incorreta, ou
- pode ser um termo universal, comum, oficial, ou meramente utilizado numa determinada região geográfica;
- pode ser um neologismo consensualmente aprovado ou criticado;
- pode ainda ser um termo pouco utilizado, ou desatualizado, banido, padronizado ou adaptado.

O terminólogo deverá ajudar sempre o utilizador a empregar a terminologia correta através de marcas de utilização, explicando e ilustrando a utilização através de comentários e notas ou exemplos de utilização, e corroborando a informação fornecida pelas referências exatas e credíveis, extraídas das fontes de informação consultadas.

As principais marcas de utilização (variantes de registo) passíveis de serem encontradas em bases de dados terminológicos agrupam-se em cinco categorias:

1. marcas sociolinguísticas — termo de uso corrente, uso técnico ou vocabulário especializado; termo padronizado ou adaptado; exemplo: Polineuropatia Amiloidótica Familiar (termo técnico de patologia médica) ou "doença dos pezinhos" (termo popular).
2. marcas geográficas — termo específico a um país ou região; exemplo: parotidite epidémica (termo técnico de patologia médica); papeira (Portugal e Norte do Brasil); caxumba (Sul do Brasil).[80]
3. marcas temporais — termo arcaico, antiquado ou neologismo; forma que se afigura como preferida no processo de variação e de mudança, em que duas formas (X e Y) concorrem durante algum tempo, até que uma se fixe como forma preferida[81] — exemplo: macrogâmeta (BIOLOGIA, óvulo dos animais e oosfera dos vegetais) > gâmeta feminino; e microgâmeta (BIOLOGIA, o menor dos gâmetas numa reprodução anisogâmica) > gâmeta masculino.

4. marcas profissionais ou de concorrência — sinónimos preferidos em certas áreas ou por determinadas companhias, por razões de originalidade em face à concorrência comercial;
5. marcas de frequência — termo frequente ou pouco frequente.

Na linguagem literária e na linguagem mediática, nas quais predomina a função poética, valoriza-se acima de tudo a novidade do conteúdo e a polissemia da expressão. Por outro lado, as línguas de especialidade respondem à necessidade de partilhar conhecimentos especializados à escala global, caracterizando-se por uma função cognitiva ou referencial que privilegia a monossemia e a uniformidade dos conteúdos e da expressão. Em terminologia, o princípio da uniformidade semântica é primordial relativamente ao da originalidade formal.

Um último elemento diferenciador do termo é o conjunto — muito mais limitado comparativamente ao léxico comum — de estruturas morfológicas e lexicais: a terminologia, bem como a neonímia, restringe-se aos itens lexicais e não aos gramaticais: substantivos (simples, derivados ou compostos), verbos, sintagmas nominais, adjetivais ou verbais.

É imprescindível ao terminólogo possuir um bom conhecimento destas estruturas e das regras neonímicas (ver subcapítulo ***2.3.3 Controlo de qualidade dos resultados*** na página **60**) não só para identificar as unidades terminológicas durante a extração terminológica, mas também para criar e propor novos termos ou neologismos de forma a preencher as lacunas existentes na designação de novos conceitos, e garantir a utilização correta e uniforme dos termos atestados.

Nunca será demais salientar que a terminologia existe por causa das empresas e das ciências. Vivemos numa realidade mercantilista e economicista das sociedades, e são os vários setores económicos — aliados cada vez mais à ciência e à educação — que fazem progredir a comunicação ao nível global, e com ela, a criação de terminologias.

O crescimento da globalização e da internacionalização quer ao nível económico quer social são o motor de um tipo de desenvolvimento económico-filosófico que transformou e transforma continuamente as empresas, instituições, e organizações nacionais e regionais, através de novos desafios em que a tradução e a terminologia desempenham papéis fundamentais.

O conceito de "economias emergentes" substituiu o de "países de terceiro mundo"; o comércio eletrónico e os centros comerciais substituem gradualmente o comércio tradicional; o *e-Learning* substitui já, em muitos estabelecimentos de ensino, a formação profissional e o ensino tradicional. Exemplos disso são alguns indicadores do processo de globalização que aqui vos apresento:

- A rede social Facebook atingiu, no final de março de 2012, a cifra de 901 milhões[82] de membros ativos;
- Havia, até ao dia 5 de junho de 2012, um total de 7.020 milhões[83] de páginas Web indexadas nos motores de busca Google, Yahoo! e Bing;
- Número de telemóveis ao nível mundial[84]: em 2001 — 962 milhões; em 2011 — 5.981 milhões.

O gigante informático IBM[85] tem um excelente artigo de forma a ajudar os seus clientes no processo de globalização, onde diz o seguinte:

> *Early and efficient globalization involvement is the key to success in globally emerging, on demand businesses. The international economy brings investment opportunities for emerging markets [...]. It is critical to fulfill globalization requirements earlier to continuously reduce risks such as late major code changes or schedule delays for iterative and incremental development.*
>
> *Globalization is not just a matter of translating an English version of a product. In fact, globalization needs to extend into the areas of architecture and requirements gathering. Although late changes are possible in iterative development, the critical globalization architecture issues have to be addressed as early as possible so that overall cost can be saved, software quality to global customers can be assured, and software can be delivered more rapidly and effectively.*

Como se lê neste excerto da IBM, a globalização é uma estratégia multifacetada, onde a tradução — e muitas outras atividades pertencentes à localização e à gestão de comunicação e conteúdos, onde se inclui a terminologia — constitui um elemento fundamental desse processo. A IBM tem ainda um sítio Web especialmente dedicado à globalização, chamado *IBM Globalization – Globalize your business*[86], cuja consulta seria útil a formandos de tradução.

Em suma, o uso de uma terminologia adequada é o sustentáculo de uma imagem de marca empresarial e proporciona produtos

- fáceis de usar,
- mais fáceis de traduzir e
- mais fáceis de se adaptarem aos mercados globais.

No mundo moderno predominam os conteúdos online e a globalização empresarial, o que faz com que a terminologia específica de uma empresa — isto é, os seus termos técnicos, os seus nomes de marca, as suas marcas registadas, etc. — se torne cada vez mais importante para garantir a consistência empresarial em várias línguas e para comunicar eficazmente com os clientes em todo o mundo.

A terminologia é pois um componente fundamental da gestão global de conteúdos e da comunicação eficaz com clientes globais. Uma boa gestão terminológica pode ter muitos benefícios interna e externamente, quer para as empresas, quer para as marcas, quer para os clientes, incluindo:

- **melhor comunicação e melhores conteúdos** — a utilização de uma terminologia aprovada mantém a coerência em todas as comunicações, internas e externas, e elimina erros de conteúdo;
- **rápida colocação no mercado de conteúdos globais** — permitindo uma rápida criação de conteúdos em várias línguas e canais de distribuição para uma resposta rápida a novos mercados;
- **redução dos custos de tradução** — uma terminologia precisa e aprovada reduz o tempo de tradução e de revisão;
- **consistência da marca** — através de uma terminologia consistente em todos os mercados.

Com efeito, é necessário reconhecer a importância da terminologia fora do contexto do processo da tradução. A gestão da terminologia é, na verdade, um elemento intrínseco à gestão do conhecimento, quer interno, quer externo; para além disso, a terminologia está presente em todos os estádios do ciclo de vida da criação de conteúdos.

Se pensarmos na criação de conteúdos como sendo uma "linha de montagem", as empresas globais podem não fabricar a mesma coisa nem terem um organigrama semelhante, mas partilham algo que é fundamental: cada departamento cria um tipo de conteúdos diferente e concomitante aos outros conteúdos — onde se incluem os departamentos de recursos humanos, engenharia e projeto, controlo de qualidade, vendas, marketing, atendimento ao cliente, escrita técnica, etc.

Cada um destes departamentos serve-se de um processo semelhante para produzir os respetivos conteúdos:

- **criar** — escrever o conteúdo.
- **armazenar e gerir** — utilizar um sistema de gestão de conteúdos ou outro sistema de armazenamento interno.
- **traduzir / localizar** — preparar as informações para um mercado estrangeiro específico.
- **publicar** — disponibilizar a informação através de uma variedade de pontos de contacto com os recetores / clientes, onde se podem incluir os sítios Web, as redes sociais, o email, o telemóvel e os materiais impressos.

Assim que a informação é criada por um departamento, passa para o departamento seguinte como material de referência, por exemplo:

1. O departamento de desenvolvimento de produtos e projetos disponibiliza vários conteúdos, tais como um documento de especificações de um dado produto, ao departamento de escrita técnica.
2. A partir deste documento, o departamento de escrita técnica cria novos conteúdos, por exemplo, um guia do utilizador.
3. O guia do utilizador é então utilizado pelo departamento de marketing para criar um folheto promocional do produto e assim por diante.

Esta abordagem de "conteúdos em linha de montagem" é utilizada por muitas organizações internacionais, e apesar da sua natureza prática, é a razão pela qual as inconsistências se podem facilmente propagar. Tal deve-se ao facto de não haver apenas um departamento responsável pela produção da informação dentro de cada organização. Basta que haja um erro terminológico num destes departamentos, a montante, para que esse erro se propague facilmente, a jusante, na estrutura da empresa.

É devido a estes problemas organizativos que devem ser implementados sistemas centralizados de atestação terminológica — quer interna, quer externamente à empresa — de forma a tornar coerentes e coesas quaisquer estratégias terminológicas de cada empresa de alcance internacional.

A gestão terminológica implica ter de reunir todos os termos importantes em cada organização e consolidar o conhecimento e a informação que existir dentro de cada uma delas para criar uma compilação ou *corpus* terminológico.

Os principais intervenientes — tais como criadores de conteúdos, tradutores ou especialistas de marketing — devem-se reunir para decidir acerca da terminologia mais importante para cada empresa. Dever-se-á ter em conta o impacto da terminologia escolhida noutras línguas de chegada, pelo que o plurilinguismo deverá ser um fator preponderante na escolha terminológica.

Assim que a terminologia esteja identificada, precisará de ser gerida e armazenada centralmente através de uma base de dados terminológicos. Esta situação facilitará o acesso à terminologia e a outros conteúdos por todos os intervenientes criativos e/ou responsáveis departamentais dentro de cada organização, permitindo a partilha do conhecimento e do vocabulário comum da empresa.

A disponibilização desta terminologia aos criadores de conteúdos, tais como escritores técnicos, especialistas, gestores de projeto, tradutores e profissionais de marketing, ajuda a assegurar a coerência da terminologia em todos os conteúdos, e também em várias línguas.

2.3. O trabalho do terminólogo

De forma a realizar uma investigação contínua e apurada que permita a atualização de quaisquer acervos ou bases de dados terminológicos, o terminólogo deve seguir a evolução do conhecimento numa determinada área de especialização e manter-se atualizado com as novidades que surgem e com as consequências destas no discurso especializado — por exemplo, no que toca à terminologia sincrónica e diacrónica no âmbito do armazenamento de dados informáticos, desde os sistemas internos (disco duro), aos amovíeis (cartão perfurado > disquete > fita magnética > CD ROM / DVD / BluRay > memórias flash), aos externos (discos externos > redes RAID > *data centers*) ou em nuvem (também chamado de *cloud*, ou redes virtuais, através da Web).

Os terminólogos que se iniciam na profissão podem obter os conhecimentos necessários numa determinada área de especialização através do estudo exaustivo de documentação especializada existente, da participação em fóruns de debate e redes de especialistas, e através da sua constante atualização acerca dos temas de trabalho. Esta atualização poderá ainda ser feita através da participação em seminários, ateliês, colóquios, conferências e exposições que tratem da sua área de interesse ou especialização.

Os conhecimentos adquiridos ajudarão o terminólogo quando este necessite de identificar a terminologia necessária. Para além disso, estes conhecimentos são uma ferramenta indispensável ao reconhecimento de novas terminologias, nas quais abundam os neónimos, os quais constituem uma parte significativa do seu trabalho.

Podemos distinguir duas categorias de terminólogos no que toca à forma de exercício da profissão: aqueles que são empregados por conta de outrem, e aqueles que operam enquanto prestadores de serviços independentes (ou *freelance*). O trabalho *freelance* está em franca expansão de forma a suprir as novas necessidades de subcontratação (*outsourcing*) das empresas e das instituições.

Os terminólogos atuais são, por natureza, exímios utilizadores das tecnologias da informação; demonstram atenção ao detalhe e aplicam-se na realização de pesquisas minuciosas. A sua curiosidade intelectual é dinâmica por natureza e possuem uma aptidão quase ingénita para sintetizar informações.

Devido à sua experiência nas relações profissionais com especialistas, os terminólogos desempenham frequentemente um papel consultivo na gestão de projetos das suas áreas de especialização.

O trabalho do terminólogo é variado e implica uma série de atividades importantes. Os terminólogos…

- estabelecem os termos específicos de uma área de especialização, definem-nos e trabalham de forma a encontrar os equivalentes noutra língua, quando se tratam de terminologias multilingues;
- definem os termos, bases de dados terminológicos, glossários e dicionários a utilizar pelas empresas para fins de normalização e padronização;
- trabalham com escritores, investigadores e especialistas e são frequentemente chamados a colaborar com departamentos de controlo de qualidade.

2.3.1. Procedimentos metodológicos

Em terminologia, a metodologia de trabalho constitui-se num conjunto de técnicas e de procedimentos adotados para alcançar um objetivo específico tendo em conta o tipo de produto ou de serviço, os recursos disponíveis, o cumprimento das expectativas do cliente e a entrega do projeto na data estabelecida.

A abordagem metodológica pode ser adaptada durante a realização do trabalho, mas é fundamental defini-la antes de se iniciar o trabalho.

O terminólogo deve conhecer as melhores e mais fidedignas fontes documentais existentes em cada uma das suas áreas de especialização e avaliá-las por categoria de referência (aqui listadas por ordem alfabética):

- atas de congressos e colóquios;
- bases de dados documentais, terminológicas e linguísticas;
- dicionários;
- enciclopédias;
- folhetos publicitários;
- manuais universitários e técnicos;
- monografias;
- prospetos;
- publicações especializadas e de divulgação;
- sítios da Internet de fornecedores de conteúdos; e
- vocabulários.

Para facilitar a obtenção deste tipo de conhecimento, o terminólogo poderá ter de consultar documentalistas e outros especialistas e participar em fóruns ou grupos de discussão especializados quer localmente, quer através da Internet.

De forma geral, o quadro metodológico das principais etapas do trabalho terminológico deverá depender, primeiramente, da identificação e avaliação do material existente.

A base de dados terminológicos já existe?

Neste caso, o terminólogo deve familiarizar-se antecipadamente com as fontes terminológicas utilizadas em cada projeto de forma a efetuar uma avaliação qualitativa, avaliar da sua atualização, e proceder à sua eventual retificação.

As fontes terminológicas podem ser manuais procedimentais ou descritivos, publicações de empresas, ou documentos de ordem legislativa, regulamentar, ou terminológica.

Antes mesmo de efetuar a avaliação, e concomitantemente à leitura da documentação, poder-se-á consultar outros intervenientes previamente envolvidos, tais como

- documentalistas;
- outros terminólogos e lexicógrafos;
- autores e escritores técnicos;
- peritos das áreas de especialização abrangidas; ou
- gestores, clientes e utilizadores da base de dados terminológicos em análise.

É necessário criar uma nova base de dados terminológicos?

Nesta situação, o terminólogo deve preparar um repertório das fontes para a extração de termos, começando pelos documentos oficiais e publicações em circulação — quer na empresa, quer no mercado da área de especialização — bases de dados terminológicos e arquivos existentes, dicionários, obras terminológicas ou bibliografias que tratem da mesma área de especialização.

O repertório deverá então ser informatizado e a inserção de dados deverá ser feita através de etiquetagem (*tagging*). As etiquetas deverão ser codificadas para que possam ser utilizadas durante a inserção dos dados e ser reconhecidas ou descodificadas pelos clientes / utilizadores durante o acesso à informação.

2.3.2. Extração e pesquisa terminológica

Processamento de fontes documentais

As fontes documentais, de onde se extrairá a terminologia, deverão...

- ser classificadas de acordo com um sistema de codificação válido e consistente relativamente a toda a base de dados terminológicos;
- ser mencionadas no campo reservado às fontes na ficha terminológica, de acordo com as regras de escrita estabelecidas;
- ser utilizadas para atestar as citações ou para se referir às obras consultadas, de acordo com os regulamentos vigentes do direito de autor;
- ser digitalizadas para consulta eletrónica ou estar disponíveis para consulta em formato impresso;

- ser geridas de acordo com os conteúdos terminológicos da área de especialização, da sua utilização linguística e das necessidades dos utilizadores.

O terminólogo, enquanto fornecedor de conteúdos ao cliente, deverá ser responsável pela sua área de especialização e pela gestão da sua secção ou da totalidade da base de dados terminológicos.

Extração terminológica manual

A recolha manual de termos pressupõe a leitura minuciosa e criteriosa dos documentos selecionados e consequente anotação de comentários, após a consulta a documentalistas e a especialistas de uma área de especialização.

Os resultados servirão para a criação de diagramas conceptuais, através dos quais se produz a nomenclatura dos conceitos a definir. A anotação de comentários consiste na delimitação das unidades terminológicas identificadas durante a leitura e na marcação dos fragmentos de texto que oferecem a informação relevante acerca dos conceitos que serão definidos.

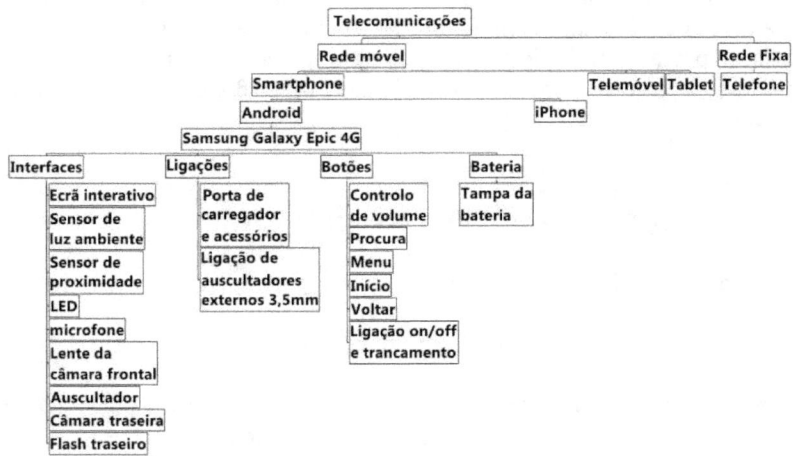

Ilustração 6: Exemplo de um diagrama conceptual. G. do A.

Depois do texto ter sido marcado e anotado, transferem-se os termos e os contextos para dossiers terminológicos uninocionais (isto é, coleções de termos de valor monossémico) que serão utilizados para selecionar a informação mais pertinente no registo de fichas terminológicas, quer sejam elas em formato eletrónico ou em papel.

Extração terminológica automatizada

Tendo em consideração o ritmo crescente a que na atualidade se produz informação, as recolhas terminológicas em larga escala são cada vez mais necessárias para constituir e atualizar bases de dados terminológicos, o que torna imperiosa a utilização de ferramentas informatizadas.

De forma a documentar os termos, deverão ser efetuados a identificação e o reordenamento da informação pertinente através de ferramentas informatizadas. Uma maneira prática de o fazer consiste em efetuar uma pesquisa dos termos que designam um conceito quer através do acervo documental quer através da Internet.

Tendo por base um determinado tópico de pesquisa, o terminólogo pode utilizar estas ferramentas para

- desenvolver pesquisas documentais e realizar leituras preliminares;
- criar *corpora* textuais nas línguas de partida e de chegada;
- delimitar áreas de especialização a serem pesquisadas;
- estabelecer diagramas conceptuais e consequentes nomenclaturas relacionadas;
- consultar bases de dados terminológicos;
- analisar termos identificados no contexto;
- agrupar sinónimos, variantes e abreviaturas em fichas uninocionais;
- selecionar provas textuais necessárias à descrição de conceitos;
- elaborar definições e observações;
- ilustrar a utilização de termos no discurso especializado com o auxílio de unidades fraseológicas;
- propor neologismos quando os termos não existirem na língua de chegada;
- informar clientes / utilizadores acerca das terminologias em construção; e
- formatar dados para a preparação de publicações e outros produtos terminológicos, tais como glossários, terminologias, vocabulários, quer empresariais, quer institucionais.

> Saiba mais sobre ferramentas terminológicas informatizadas através do nosso sítio Web de apoio em www.traducaotecnica.pt.

A crescente automação do trabalho terminológico é apenas um dos vários aspetos da modernização da profissão de terminólogo. Outras inovações incluem:

- ligação em rede de bases de dados terminológicos;
- criação de sitos Web para o intercâmbio de informações e produtos terminológicos;
- acesso a diretórios terminológicos e a fornecedores de serviços de tradução através da Internet; e
- ação integrada entre setores de investigação terminológica de organismos nacionais e internacionais.

2.3.3. Controlo de qualidade dos resultados

Na qualidade de fornecedor de conteúdos numa língua de especialidade, o terminólogo responsável por uma determinada área de especialização deve garantir que os dados que disponibiliza aos clientes ou utilizadores das terminologias sejam coerentes, estejam atualizados e cumpram com as regras neonímicas, terminológicas e com as normas nacionais e internacionais de controlo de qualidade.

Quer o terminólogo trabalhe sozinho ou em equipa, ou sob a supervisão de um revisor, o terminólogo deve conhecer bem as regras que regem a apresentação dos dados terminológicos com vista à sua difusão ou implementação institucional ou empresarial.

Como foi dito anteriormente, de forma a poder respeitar os critérios de garantia de qualidade — por exemplo, no que toca à norma ISO 704:2009 (Trabalho terminológico — Princípios e métodos) — o terminólogo deverá possuir um excelente domínio de

- sistemas linguísticos e das estruturas das suas línguas de trabalho;
- regras de formação lexical;
- regras gramaticais; e
- particularidades estilísticas dos diferentes registos de língua.

Faz também parte do trabalho do terminólogo a criação das fichas terminológicas, cujo conteúdo se avalia em função de critérios específicos, nomeadamente,

- a presença de uma definição dos conceitos expostos;

- a utilização uniforme dos termos que designam os conceitos;
- a utilização limitada de variantes estilísticas, ortográficas e sintáticas;
- a forma como os termos normalizados são tratados na área de especialização em questão; e
- a justificação da utilização ou da criação de novos termos.

2.4. Neologia e terminocriatividade

Como em todas as indústrias e atividades profissionais especializadas, a terminologia requer uma constante atualização. Os processos terminocriativos têm de acompanhar a rápida evolução tecnológica e operacional do mundo contemporâneo.

Há muitas formas de entendermos os neologismos. Segundo Villalva[87],

> *independentemente do momento em que surgem, os neologismos devem ser analisados quanto à sua génese. [...] alguns são palavras inventadas ou criadas, de forma mais ou menos aleatória, a partir de palavras já existentes; outros são palavras introduzidas na língua por empréstimo a outras línguas; e outros ainda são palavras formadas a partir dos recursos morfológicos disponíveis na língua.*

Para Correia[88], *um neologismo é um item lexical que é sentido como novo pela comunidade linguística [...], [é uma unidade neológica] não registada nos dicionários representativos do estado da língua em questão [...] [e cada uma destas unidades será considerada neológica se,] cumulativamente, apresentar sinais de instabilidade de natureza morfológica, fonética ou ortográfica.*

Para além disso, os neologismos podem apresentar três tipos de novidade distintos[89]:

> — **formal** *(a sua forma significante é nova): quando o neologismo apresenta uma forma não atestada no estádio anterior do registo de língua (ex.: derivados e compostos novos, palavras de origem estrangeira);*
> — **semântica**: *quando o neologismo corresponde a uma nova associação significado significante, isto é, uma palavra já existente adquire uma nova acepção;*

> — *pragmática*: *quando a neologia resulta da passagem de uma palavra previamente usada num dado registo para outro registo da mesma língua. A novidade pragmática implica normalmente, novidade semântica.*

Porém, para percebermos a terminocriatividade no âmbito dos textos técnicos, temos de perceber claramente que estes existem com o propósito de veicular informação técnica. A informação e a comunicação técnica estão, como vimos, ligadas às várias indústrias e serviços que fazem parte da atividade económica. Entenda-se aqui "atividade económica" como todas as partes integrantes do sistema de regras e regulamentos pelos quais tudo é gerido, incluindo os sistemas de produção, distribuição e consumo e a gestão dos assuntos internos e domésticos; isto é, a vida quotidiana especializada, tecnológica e profissional das pessoas.

Como também já observei, o mundo empresarial progride tecnologicamente dia a dia, e dessa progressão nascem novos conceitos e novos produtos e serviços que, logicamente, necessitam de ser nomeados. É dessa necessidade de nomeação que emerge a terminocriatividade, e todas as questões que ela implica, tais como critérios neológicos e atestação terminológica.

Para o estabelecimento de critérios de neologia, existem vários especialistas que procuram definir regras e estratégias neológicas, as quais devemos observar para que possamos inferir dados significativos sobre terminocriatividade.

Os neologismos de cariz terminológico são frequentemente designados por neónimos — ver definição do termo **neónimo** no glossário, na página **206** — e a neologia, neste âmbito, por neonímia[90]; isto é, o neónimo surge para denominar um novo conceito. A criação lexical, em língua geral, designa-se por neologia, no entanto Dubuc[91] designou de neonímia os processos de neologia lexical especializada[92].

Corroborando Correia, para criar neologismos terminológicos temos disponível a totalidade dos meios de que a língua dispõe para a atualização do seu léxico. Os neologismos terminológicos poderão ser

- concebidos dentro do próprio sistema linguístico; ou
- resultantes da importação de unidades de outras línguas.

Os neologismos construídos dentro do sistema linguístico apresentam as estruturas morfológicas próprias do sistema a que pertencem. Logo, estes neologismos poderão ser

- palavras derivadas;
- palavras compostas por temas ou por sintagmas lexicalizados;
- siglas, acrónimos, amálgamas e abreviaturas;
- palavras que adquirem novas significações geralmente resultantes de empréstimos internos[93].

Exemplos de neologia terminológica (neonímia)	
Formais:	balancete, cremalheira, manómetro
Empréstimos:	call-center, fast-food, spam-mail
Compostos sintagmáticos:	radiotransmissor de campanha, monitor de sinais vitais, taxa de câmbio
Compostos temáticos:	contratempo, ciberespaço, cibernauta
Derivados:	pós-curricular, politiquês, digitalizar
Amálgamas	Petrobras (**Petró**leo **Bras**ileiro S.A.) Portucel SA (empresa **portu**guesa de **cel**ulose) nim, portunhol, abensonhada[94]
Siglas	PSP (Polícia de Segurança Pública) UGT (União Geral de Trabalhadores)
Acrónimos:	SIDA (Síndroma da Imunodeficiência Adquirida) ONU (Organização das Nações Unidas)
Abreviaturas	Obs. (observação, observações) Cf. (confira, confronte)

Tabela: Exemplos de neonímia. Tab. do A.

Por palavras de Correia[95], um neologismo terminológico, ou neónimo, deve

— denominar um conceito estável, previamente delimitado de forma explícita e clara, com o qual deve manter uma relação de univocidade;
— ser breve e conciso;
— ser construído de acordo com as regras do próprio sistema linguístico;
— ser transparente;
— poder constituir base de séries de palavras derivadas;
— adaptar-se ao sistema fonológico e ortográfico da língua.

Estas obrigações terminocriativas, que subjazem à constituição de um neologismo terminológico, implicam, segundo Correia, corroborando Cabré, condições sociolinguísticas, pelo que um neologismo terminológico

> — *deve ser fruto de uma efectiva necessidade denominativa;*
> — *não deve apresentar conotações negativas nem provocar associações inconvenientes;*
> — *deve pertencer a um registo formal de especialidade;*
> — *deve poder ser memorizado com facilidade (o que resultará forçosamente da sua conformidade ao sistema linguístico onde é produzido);*
> — *não deve contradizer as linhas básicas da política linguística previamente estabelecida.*[96]

Segundo estas autoras, a atividade neológica deve obedecer ainda, linguisticamente, às seguintes condições:

> — *deve contar com a colaboração de especialistas que orientem as propostas neológicas;*
> — *não deve contradizer as regras patentes nos restantes termos do mesmo domínio:*
> — *deve assumir que uma forma inaceitável, mesmo que amplamente consolidada pelo uso, pode ser abolida;*
> — *não deve proceder à normalização de um termo sem ter em conta o sistema conceptual e denominativo de que faz parte.*
>
> *[...] Tão ou mais importante que criar é, por um lado, normalizar os termos, isto é, instituí-los legalmente como os termos a usar no âmbito da comunicação científica ou técnica institucional, e, ainda, divulgar essas normas junto dos seus utilizadores mais directos.*[97]

Correia[98] considera, com Guilbert, *a neologia enquanto demonstração da criatividade lexical* como sendo de quatro tipos, nomeadamente,

> *a) **denominativa**: resultando da necessidade de nomear novas realidades (objectos, conceitos), anteriormente inexistentes;*
> *b) **criação neológica estilística**: corresponde à procura de uma maior expressividade do discurso, para traduzir ideias não originais de uma maneira nova, ou para exprimir de modo inédito certa visão do mundo.*
> *Estes neologismos existem, primeiramente, apenas ao nível do discurso, sendo geralmente formações efémeras,*

> entrando raramente no sistema da língua, isto é, são unidades que tendem a desaparecer rapidamente. São muito frequentes no discurso humorístico, jornalístico (sobretudo ao nível dos títulos, pelos caracteres original e apelativo que estes devem apresentar), bem como na crónica política;
> c) **neologia da língua**; unidades lexicais do discurso que, por não se distinguirem das restantes unidades lexicais da língua (correspondem à actualização da competência derivacional dos falantes), não despertam qualquer sentimento de novidade. São processadas, na comunicação, quer ao nível da produção, quer ao nível da percepção, como sintagmas, levando em conta as suas partes constituintes, bem como a sua posição relativa. O que faz destas unidades neologismos do facto de não se encontrarem legisladas nos dicionários representativos da língua em questão;
> d) **poder gerador de certos elementos constituintes**: em certas épocas, por factores extralinguísticos, determinados formantes de palavras (já existentes ou novos) «ficam em moda>, dando origem a inúmeras unidades lexicais novas. Exemplo: mini- (sobretudo nas décadas de 60 e 70); super- e, actualmente, mega- (cf. megaconcerto, megaprograma, mega-espectáculo, etc.).

À tradução técnica apenas importa a denominativa, pois esta resulta *da necessidade de nomear novas realidades (objectos, conceitos), anteriormente inexistentes*[99].

Como Correia acrescenta[100],

> ao nível das terminologias científicas e técnicas, apenas a neologia denominativa se encontra representada. De facto, os neologismos terminológicos resultam exclusivamente da necessidade de designar novos conceitos, associados a novas teorias, descobertas, produtos ou tecnologias.

Por vezes, estes neologismos denominativos podem ocorrer enquanto sintagmas explicativos como forma de substituição procedimental dos termos importados[101], isto é, o neologismo constitui-se na forma sintagmática como forma de explicar o termo de partida, especialmente na ausência de equivalente direto ou na inexistência de conceito contextual.

No entanto, para Contente[102], percebemos que a denominação terminocriativa ainda se pode consubstanciar em

> *x) Formação de unidades terminológicas complexas ou sintagma terminológico[103], [...] e*
> *xx) Coexistência de termos complexos em duas línguas Coexistência paralela de sintagma terminológico inglês e tentativa de implantação do sintagma terminológico em português, coabitando paralelamente, muitas vezes, também uma sigla ou um acrónimo de outra língua[104].*

Estes termos complexos podem ou não ser acompanhados de *decalque de siglas por extensão semântica do inglês sem correspondência sintagmática terminológica em português*[105].

Ainda que possamos concordar com estas premissas, algumas delas levantam-nos de imediato alguns problemas que se prendem com o contexto atual do desenvolvimento tecnológico e da rapidez com que as sociedades criam e renovam novos termos técnicos.

> - *denominar um conceito estável, previamente delimitado de forma explícita e clara, com o qual deve manter uma relação de univocidade[106],*
> - *não deve contradizer as linhas básicas da política linguística previamente estabelecida[107],*
> - *deve assumir que uma forma inaceitável, mesmo que amplamente consolidada pelo uso, pode ser abolida[108],*
> - *Tão ou mais importante que criar é, por um lado, normalizar os termos, isto é, instituí-los legalmente como os termos a usar no âmbito da comunicação científica ou técnica institucional, e, ainda, divulgar essas normas junto dos seus utilizadores mais directos[109].*

O denominador comum a estes princípios é um único: o da possibilidade dos especialistas em linguagem poderem controlar a criatividade terminológica. Se este intento pode vingar na altruística preocupação de garantir a qualidade terminológica e a pureza linguística do material terminológico, rapidamente choca não só com a rapidez com que os novos conceitos, produtos e serviços são criados na atualidade, decorrente da necessidade premente de os denominar, mas também com os autores que os criam.

Sem esquecermos aquilo que definimos anteriormente, um termo denomina conceitos e rege-se por regras linguísticas. Diferentes ou não das regras lexicográficas, as regras terminológicas baseiam-se em necessidades operativas de denominar algo, as quais subjazem, linguisticamente, aos princípios básicos de criatividade linguística. A este propósito Duarte[110] sustenta que

> *a produtividade ou carácter ilimitado é uma propriedade central da criatividade linguística. Estende-se a todas as áreas gramaticais [...] e está na base da possibilidade, partilhada por todas as línguas, de nomear objectos e conceitos novos e de descrever situações reais ou imaginárias nunca antes vividas ou imaginadas.*

Concomitantemente a isto, há que ter em consideração

> *[...] a capacidade que os falantes têm de produzir e compreender frases com palavras inventadas, desde que estas estejam integradas nos modelos de flexão e derivação e nos padrões de ordem de palavras característicos da língua*[111].

Daí que a ideia de conceito estável previamente delimitado de forma explícita e clara por Correia, seja uma proposta que colide de imediato com a rapidez da modernização tecnológica, cuja terminologia necessita de constante e ininterrupta atualização.

De que maneira poderemos considerar "estável" e "delimitada" a denominação de um dispositivo que tenha acabado de ser criado para suprir uma necessidade informática? Como controlar a denominação imediata de produtos que acabam de ser patenteados e que, não obstante se poderem revestir de uma importância tecnológica substancial, não se encontram ainda em produção?

Dever-se-á ter em atenção que certas denominações integradas em patentes, ainda que não sejam marcas comerciais, estão sujeitas a códigos e legislações consideravelmente rígidas, e onde qualquer alteração tem repercussões legais e contratuais.

Esta questão legal engrossa substancialmente quando se trata de um termo patenteado e amplamente utilizado por uma comunidade de especialistas, ainda que o termo vá *contra as linhas básicas da política linguística previamente estabelecida*[112] e por ser *inaceitável, mesmo que amplamente consolidado pelo uso,* [possa] *ser abolido*[113].

A maior parte das empresas e dos técnicos especialistas responsáveis pelo patentear de produtos, serviços e conceitos técnicos desconhece, frequentemente, quais são as "políticas linguísticas previamente estabelecidas" — quando estas políticas estejam, eventualmente explicitadas e disponíveis à população — e procuram recorrer às suas competências linguísticas para efetuarem escolhas denominativas, pois como Duarte[114] sublinha,

> *o comportamento linguístico humano é essencialmente um comportamento intencional, que envolve tomadas de decisão dos falantes baseadas numa análise mais ou menos elaborada das situações.*

Se essas tomadas de decisão estão conforme a *política linguística previamente estabelecida*[115], ou com a *normalização e as instituições legais*[116], penso que caberia aos decisores dessas políticas e dessas instituições tomarem adiantadamente as devidas medidas, certificando-se antecipadamente de que a informação está amplamente disponível ao público e aos escritores técnicos.

Como bem sabemos, a rapidez alucinante da evolução tecnológica não é compatível com a morosidade das instituições fiscalizadoras e governamentais. Melhor do que um controlo "pós-neológico", realizado a jusante, seria o advento de uma política de informação, a montante, preventiva e pedagógica, veiculada de forma simples e eficaz, que apetreche os empresários e os gestores, os especialistas e os escritores técnicos com as ferramentas necessárias à eficiente criação de conteúdos técnicos que, consequentemente, permitam uma boa comunicação técnica e, naturalmente, boas traduções. É o que procuro fazer através deste manual.

2.5. Exemplos de criação neonímica

Recentemente, enquadrado na minha tese de Mestrado, criei várias dezenas de neónimos para a tradução de um manual de segurança e antiterrorismo que realizei para o Instituto Superior de Ciências Policiais e Segurança Interna (ISCPSI) da Polícia de Segurança Pública portuguesa. A criação destes termos deveu-se à considerável escassez, em Português Europeu, de terminologia na área de especialização dos sistemas de segurança.

Esta escassez terminológica prende-se a questões relativas à importância da geopolítica e geoestratégia mundiais. Alguns dos países mais expostos às ameaças do terrorismo e da grande criminalidade têm sido as nações anglófonas, quer os EUA, quer o Reino Unido. Por isso não surpreende que sejam estes os países que mais desenvolveram os equipamentos, as técnicas e as estratégias mais inovadoras dentro dos sistemas de segurança.

Portugal, por outro lado, tem estado até há pouco tempo atrás — por razões várias que não importa aqui desenvolver — arredado dos círculos mundiais de alto risco. Este facto justifica, por si só, a inexistência, no nosso país, da necessidade desses meios mais inovadores de combate ao terrorismo e à grande criminalidade. Se os meios não foram necessários, tão-pouco o foi a necessidade de ter existido uma terminologia que desse conta, na mesma medida, desses avanços terminológicos existentes nos países de expressão inglesa.

No entanto, o novo enquadramento estratégico de Portugal na luta contra o terrorismo internacional e o surgimento da grande criminalidade em Portugal justificam que a terminologia dos serviços de segurança seja atualizada também ela em Português, uma vez que vemos novos equipamentos e novas técnicas serem utilizados no nosso país sem que exista uma atualização terminológica em português dos conceitos e realidades agora implementados.

Um bom exemplo destes novos conceitos é o termo *shotgun*, tão utilizado pela polícia portuguesa — a tradução de *shotgun* em português é "espingarda de caça"[117], a qual está, neste novo conceito de armamento, completamente desatualizada; a arma a que a polícia portuguesa chama *shotgun* é uma arma com várias denominações inglesas[118], nomeadamente *riot shotgun / tactical shotgun / duty shotgun / combat shotgun*, sendo que estas foram criadas exclusivamente para situações específicas de estratégicas policiais e militares, tais como entradas táticas em edifícios, atividades operacionais de combate urbano e antimotim, e situações de combate militar. Contudo, e não obstante as autoridades policiais portuguesas lhe chamarem simplesmente *shotgun*, não deu origem, até agora, a nenhum termo português apropriado à sua utilização.

Para além disso, a terminologia pertencente ao setor de armamento está fortemente ligada a questões legais e culturais de certos países, como o que acontece nos EUA, país onde existe uma forte cultura de uso e porte de arma de variadíssimos calibres e utilizações, sem correspondência noutros países do mundo. Uma vez que não existe em Portugal uma cultura semelhante, torna-se por vezes difícil encontrar traduções viáveis para realidades inexistentes no nosso país. Contudo, para aquelas situações em que os equipamentos e as técnicas começam a emergir em Portugal, importa encontrar termos viáveis dentro do sistema linguístico português.

Dos 41 neónimos que criei para esse trabalho, dou-vos aqui conta de quatro deles, e das estratégias neonímicas que utilizei para chegar à sua criação — os restantes poderão ser encontrados no sítio Web de apoio.

> Poderá encontrar muito mais material exemplificativo, incluindo exercícios de tradução, tutoriais, testes de tradução e outros materiais didáticos através do sítio Web de apoio em www.traducaotecnica.pt.

2.5.1. Neologismos denominativos formais derivados por prefixação

Os neologismos formais — em que a sua forma significante é nova — são-no quando *o neologismo apresenta uma forma não atestada no estádio anterior do registo de língua*[119].

Os neologismos formais são raros uma vez que poucas são as situações em que se não possa utilizar uma forma atestada no léxico. Por outro lado, como vimos anteriormente e sempre que possível, é conveniente optarmos por estratégias explicativas semanticamente, uma vez que estas são estratégias bastante mais transparentes à compreensão de todos.

Exemplo:

Termo inglês: *invacuation*
Termo português: **invacuação**

Texto de partida:
The formulation and maintenance of other contingency plans dealing with bomb threats, suspect packages and evacuation and 'invacuation'
Texto de chegada:
A formulação e a manutenção de outros planos de emergência que lidem com ameaças de bomba, embrulhos suspeitos, e evacuação e "invacuação"

Em inglês, este termo é, ele próprio, um neologismo, pois o autor do texto apresentou-o entre aspas. Este neónimo está relacionado com um novo conceito de segurança quase inexistente em Portugal: as "salas seguras"[120] (do inglês "safe room").

O termo parte do conceito de "evacuação para dentro", para uma área blindada interior, quando a ameaça tem origem no exterior do edifício. Para isso considerou-se a decomposição do termo "e + *vacuar", isto é, "esvaziar para o exterior", tornar vazio, onde a expressão do movimento para o exterior é realizada pelo prefixo e-, do latim ex-:

> *evacuar*
> *verbo transitivo*
> *1.   desocupar (edifício ou área), geralmente numa situação de emergência*
> *2.   esvaziar*[121]

e

> *ex-*
> *prefixo que exprime a ideia de movimento para fora, separação, extração, afastamento [...]*
> *(Do latim ex-, «de; para fora de»)*[122]

O neónimo foi criado a partir deste termo *evacuação*, ao qual se retirou o prefixo e- e se acrescentou o prefixo in-:

> *in-*
> *prefixo que exprime a ideia de negação, falta, inclusão, interioridade ou de movimento para dentro, e que toma a forma im- antes de b e p, e a forma i- antes de l, m, n, e r*
> *(Do latim in-, «idem»)*[123]

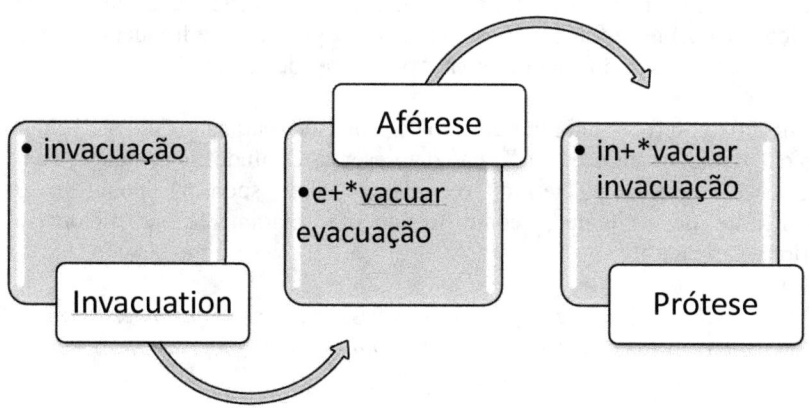

Esta estratégia de formação neológica permitiu o cumprimento com as regras de formação por prefixação.

2.5.2. Neologismos denominativos por extensão semântica

O neologismo por extensão semântica consiste na atribuição de um novo significado a uma palavra já existente[124].

Exemplo:

Termo inglês: *sponsor*
Termo português: **cliente**

Texto de partida:
*Is there anything about the location of your premises, its visitors, **sponsors**, contractors, occupiers and staff, or your activities that would particularly attract a terrorist attack?*
Texto de chegada:
*Existe algo relativamente à localização das suas instalações, aos seus visitantes, **clientes**, prestadores de serviços, ocupantes e funcionários, ou relativamente às suas atividades, que possa ser particularmente atrativo a um ataque terrorista?*

A tradução literal deste termo seria "patrocinador", contudo, não o pode ser aqui, bastando para isso atentar no contexto. Neste contexto verifica-se que "cliente" vem antecedido de "visitantes", e antecede "prestadores de serviços, ocupantes e funcionários", etc., isto é, pessoas que frequentam uma zona comercial, sem no entanto serem "pagadores de serviços".

Até hoje não houve nenhuma tradução de "sponsor" enquanto "cliente" e por isso o agregador Linguee.com[125] não o apresenta. Contudo, se atentarmos em definições inglesas do termo, verificamos que "sponsor" pode ter o significado de "cliente", como o aponta claramente o dicionário dictionary.die.net[126]:

> *3: do one's shopping at; do business with; be a customer or client of [syn: patronize, patronise, shop, shop at, buy at, frequent] [ant: boycott, boycott]*

Neste caso, "cliente" é alguém que "patrocina" outrem através da sua contribuição enquanto cliente pagador.

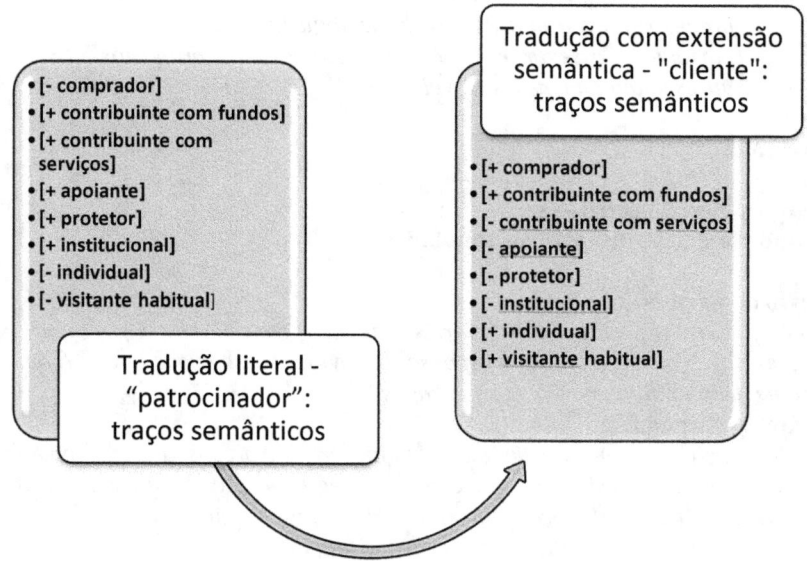

2.5.3. Neologismos denominativos de compostos sintagmáticos por extensão semântica

Correia diz-nos que o recurso a neologismos compostos é uma estratégia que se realiza

> quer por temas quer sintagmática (as também chamadas lexias complexas [...]) apresentando as unidades lexicalizadas, muitas vezes, uma dimensão bastante superior às da língua corrente. Esse é o caso das unidades [...] em que a primeira palavra constitui o termo mais genérico, o hiperónimo do composto, funcionando os elementos seguintes (adjectivos e sintagmas preposicionais) como restritores progressivos da extensão do hiperónimo[127].

Por outro lado, continua a autora noutra obra, afirmando que

> *o recurso à construção de compostos sintagmáticos é, à partida, interessante, dado que estes compostos são, geralmente, transparentes. [...] Caso se recorra a este processo para a construção de neologismos é necessário, portanto, assegurar que os sintagmas propostos apresentam dimensões viáveis*[128].

Exemplo:

Termo inglês: **hoax devices**
Termo português: **dispositivos simulados**

Texto de partida:
Noted pattern or series of false alarms indicating possible testing of security systems and observation of response behaviour and procedures, (bomb threats, leaving **hoax devices** *or packages).*
Texto de chegada:
A observação de um padrão ou de uma série de falsos alarmes podem indicar possíveis testes aos sistemas de segurança e à observação de comportamentos e de procedimentos de resposta (ameaças de bomba, através do abandono de **dispositivos** *ou pacotes* **simulados***).*

Com sentido literal corresponde a "dispositivos embusteiros"[129]. Apesar deste termo ser gramaticalmente possível, é semanticamente impossível, pois este adjetivo requer um substantivo humano. Objetos não podem praticar atos — alguém que pratique ou produza um embuste — logo o termo literal não é possível. Portanto, houve que procurar um adjetivo que transmitisse o resultado do embuste e que fosse passível de aplicar ao objeto em questão. A "simulação" é, como a Infopédia nos indica,

    1.   *ato ou efeito de simular*
    2.   *fingimento*
    3.   *disfarce*
    4.   *diferença entre a vontade e a declaração, estabelecida por acordo entre as partes, com o intuito de enganar terceiros.*[130]

Manual Prático e Fundamental de Tradução Técnica | 75

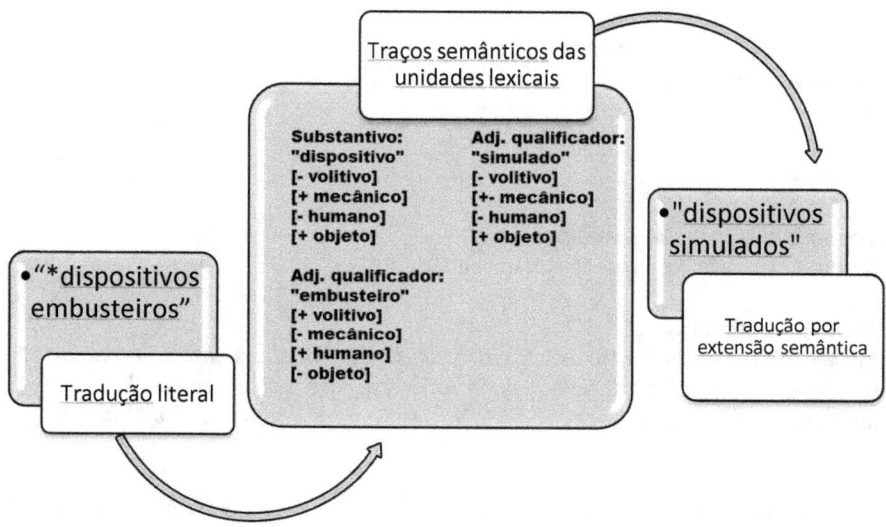

2.5.4. Neologismos denominativos por decalque semântico

Por último, temos os neologismos por decalque semântico enquanto "neologismos de significado". Diz-nos Correia que

> a opção pela criação de um neologismo semântico, quando possível, é benéfica, na medida em que, por um lado, previne a entrada de uma nova forma no léxico, frequentemente desnecessária e com risco de não ser conforme à estrutura da língua; [...].
> Um decalque semântico consiste na tradução literal do empréstimo; porém, o decalque apenas será eficaz se os mecanismos semânticos que se encontram na origem da atribuição de um novo significado a uma palavra previamente existente (metáforas, metonímias, extensões e restrições de significado) forem transparentes para os falantes da língua que acolhe o empréstimo. Exemplos de decalques bem sucedidos são termos como rato, por mouse; teclado para keyboard; rede por web; disco rígido

por hard disk; loja-âncora por anchor store; centro comercial por shopping centre[131].

Contudo, afirma Contente[132] citando Kocourek, que o decalque *substitui o empréstimo (xenismo) por tradução literal, perdendo-se, por vezes, certas propriedades semânticas do empréstimo.*

Exemplo:

Termo inglês: ***fixes or patches***
Termo português: **reparações ou correções**

Texto de partida:
*Ensure that your software is regularly updated. Suppliers are continually fixing security vulnerabilities in their software. These **fixes or patches** are available from their websites - consider checking for patches and updates at least weekly.*
Texto de chegada:
*Garantir que efetua atualizações regulares do seu software. Os fornecedores estão continuamente a corrigir vulnerabilidades de segurança no software. Estas **reparações ou correções** estão disponíveis a partir dos sítios Web dos fornecedores - considere a verificação de correções e atualizações pelo menos com uma periodicidade semanal.*

Consultei vários dicionários e terminologias especializadas, entre elas, os glossários e memórias de tradução da Microsoft, e até agora, a unidade lexical "*patch*" ainda não fora traduzida no género técnico das tecnologias da informação.

Resolvi então esta questão através de uma estratégia relativamente simples de forma a concretizar este decalque:

Assunções:

- as duas unidades lexicais nominais são razoavelmente sinonímicas uma da outra;
- a sua ordem é aleatória;
- "to fix" traduz-se comummente por "corrigir" ou "reparar";
- "to patch" traduz-se normalmente por "reparar" ou "remendar" — porém, esta última aceção não deve ser usada em tecnologias da informação, por um lado, por ser incomum, e por outro, por criar uma metáfora invulgar: "remendar um ficheiro" (o Google.pt mostra zero ocorrências).

Procedimentos:

1. traduzi, primeiramente, o termo inglês, por "corrigir ou reparar";
2. nominalizei os verbos, o que resultou em "correções ou reparações";
3. inverti a ordem, de forma a harmonizar os pontos de articulação da conjunção "ou" com o início de "**co**rreções",
4. obtemos então o termo " reparações ou correções".

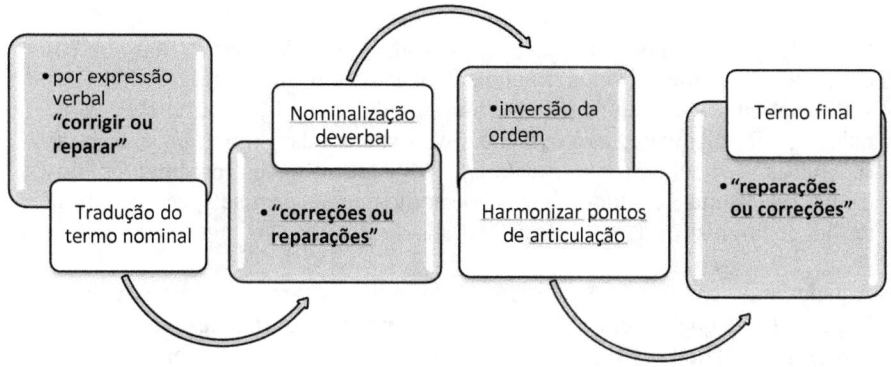

2.6. Rotinização e repetição "vs." neologia

Um dos benefícios práticos mais importantes em utilizarmos uma ferramenta de tradução é a de que esta também permite que o tradutor conte o número de repetições num documento ao produzir uma contagem de palavras (ver *4.3.3 Contagem de palavras* na página **122**), resultando numa maior precisão quer na cotação quer nas tarifas a cobrar ao cliente ou à agência. Mas a linguagem, como vimos, recorre a estratégias iterativas e circulares, a redundâncias linguísticas que fazem parte do processo de pensamento humano. E esta redundância é refletida pela escrita.

Sabemos que as palavras não existem isoladas umas das outras, mas sim em contextos em que se interrelacionam umas com as outras, em grupos sintagmáticos nocionais independentes, ainda que utilizem repetições de palavras. Infelizmente, agências há que tentarão dar importância a essas repetições de palavras, na tentativa de reduzirem os orçamentos dos tradutores. Muitas, contudo, fazem-no candidamente, sem se aperceberem da realidade linguística da polissemia textual.

Aqueles que, como eu, são tradutores de inglês, sabem que há palavras na língua inglesa que podem ter múltiplos e diferentes significados, consoante o contexto sintático e gramatical em que se encontram. Por exemplo, relativamente à palavra "still", observemos o que diz o dicionário agregador dictionary.die.net[133]:

"still" é uma palavra inglesa que poderá ter as seguintes <u>dezassete</u> aceções inglesas (o **negrito** é meu):

> *adj 1: **not in physical motion**; "the inertia of an object at rest" [syn: at rest, inactive, motionless, static]*
> *2: **marked by absence of sound**; "a silent house"; "soundless footsteps on the grass"; "the night was still" [syn: silent, soundless]*
> *3: **free from disturbance**; "a ribbon of sand between the angry sea and the placid bay"; "the quiet waters of a lagoon"; "a lake of tranquil blue water reflecting a tranquil blue sky"; "a smooth channel crossing"; "scarcely a ripple on the still water"; "unruffled water" [syn: placid, quiet, tranquil, unruffled]*
> *4: **used of pictures**; of a single or static photograph not presented so as to create the illusion of motion; or*

representing objects not capable of motion; "*a still photograph*"; "*Cezanne's still life of apples*" *[ant: moving]*
   5: *not sparkling;* "*a still wine*"; "*still mineral water*" *[syn: noneffervescent] [ant: sparkling]*
   6: *free from noticeable current;* "*a still pond*"; "*still waters run deep*"
   n 1: *a static photograph (especially one taken from a movie and used for advertising purposes);* "*he wanted some stills for a magazine ad*"
   2: *(poetic) tranquil silence;* "*the still of the night*" *[syn: hush, stillness]*
   3: *an apparatus used for the distillation of liquids; consists of a vessel in which a substance is vaporized by heat and a condenser where the vapor is condensed*
   4: *a plant and works where alcoholic drinks are made by distillation [syn: distillery]*
   adv 1: *with reference to action or condition; without change, interruption, or cessation;* "*it's still warm outside*"; "*will you still love me when we're old and grey?*" *[ant: no longer]*
   2: *despite anything to the contrary (usually following a concession);* "*although I'm a little afraid, however I'd like to try it*"; "*while we disliked each other, nevertheless we agreed*"; "*he was a stern yet fair master*"; "*granted that it is dangerous, all the same I still want to go*" *[syn: however, nevertheless, withal, yet, all the same, even so, nonetheless, notwithstanding]*
   3: *to a greater degree or extent; used with comparisons;* "*looked sick and felt even worse*"; "*an even (or still) more interesting problem*"; "*still another problem must be solved*"; "*a yet sadder tale*" *[syn: even, yet]*
   4: *without moving or making a sound;* "*he sat still as a statue*"; "*time stood still*"; "*they waited stock-still outside the door*"; "*he couldn't hold still any longer*" *[syn: stock-still]*
   v 1: *make calm or still;* "*quiet the dragons of worry and fear*" *syn: calm, calm down, quiet, tranquilize, tranquillize, tranquillise, quieten, lull] [ant: agitate]*
   2: *cause to be quiet or not talk;* "*Please silence the children in the church!*" *[syn: hush, quieten, silence, shut up, hush up] [ant: louden]*
   3: *lessen the intensity of; calm; as of of anxieties and fears [syn: allay, relieve, ease]*

Por exemplo, se um qualquer texto de partida em inglês tiver quatro repetições da palavra "still", é muito possível que cada uma dessas repetições ocorra em contextos diferentes, com significados diferentes e, logicamente, com traduções diferentes. Logo, uma contagem de palavras que apresenta estas repetições está imediatamente errada, pois estas repetições não seriam sinónimo de traduções idênticas.

Efetivamente, o simples facto de existirem repetições de palavras no documento de partida não significa que as mesmas ocorram com um valor semântico idêntico. O mesmo se passa com palavras de alta ocorrência em inglês, tais como as preposições e advérbios *"on"* e *"in"*, ou a preposição e conjunção *"for"*, em que cada um deles poderá ter dezenas de significados diferentes consoante a construção sintática e o contexto em que ocorrem. Cada uma destas realizações textuais terá uma tradução diferente, e com níveis de dificuldade interpretativa consideravelmente díspares. As repetições de palavras devem ser, portanto, cuidadosamente analisadas antes de tomarmos quaisquer decisões relativamente a orçamentações.

Relativamente a repetições de segmentos, a situação é de alguma forma diferente. Um segmento é uma estrutura frásica ou sintagmática com uma organização interna individualizada. Se esta estrutura for idêntica entre vários segmentos, podemos então dizer que estamos perante uma repetição segmental, estas sim verdadeiras repetições. A estrutura por vezes iterativa dos textos técnicos procedimentais favorece a ocorrência de expressões fixas, isto é, de rotinização.

Heltai[134] acredita que os textos criados em registos e situações diversas demonstram vários níveis de rotinização, isto é, de reiteração de pressupostos que perduram ao longo dos textos técnicos, científicos, legais e burocráticos. Contudo, textos técnicos de diferentes tipos — e por consequência, igualmente com a tradução técnica — contêm quantidades diferentes de linguagem "ready-made":

> *Technical texts are often repetitive: they are about the same topic, describe the same procedures, and report the results in the same way. As a result, language forms will also tend to be repetitive, and prefabricated, routine phrases will abound. The most common ready-made units in technical and scientific registers are collocations and certain discourse-organising lexical phrases.*

Mas as rotinas linguísticas e as expressões fixas não têm necessariamente de estar associadas a jargão ou a expressões fixas de carácter idiomático e opaco. Como verificámos com Araújo e Goodman citados anteriormente neste trabalho, e ainda reiterado por Heltai, a leitura é um processo multitarefa e faz recurso de estratégias repetitivas e aleatórias ainda que sequenciais. E como também vimos, o mesmo acontece com a organização do conhecimento.

Estruturalmente, esta estratégia faz bastante sentido para o processamento do conhecimento, uma vez que, também com Nattinger e DeCarrico, a linguagem é armazenada redundantemente, isto é, há palavras que poderão ser armazenadas conjuntamente com outras e, concomitantemente, em separado, para serem usadas em estruturas frásicas diferentes[135].

Heltai, citando Ellis, também propõe esta estrutura sequencial no processo de aquisição da linguagem, onde a aprendizagem se dá através da aquisição de sequências de fonemas em palavras, e através de sequências de palavras em expressões, orações e frases[136].

Da mesma forma, a investigação lexicológica parece favorecer o termo *itens ou unidades multipalavra*[137], debruçando-se nas expressões idiomáticas enquanto unidades semânticas. Moon afirma que um item multipalavra é um item lexical que consiste numa sequência de duas ou mais palavras que constituem uma unidade ortográfica[138].

Portanto, no que concerne à linguagem "ready-made" em textos técnicos e na tradução técnica, Klaudy afirma que a tradução, assim como um processo decisório, é uma atividade criativa. Na tradução técnica, tal como na comunicação técnica monolingue, os processos de linguagem rotinizada, automática, e que envolvam o uso de linguagem "ready-made", adquirem um papel significativo. Infere-se que o número crescente de ferramentas de tradução — as populares ferramentas CAT (*Computer Assisted Translation*), como os programas *Trados*, *Wordfast* ou *Déjà Vu* — destinado a facilitar o trabalho da tradução técnica é prova suficiente da existência de rotinas na tradução técnica[139].

Assim, tipos de textos diferentes apresentam diferentes tipos de rotinização. A correta utilização de expressões "ready-made" através de estratégias automáticas na tradução de textos técnicos reveste-se, para Heltai[140], de uma importância crucial, pois crê que estas estratégias são indispensáveis em situações nas quais o tradutor tenha de traduzir sob pressão. Considera ainda que a tradução será mais eficiente e mais económica recorrendo a expressões "ready-made", desde que se use o registo adequado à rotinização requerida — cuja quantidade é requerida pelas regras e normas comunicativas da língua alvo:

> *The translator's phraseological competence should include knowledge of ready-made phrases in different registers in both languages, an -ability to match them and an ability to evaluate them from the sociolinguistic point of view through awareness of the expected degree of routinization in the given register.*

Contudo, esta noção de linguagem "ready-made" é algo abstrata, não nos dando uma visão concreta do problema. A minha visão da construção "ready-made" prende-se tanto com a estrutura do texto, como com um conjunto de expressões idiomáticas.

Creio que os automatismos se enraízam nos processos rotineiros a que o próprio discurso oral faz recurso. A língua escrita — especialmente nos registos não-literários — é um processo rotineiro, iterativo, que recupera elementos importantes dos processos descritivos e procedimentais.

Por outras palavras, é através de elementos rotineiros, preditivos e repetitivos, quer ao nível da sintaxe, quer ao nível do léxico, que o leitor — através do seu conhecimento apriorístico relativamente ao texto, bem como da sua capacidade de recuperar elementos e sequências lexicais de leituras prévias — vai construindo e reconstruindo cada texto.

As expressões "ready-made" são, afinal, elementos fixos dessa rede aleatória sintagmática, tais como "credit check", "enter into force", "fall-back procedure", ou "heightened response level", que mais não são que sintagmas cuja estrutura lhes permite ter uma univocidade de sentido que os torna únicos — daí serem comummente termos sintagmáticos uninocionais.

Porém, contrariamente a Heltai, que crê que a escrita técnica não é criativa — *in technical translation creative language use is limited*[141] — pugno exatamente pelo contrário. Com efeito, quando o tradutor imediatamente reconhece cada um destes sintagmas e imediatamente os traduz, reproduz uma das estratégias de leitura e de aquisição de conhecimento mais comuns, que é a do reconhecimento sintagmático. Contudo, ainda que este ato seja fruto da experienciação reiterada do mesmo segmento, a possibilidade de surgimento de novas expressões "ready-made" anda a reboque do desenvolvimento tecnológico e, consequentemente, neonímico da escrita técnica.

Assim, tal como acontece com a neologia na língua corrente, a criação de neónimos conduz à sua estabilização diacrónica numa fase subsequente à sua alteração, tendo em vista a respetiva adequação aos desenvolvimentos científicos e tecnológicos. Tal como a evolução da língua corrente é contínua e interminável, assim o é a criatividade terminológica e as possibilidades de criarmos novas expressões "ready-made". Pouco criativo? Antes pelo contrário.

3. A atividade da tradução técnica

O processo da tradução técnica é cada vez mais um processo integrado noutros processos mais amplos, que por sua vez estão integrados em estratégias de comercialização e distribuição de produtos. As equipas de tradutores são hoje elementos essenciais de qualquer projeto de globalização, e integram equipas mais vastas constituídas por profissionais tais como especialistas em marketing, *designers*, engenheiros, entre outros.

Ilustração 7: Aspetos da globalização. G. do A.

3.1. Globalização e internacionalização

3.1.1. A globalização

No que se refere à indústria da língua, a "globalização" é uma estratégia empresarial que se constitui na combinação de vários processos conducentes à globalização de um produto:

- **internacionalização** (desenvolvimento, garantia de qualidade, testes e ensaios de avaliação)
- **localização** (tradução, gestão de projetos, garantia de qualidade, testes e ensaios de avaliação)
- **marketing e estratégia** (gestão da rede internacional, promoção, ações de marketing, planificação)
- **questões gerais** (assuntos jurídico-legais, vendas, distribuição, formação, apoio ao produto e ao cliente)

Contudo, a globalização é um termo que pode ainda ser usado de outras maneiras diferentes, como por exemplo a globalização enquanto hiperónimo ao nível geopolítico e geoeconómico, que tem a ver com a globalização empresarial enquanto expansão económica; ou a globalização de uma empresa que estabelece uma presença internacional com uma filial estrangeira local ou pontos internacionais de distribuição.

Contudo, a globalização a que me refiro aqui tem a ver com a globalização enquanto processo de criação de versões locais ou localizadas de produtos, software e sítios Web, a que poderemos chamar "globalização de produtos". Por exemplo, a globalização de sítios Web permite que um sítio possa ser disponibilizado online a visitantes de línguas diferentes, ou seja, internacionalizando o código do software do sítio, criando assim uma arquitetura multilingue e localizando o conteúdo estático ou dinâmico do sítio.

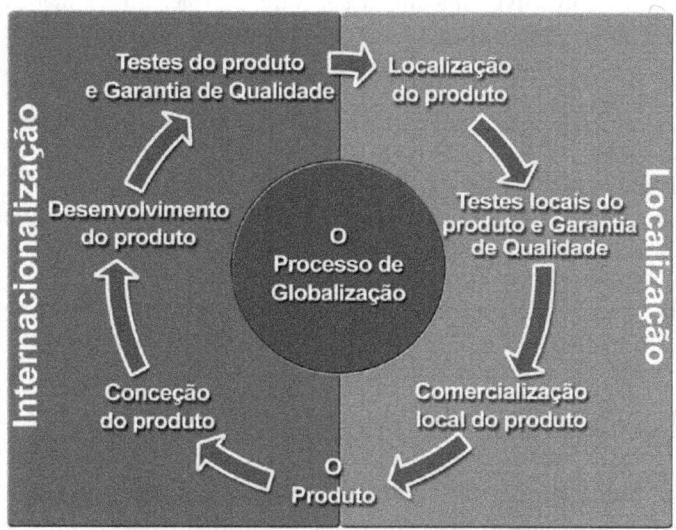

Ilustração 8: O processo de globalização. G. do A.

Portanto, no contexto deste manual, a globalização refere-se aos processos da internacionalização e da localização.

As empresas globalizam-se quando iniciam os processos de desenvolvimento, tradução, marketing e distribuição dos seus produtos em mercados de língua estrangeira. Assim, o conceito de globalização (cujo numerónimo é o G11N) é normalmente usado no contexto de vendas e marketing, ou seja, o processo pelo qual uma empresa se liberta dos mercados internos para procurar oportunidades de negócio onde quer que os seus clientes estejam.

3.1.2. A internacionalização

Muitas vezes abreviada para o numerónimo I18N, a internacionalização é a ação de tornar um produto o mais genérico possível de modo a que possa interagir com várias línguas e convenções culturais sem a necessidade de ser redesenhado, reformulado, reestruturado ou reprogramado. A internacionalização ocorre ao nível do design e do desenvolvimento de produtos, programas e documentos.

Com efeito, a internacionalização proporciona a infraestrutura na qual a localização poderá ser implementada de uma forma mais fácil e eficiente. Durante a fase de desenvolvimento, o software é projetado de maneira a permitir a tradução noutras línguas sem a necessidade de reformulação ou recompilação.

A internacionalização é muito importante por várias razões porque permite

- a disponibilização e venda, ao nível global, de produtos originais;
- a rápida colocação no mercado de produtos de software localizado, uma vez que a localização poderá ser iniciada paralelamente aos ciclos de desenvolvimento do produto;
- o menor consumo possível de recursos, tempo e dinheiro em localização, por exemplo, através de técnicas de separação do texto do código-fonte de um programa de computador ou de um sítio Web.

Exemplo: Localização de um código HTML (cabeçalho do sítio Web)

Vejamos um exemplo prático de como poderíamos localizar uma aplicação da Internet bastante simples em código HTML e os problemas levantados pela presença de código — o qual, no exemplo desta página Web, só tem cinco sequências de caracteres, marcadas a **negrito** (o nome da companhia foi inventado para o efeito):

Código HTML não localizado:

```
<!DOCTYPE HTML PUBLIC "-//W3C//DTD HTML 4.0 Transitional//EN">
<html>
<head>
<meta http-equiv="Content-Type" content="text/html; charset=iso-8859-1">
<title>Artic Insurance Inc. Home</title>
<META name="description" content="Artic Insurance Company">
```

```
<meta name="author" content="©1993-2012 Artic Insurance Inc. All rights reserved">
<META name="keywords" content="insurance, insurance brokerage">
<meta name="copyright" content="©1993-2012 Artic Insurance Inc. All rights reserved">
<META http-equiv=expires content=0>
<META content=ALL name=Robots>
<META NAME="revisit-after" CONTENT="7 days">
```

Repare que neste código HTML há principalmente dois tipos de informações diferentes: etiquetas e código da aplicação (não-traduzíveis) e sequências de conteúdo (traduzíveis).

Nesta fase, o gestor de projeto tem três opções:

A primeira opção seria a de enviar este ficheiro tal como está aos tradutores e pedir-lhes para traduzirem o texto do inglês para o português. Contudo, uma vez que os tradutores não são programadores, o risco de poderem corromper o código original ao realizarem a tradução é elevado, sendo que este risco deverá ser tido em linha de conta. Considerando que a dimensão do código deste exemplo é consideravelmente pequena, o que aconteceria, em termos de complexidade, se fosse um verdadeiro sítio Web com centenas ou milhares de sequências de caracteres de conteúdo e de código, opções de menu, caixas de diálogo, etc., tudo misturado?

Para a segunda opção, o gestor de projeto poderia fazer uma cópia do código-fonte para a tradução para Português, extrair manualmente o conteúdo de cada sequência de caracteres que deve ser traduzida, copiar esse texto para um documento de texto ou para um ficheiro de folha de cálculo, e enviá-lo aos tradutores. Uma vez traduzidas as sequências e recebido o texto traduzido, o gestor de projeto poderia então copiar e colar manualmente as sequências traduzidas no novo código-fonte, recompilar tudo e esperar que durante todo este processo não tivesse cometido nenhum erro. Ainda que este processo possa ser mais seguro do que o anterior, é demasiadamente lento e inadequado.

A terceira opção seria a de enviar os ficheiros aos tradutores que utilizassem software de localização, como o *SDLX*, *Multilizer* ou *Alchemy Catalyst*. Estes tipos de programas estão concebidos para detetar código não-traduzível e selecionar apenas as sequências de conteúdo disponíveis para serem traduzidas pelo tradutor. Este sistema, ainda que não seja infalível — a infalibilidade não é seguramente uma prerrogativa humana — é muitíssimo preciso e rápido, necessitando de um mínimo de intervenção do gestor de projeto no manuseamento dos ficheiros.

O resultado final do **código HTML localizado** poderia ser assim:

<!DOCTYPE HTML PUBLIC "-//W3C//DTD HTML 4.0 Transitional//EN">
<html>
<head>
<meta http-equiv="Content-Type" content="text/html; charset=iso-8859-1">
<title>**Artic Insurance Inc. Início**</title>
<META name="description" content="**Companhia de seguros Artic Insurance**">
<meta name="author" content="**©1993-2012 Artic Insurance Inc. Todos os direitos reservados**">
<META name="keywords" content="**seguros, corretagem de seguros**">
<meta name="copyright" content="**©1993-2012 Artic Insurance Inc. Todos os direitos reservados**">
<META http-equiv=expires content=0>
<META content=ALL name=Robots>
<META NAME="revisit-after" CONTENT="7 days">

Nota: numa situação real os segmentos de conteúdo não se encontram a negrito e, portanto, os profissionais que manusearem o documento sem a ajuda de uma ferramenta CAT apropriada terão de possuir uma boa compreensão do funcionamento do código.

A internacionalização não está limitada apenas a programas e a sítios Web. A documentação de ajuda online, os rótulos de produtos e os manuais procedimentais e de utilizador, apenas para nomear alguns, também necessitam de ser internacionalizados. Comummente, os escritores técnicos chamam a estes processos de "escrita para tradução" ou "escrita para um público global". No caso dos sítios Web, o processo de internacionalização, tradução e adaptação dos conteúdos para mercados-alvo específicos é geralmente referido como "globalização de sítios Web".

3.2. A tradução técnica e a localização

A localização — cujo numerónimo é L10N — implica o ato de pegar num produto e torná-lo linguística e culturalmente apropriado ao locale de destino (país/região e linguagem) onde vai ser utilizado e vendido.

Manual Prático e Fundamental de Tradução Técnica | 89

Para além da tradução de um texto, há muitas varáveis a considerar em localização, por exemplo,
- legislação e regulamentação locais
- posicionamento das imagens — consoante a escrita for de leitura da esquerda para a direita, ou da direita para a esquerda
- escolha de cores — cores nacionais e cores de preferência
- adaptação de medidas — sistema imperial vs. sistema métrico
- formatação de valores numéricos — separadores decimais diversos (0,00 ou 0.00)
- formatação de datas — por exemplo, 25/12/2012, 12/25/2012, ou 2012/12/25
- formatação de moeda — $123.00 ou 123,00 EUR
- formatação de moradas — 123 Main Ave. ou Rua Direita, 123
- formatação de números de telefone — (123) 456 7891 ou 123 456 789

Note-se que alguns gestores de produto consideram a localização como fazendo parte integrante do processo de desenvolvimento de um produto. Nalguns casos, também se podem chamar "localizações de produtos de software" a lançamentos especiais específicos a um país.

Os projetos de localização incluem geralmente uma ou mais das seguintes atividades:
- gestão de projeto de localização
- tradução e engenharia de software
- tradução, engenharia e testes de conteúdos para a web ou para documentação de ajuda online
- tradução e edição eletrónica de documentação (DTP)
- tradução e formatação de elementos para formação em informática ou multimédia
- testes de funcionalidade de aplicações localizadas de software ou para a web

Ilustração 9: A globalização de sítios Web. G. do A.

Os fabricantes de software de países não-falantes de inglês desenvolvem habitualmente os seus produtos informáticos em inglês, ou têm-nos primeiramente localizados para inglês e utilizam depois esta versão como a base para a localização das demais línguas.

Um produto que seja localizado permite aos utilizadores poderem interagir com uma aplicação de software na sua língua materna. Os utilizadores devem ser capazes de ler na sua língua materna todos os elementos que surjam no monitor, tais como instruções ou mensagens de erro.

A indústria da localização é relativamente jovem. Até cerca de 1980, as empresas de desenvolvimento de software situadas nos EUA não valorizavam a necessidade de existirem produtos localizados e internacionalizados. Esta atitude mudou radicalmente desde a década de 90. Em especial, foi a considerável expansão da Internet que proporcionou a estas empresas a facilidade de comercialização e distribuição dos seus produtos informáticos noutros países.

Contudo, não obstante a estas razões comerciais, há muitas empresas de software que traduzem e localizam os seus produtos informáticos devido a causas meramente legais, uma vez que há países onde é proibida a importação de produtos que não estejam traduzidos na sua língua.

3.3. As agências de tradução

A razão da existência das agências de tradução prende-se com vários fatores, nomeadamente,

1. **necessidades especializadas dos clientes;**
2. **generalização da globalização empresarial;**
3. **responsabilização legal;**
4. **estandardização e controlo de qualidade;**
5. **centralização de serviços como economia de recursos;**
6. **cumprimento de prazos.**

Vejamos então cada um destes itens para percebermos o porquê da existência de uma agência de tradução e a forma como cada uma deveria funcionar.

1. Necessidades especializadas dos clientes

A tradução existe, nos dias de hoje, e em especial a tradução técnica, para servir o mercado empresarial e institucional em qualquer parte do mundo. Não tenhamos, portanto, quaisquer dúvidas: só existe tradução técnica e científica, jurídica, económica — em suma, não literária — porque as empresas e as instituições — que, de uma maneira ou de outra, fazem parte do tecido económico — necessitam dela. Poderíamos mesmo dizer que há — ou deveria haver — aqui uma simbiose perfeita entre tradutores e empresas ou instituições.

Os clientes — essas empresas ou instituições — necessitam constantemente de atualizar a sua documentação de produtos, os seus materiais de marketing, os seus manuais industriais, e tantos outros documentos. Muitos destes textos têm de ser traduzidos para diversas línguas, necessidade decorrente do escopo internacional das empresas e instituições.

Muitos clientes prefeririam um tradutor a tempo inteiro para todas as suas necessidades de tradução. O problema é que essa situação acarreta muitas limitações:

- um só tradutor não domina um vasto leque de línguas (a não ser que o cliente apenas funcione com um par linguístico), limitando assim o alcance da internacionalização;

- um determinado cliente poderá ter variadas áreas de especialização que um único tradutor certamente não abarcará. Imaginemos uma empresa farmacêutica com filiais em vários países. Esta empresa poderá ter a necessidade de traduzir variadíssimos materiais que exigirão uma abordagem profissional e individualizada:

    - Traduzir e adaptar ao mercado-alvo todos a documentação legal da empresa — tradução jurídica — fazendo recurso de tradutores especializados e consultores jurídicos. Note-se que diversos países têm diversos sistemas jurídicos, muitas vezes nada compatíveis uns com os outros. Por exemplo, o sistema europeu continental rege-se pelo direito romano, enquanto os países anglo-saxónicos — onde se enquadram os EUA e o Reino Unido — se regem pelo direito comum da jurisprudência.

    - Traduzir e adaptar todo o sítio Web através de localização, design gráfico e edição eletrónica (DTP) — tradução técnica e localização

> — o que inclui a contratação de programadores para alteração de código, artistas gráficos e tradutores.
>
> ▶ Traduzir e adaptar todos os materiais clínicos, científicos e farmacêuticos ao mercado-alvo — tradução técnica e científica — utilizando consultoria clínica e farmacêutica nesse mercado.

Como vemos, são demasiadas as áreas especializadas a serem geridas por um único tradutor — especialmente porque estão incluídas muitas outras profissões que nada têm a ver com a tradução. Um tal processo necessita de ser gerido centralmente, sendo, contudo, trabalhado por muitas mãos, tantas quantas as especialidades envolvidas. Aqui um tradutor é apenas um dos intervenientes na equipa de trabalho.

2. Generalização da globalização empresarial

O processo de globalização implica a interação de muitos parceiros ao nível global, incluindo tradutores de diferentes pares linguísticos e diferentes especialidades, peritos em diversas áreas do conhecimento, e uma clara capacidade de coordenação sobre todos estes intervenientes. Nitidamente, uma tarefa difícil, se não impossível, para um tradutor.

3. Responsabilização legal

Uma das grandes preocupações dos clientes é, claro está, a responsabilidade civil. Estas preocupações podem levantar questões tais como

- quem é o responsável se algo correr mal?
- qual é o garante de que um tradutor *freelance* cumpre com o que foi contratualizado?
- quem se responsabiliza por fugas de informação?

Imaginemos que um cliente necessita de traduções em várias línguas, em que os tradutores estão localizados em diferentes partes do globo. Como é de calcular, se um tradutor — sediado, por exemplo, no Vietname — cometer alguma ilegalidade ou incúria, será muito complicado para o cliente — que pode, por exemplo, estar situado no Canadá — conseguir acionar legalmente esse tradutor, uma vez que o problema da distância vem acompanhado de algumas dificuldades em termos legais.

Por outro lado, a distância física entre os intervenientes, e o desconhecimento do meio linguístico e da língua de chegada dificultam a seleção do tradutor ideal pelo cliente direto, pelo que o recurso a uma agência de tradução é o caminho mais lógico.

É por tudo isto que muitas empresas e clientes diretos receiam trabalhar diretamente com tradutores *freelance*. Por exemplo, há muitas empresas americanas que se recusam a trabalhar com tradutores *freelance* estrangeiros devido a questões de responsabilidade civil e por essa razão só contratualizam com profissionais ou agências de tradução sediados nos próprios EUA, que assim possuem uma muito maior capacidade de serem acionados legalmente e assim cumprirem e fazerem cumprir os contratos de tradução.

4. Estandardização e controlo de qualidade

A estandardização e o controlo de qualidade estão agora abrangidos por inúmeras normas internacionais entre as quais a EN 15038:2006 de que falaremos detalhadamente mais adiante em *6.1 Normas de qualidade* na página **170**.

Estas normas obrigam — às empresas certificadas ou às que estejam sujeitas aos parâmetros das normas — ao respeito por preceitos rígidos de procedimentos de garantia de qualidade, os quais incluem a intervenção de um revisor no processo de tradução. Claro está, se um tradutor trabalhar sozinho, não poderá cumprir todo o processo de garantia de qualidade. Para o fazer, terá de trabalhar com outro tradutor que seja igualmente especializado na mesma área de especialização e que seja suficientemente conhecedor e apto a efetuar a revisão da tradução.

5. Centralização de serviços como economia de recursos

A centralização de recursos é um dos fatores mais importantes que levam as empresas a escolher uma agência de tradução em vez de contratarem individualmente cada um dos especialistas. Como se pode facilmente compreender, é muito mais económico e muito mais prático em termos de poupança de tempo e de recursos humanos a contratação de um serviço que centralize a gestão de todo o projeto (ver *3.5 A gestão de projetos de tradução* na página **97**).

Com efeito, seria muito mais oneroso para o cliente ter de contratualizar individualmente todos os serviços de que necessitaria com cada um dos fornecedores, para além do aumento de riscos de coerência e compatibilidade entre os materiais do projeto.

6. Cumprimento de prazos

Uma das principais vantagens de um cliente trabalhar com uma agência de tradução é a garantia do cumprimento de prazos curtos.

Ao trabalhar com uma agência de tradução, as empresas têm alguma segurança relativamente à expectativa de que as agências serão capazes de cumprir um prazo apertado. Isto deve-se ao facto de que uma agência possui normalmente um vasto acervo de tradutores *freelance* com que trabalha. No caso de trabalhos mais urgentes, a agência pode mobilizar vários tradutores que ao trabalharem em simultâneo no projeto garantirão que este estará acabado dentro do prazo contratualizado entre a agência e o cliente.

> Se desejar trabalhar para uma agência, consulte as listas de agências de tradução internacionalmente credíveis no nosso sítio Web de apoio em www.traducaotecnica.pt.

3.4. As equipas de tradução técnica

Quando se fala de trabalhos com alguma envergadura num contexto de agência de tradução fala-se normalmente em trabalhos realizados em colaboração. Nestes casos, a colaboração e o trabalho em equipa são cruciais para o sucesso de qualquer projeto de tradução.

Os especialistas envolvidos nos serviços de tradução (e as suas respetivas responsabilidades) são sumariamente os seguintes:

- Gestores de projeto: controlam a orçamentação, a calendarização, a preparação dos materiais e o fluxo de trabalho dos projetos, e são responsáveis pela comunicação com os clientes, com os linguistas, e com todos os intervenientes nos projetos, e são ainda responsáveis pela entrega das prestações dos projetos aos clientes;

- Tradutores: efetuam as traduções, seguindo as instruções e as orientações dos gestores de projeto;

- Revisores: realizam uma revisão bilingue à tradução à procura de erros de tradução e de terminologia; verificam a precisão e a consistência do trabalho, e a conformidade com os guias de estilo do locale de chegada e com as normas vigentes de controlo de qualidade;

- Editores: verificam o texto monolingue traduzido, no que respeita à correção gramatical, estilística e terminológica;

- Revisores de provas (especialistas na matéria tratada): verificam o texto final traduzido para aferirem da adequação técnica e científica antes do material ser publicado ou ser entregue ao cliente;

- Terminólogos: criam terminologias e glossários, e realizam a gestão das bases de dados terminológicos das agências e dos clientes;

- Designers: criam e adaptam o grafismo de cada projeto através de processos e ferramentas **DTP** (*Desktop Publishing* — ver glossário na página **190**);

- Programadores: criam e adaptam os programas de software e o código das aplicações Web nos processos de **G11N**, **I18N** e **L10N** (ver glossário relativamente a estes numerónimos).

- Consultores: consoante o tipo de projeto, poderão existir consultores das várias áreas de especialização, incluindo, por exemplo, especialistas em marketing, direito, engenharia ou medicina e saúde.

Todos estes especialistas dependem uns dos outros e trabalham normalmente em regime cooperativo / simbiótico. Infelizmente, há alguns linguistas que não são capazes de colaborar uns com os outros e põem em risco o sucesso de um projeto. O gestor de projeto é o responsável máximo por assegurar que são selecionados os linguistas certos que possam e saibam trabalhar em equipa.

Um linguista não terá grande produtividade de não sentir que faz parte integrante da equipa. Não possuirá o empenhamento e a integridade necessários ao trabalho — provavelmente trabalhará o mínimo possível para receber o pagamento no final do projeto. Por outro lado, aqueles que sentem que fazem parte de uma equipa, esforçam-se mais, trabalham as horas que forem necessárias para cumprir os prazos, assumem a responsabilidade pelos seus erros e tentam melhorar com eles e através da experiência de trabalho.

A situação mais complicada ao falarmos de trabalho de equipa é o facto de ter de se lidar com estilos de trabalho bastante idiossincráticos. Os linguistas, especialmente os mais autónomos, habituados a trabalharem sozinhos, podem ter personalidades vincadamente temperamentais e podem nem sempre partilhar dos mesmos objetivos do resto do grupo. Os linguistas *freelance* podem ter um passado bastante eclético; alguns recebem formação profissional com uma certa frequência, ao passo que outros apresentam uma formação bastante reduzida, apesar de terem alguns anos de experiência de trabalho.

Há muitas variáveis envolvidas na construção da equipa de trabalho — especialmente quando os tradutores *freelance* têm uma grande disparidade em termos de habilitações literárias e experiências — nomeadamente

- uma boa liderança do gestor de projeto;
- expectativas realistas;
- discernimento comercial; e
- alguma confiança entre os elementos da equipa.

É conveniente adotar uma estratégia de decisão descentralizada – o facto de toda a equipa partilhar responsabilidades torna mais objetivo o processo de resolução de problemas, uma vez que este processo não se centrará nas pessoas mas sim nos problemas.

Outro fator motivador para a colaboração da equipa é a adoção de práticas de reconhecimento pessoal e reforço positivo. Os membros da equipa poderão ter uma maior participação se sentirem que as suas contribuições são bem-vindas.

O gestor de projeto deve estimular a integração dos respetivos membros dentro da equipa. Um sentimento de integração é tão importante num projeto como o é noutros aspetos da vida pessoal. Simultâneo ao sentimento de integração é o da motivação e o desejo de gostar do que se faz.

Alguns linguistas preferem trabalhar independentemente e outros não. No entanto, a coesão depende muito da boa colaboração e da partilha de informações. Se um tradutor esconder informações do restante grupo, a consistência do projeto ficará seguramente comprometida. A partilha de materiais de referência entre os companheiros de equipa poupa tempo e previne esforços redundantes na investigação terminológica.

Um projeto de tradução é como uma máquina bem oleada com muitas engrenagens: todas elas devem trabalhar em conjunto para que a máquina funcione. Ou como uma equipa de futebol: se a defesa, o ataque ou uma das alas jogar mal, toda a equipa sofrerá com isso e poderá eventualmente perder. Uma equipa de trabalho coesa e bem coordenada é o fator mais importante num mundo altamente competitivo.

Resumindo, aqui estão alguns dos pontos mais importantes que poderão ajudar a contribuir para a colaboração e para o sucesso do trabalho em equipa:

- Responsabilidade — um trabalho de equipa bem planeado mostra claramente o papel que cada um desempenha no grupo. Cada linguista deve ser responsável pelo seu trabalho e desempenhá-lo com ética e profissionalismo.

- Comunicação — sendo diligente, expedito e claro na forma como comunica com os demais, cada tradutor dá aos seus companheiros de equipa contribuições informativas cruciais à boa prossecução do projeto.

- Crítica construtiva — fazendo recurso da crítica construtiva em vez da utilização de discursos emotivos, cada linguista ajuda a manter um ambiente positivo e cordial dentro da equipa.

- Planeamento — para que a equipa possa ser pontual e cumpridora nas entregas dos materiais aos seus clientes, é necessário que exista um cronograma claro, realista, e do conhecimento de todos. Contudo, a existência de um tal cronograma não obsta a que esteja implementado um plano de contingência que contemple situações imprevistas. Daí a importância da gestão de projetos.

3.5. A gestão de projetos de tradução

Ainda que cada tradutor esteja em casa, sozinho, no seu posto de trabalho, o tradutor técnico encontra-se ligado em rede a outros tradutores técnicos e, usualmente, a uma ou mais agências e a gestores de projeto. Cada um destes elementos é uma peça fundamental de cada projeto, o qual não funcionará se cada um destes elementos não cumprir a sua missão.

Neste processo, há dois grupos de elementos que são fundamentais: os gestores de projeto e os tradutores. Se o tradutor trabalhar diretamente com os clientes, terá de ser ele também o seu próprio gestor de projeto.

Para que tudo corra bem, há vários passos a dar a partir do momento que o cliente envia um documento à agência ou ao tradutor.

De acordo com a enciclopédia Larousse, um projeto é "um objetivo que se pretende atingir". Podemos definir a gestão de projetos, na sua forma mais geral, como a ação de realizar um projeto do início ao fim de acordo com determinadas condições predefinidas.

As funções dos gestores de projeto não estão geralmente limitadas à simples transferência de ficheiros; na verdade, abrangem muitas outras funções. O seu papel é fundamental, especialmente em projetos de grande escala, e em projetos que envolvam muitos componentes.

Os gestores de projeto devem ser competentes para identificarem corretamente as tarefas principais a desempenhar, através, não só, de uma análise adequada, mas também do estabelecimento de um orçamento favorável. Terão ainda de planear os passos necessários, selecionar os recursos adequados, monitorizar o projeto, e entregar os materiais acabados aos seus clientes.

Um dos objetivos principais de um gestor de projeto é o de atuar como contacto entre a agência e o cliente e de servir como intermediário entre os vários profissionais envolvidos. Um gestor de projeto deve ainda ser muito cuidadoso na maneira como comunica as instruções e transfere as informações entre todos os profissionais envolvidos.

Normalmente, os processos atuais de gestão de projetos de tradução estão subjacentes as várias normas internacionais de controlo de qualidade, incluindo as normas EN 15038:2006, ISO 9001:2008, e ASTM F2575-06. Estas normas regem-se por parametrizações rígidas de *benchmarking* comercial e industrial e têm de ser cumpridas por muitas agências. A gestão de projetos tem, ela própria, várias fases, como se mostra na figura seguinte:

Ilustração 10: A gestão de projetos de tradução. G. do A.

Manual Prático e Fundamental de Tradução Técnica | 99

A gestão de projetos controla todo o processo de tradução, desde o processo de adjudicação do trabalho até ao processo de conclusão. De permeio, há uma panóplia de assuntos e materiais a desenvolver que fazem parte integrante do todo que é a gestão de projetos de tradução. Ainda que nem todos estes processos e nem todos os passos dentro de cada processo se apliquem a todos os projetos de tradução técnica, é importante que um tradutor conheça todo este processo, e assim possa ter uma boa perspetiva do seu conjunto. O isolamento do trabalho do tradutor não lhe permite, normalmente, ter esta visão de conjunto.

Pretendo dar, seguidamente, uma visão de conjunto de cada processo e procurarei realçar, de forma sumária e introdutória, os passos mais importantes dentro de cada um deles. Por último, esta abordagem pressupõe a utilização de ferramentas CAT na realização da tradução e de todos os materiais que dela fazem parte, tais como as memórias de tradução e os glossários ou as terminologias.

3.5.1. A adjudicação

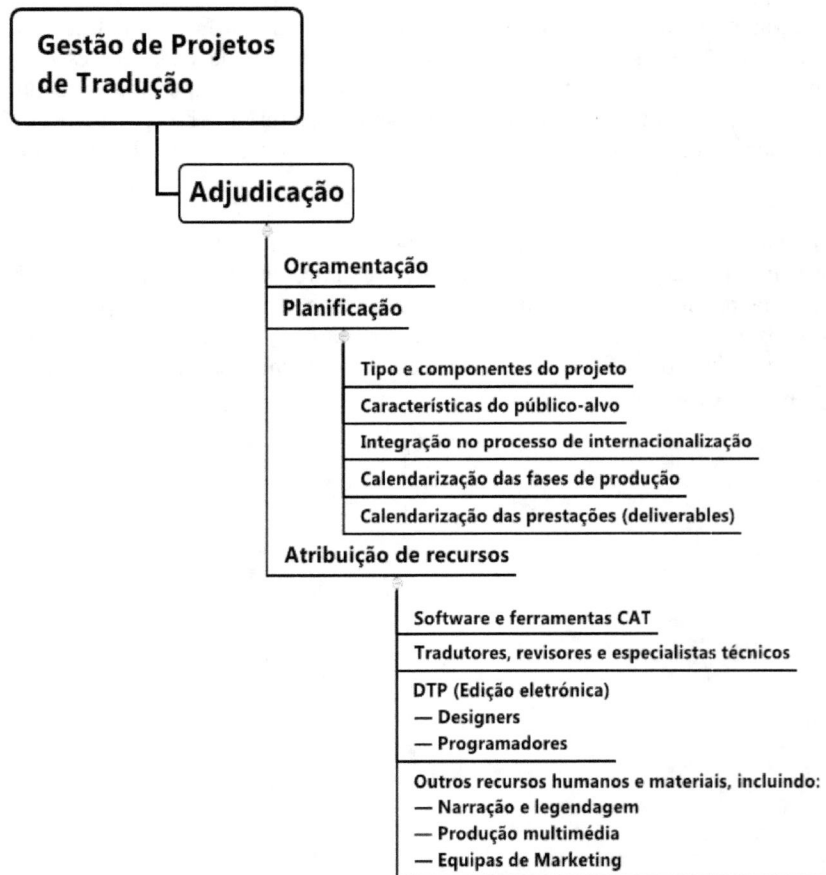

Ilustração 11: O processo de adjudicação de um projeto de tradução. G. do A.

O processo de adjudicação é a fase inicial de qualquer projeto de tradução, a partir do momento que se recebe um pedido de orçamento de um cliente.

Quando se efetua uma orçamentação, há que saber todas as variáveis que integram o projeto, de forma a chegar a um valor correto. Normalmente, se o projeto é pequeno, a maior parte dos clientes apenas querem saber quanto lhes custará a tradução, sem se importarem com muitas das variáveis, tais como a edição eletrónica ou a preparação de documentos — a qual é muitas vezes morosa, porque requer um elevado nível de adaptação dos documentos à ferramenta de tradução, nomeadamente a conversão de documentos PDF e outros ficheiros proprietários em formatos RTF ou TTX. Todas estas ações têm de ser levadas em linha de conta na orçamentação, quer o projeto seja grande ou pequeno.

Idealmente, dever-se-ia incluir na orçamentação, sempre que possível, um colega tradutor para rever o nosso trabalho — especialmente se houver necessidade de cumprir com as normas de controlo de qualidade vigentes. Não existe pior publicidade para um tradutor do que entregar a um cliente um trabalho com erros.

3.5.2. A preparação de documentos

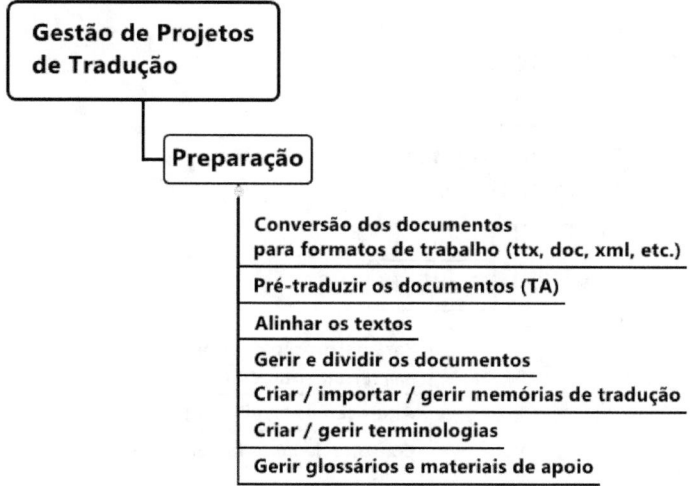

Ilustração 12: O processo de preparação de um projeto de tradução. G. do A.

Um bom processo de preparação é fundamental em qualquer projeto de tradução, seja esta preparação realizada pelo tradutor ou pelo gestor de projeto.

A preparação — que deve estar, logicamente, incluída no orçamento — compreende todos os preparativos e conversão de documentos, os quais, por vezes, são morosos e difíceis. Por exemplo, usualmente há que converter documentos de PDF para RTF, o que, como dissemos acima, nem sempre é fácil.

Existem muitas ferramentas disponíveis online — as melhores, claro está, custam dinheiro — para realizar algumas das operações, como por exemplo, a conversão em massa de PDFs para texto via protocolos OCR; outra preparação inclui a pré-tradução via tradução automática para pós-edição, ou o alinhamento de documentos, com posterior criação ou importação de memórias de tradução.

Em projetos maiores, os documentos têm de ser divididos para poderem ser trabalhados individualmente por cada um dos tradutores. Em casos onde exista mais do que um tradutor, deveria existir, idealmente, uma terminologia ou um glossário, de forma a dar coesão aos termos utilizados. Infelizmente, isto nem sempre acontece, e é mais comum no caso de empresas globais, tais como a Microsoft, que possui terminologias, glossários, e guia de estilo próprios.

3.5.3. A tradução

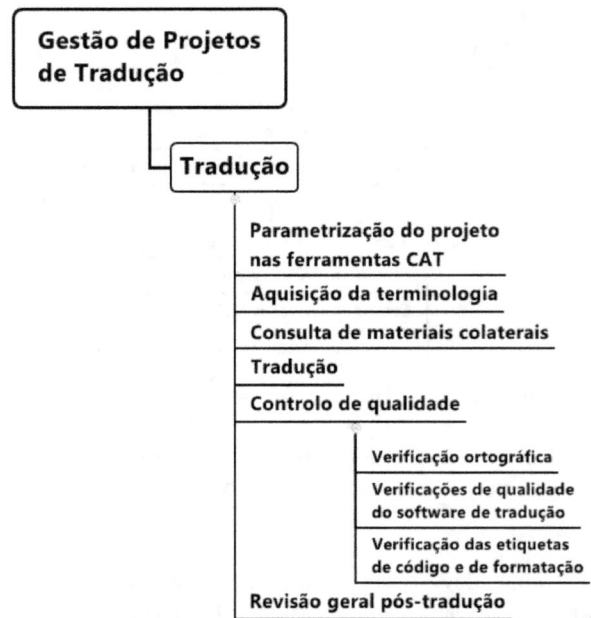

Ilustração 13: O processo de tradução de um projeto de tradução. G. do A.

Durante este processo há que realizar alguns passos fundamentais para que tudo resulte num bom trabalho final, tais como:

Parametrização das ferramentas CAT — é essencial que a ferramenta de tradução que estamos a utilizar possua os parâmetros corretos, como por exemplo, o par linguístico em trabalho. Se a ferramenta estiver parametrizada para, por exemplo, o par en_US—pt_BR (por outras palavras, de inglês norte americano, como língua de partida, para Português Brasileiro, como língua de chegada), e o projeto requerer uma parametrização en_US—pt_PT (de inglês norte americano para Português Europeu), o ficheiro resultante de tal tradução será um problema grave para quem tiver a parametrização correta — isto é, o ficheiro não funcionará na parametrização do revisor. E problemas graves têm por consequência cancelamento de trabalhos das agências para com os tradutores.

Obtenção de terminologia e consulta de materiais colaterais — Quando a terminologia não é fornecida conjuntamente com os materiais a traduzir — que é, infelizmente, o mais comum — o tradutor terá de encontrar a terminologia por si mesmo, certificando-se de que é uma terminologia atestada e em conformidade com a área de especialização em trabalho. A par disto, será conveniente consultar outros materiais colaterais ao trabalho, como revistas da especialidade, monografias, ensaios, manuais técnicos e outros materiais que encontre, de fontes fiáveis e, preferentemente, oficiais.

Controlo de qualidade e verificação geral pós-tradução — Após o trabalho de tradução ter sido realizado, e antes de o enviar para revisão, é fundamental que seja efetuada uma verificação geral pelo próprio tradutor, onde deverão ser utilizadas as ferramentas de controlo de qualidade existentes nas ferramentas CAT, tais como a verificação ortográfica e a verificação de formatação do documento (ver mais adiante o subcapítulo *5.1.6 Controlo de garantia de qualidade* na página **142**).

3.5.4. A edição e a revisão

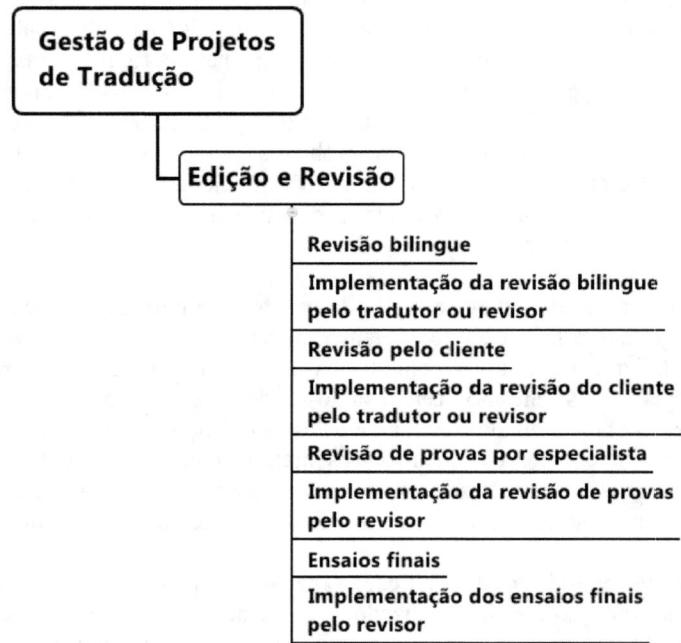

Ilustração 14: O processo de edição e revisão de um projeto de tradução.
G. do A.

O processo de revisão é fundamental para que um projeto de tradução esteja livre de erros gramaticais, de erros binários e de formatação, e que cumpra com os requisitos do cliente. É também o revisor que normalmente implementa as alterações requeridas pelas revisões de provas provenientes dos editores e dos especialistas — engenheiros, médicos, etc. — efetua os ensaios finais — quando se trate de sítios Web, formulários, ou programas de software — e procede à implementação das correções realizadas após os ensaios finais.

Nalguns países, existem organismos governamentais que exigem que, após efetuada a revisão, as traduções finais passem por um processo de retrotradução — uma retroversão que se faz depois de realizada uma tradução, de forma a comparar o texto de partida original com o resultado da retrotradução, como forma adicional de controlo de qualidade. Esta situação dá início a uma nova etapa de tradução e revisão dentro do projeto inicial.

3.5.5. A conclusão

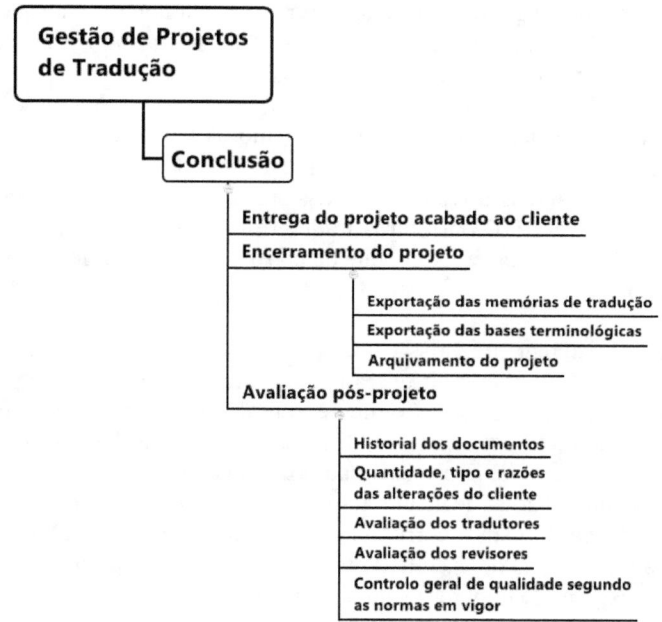

Ilustração 15: O processo de conclusão de um projeto de tradução. G. do A.

O processo de conclusão de um projeto de tradução técnica exige vários passos impostos pelas normas de qualidade, especialmente quando são praticados pelas agências, mesmo depois de o trabalho final ter sido entregue ao cliente. Estes passos dizem especial respeito à avaliação dos resultados do projeto.

Nessa avaliação, são ponderados inúmeros fatores tais como o desempenho dos tradutores e dos revisores — por exemplo, a quantidade e a gravidade dos erros cometidos, o cumprimentos dos prazos, etc. Estas verificações são não só pedidas pelas normas que acima apontei, mas são também ferramentas essenciais a ter em conta no que toca ao controlo de qualidade de cada agência de tradução, pois só através de um processo mensurável e criterioso se pode atingir um nível de excelência, quer em tradução, quer em revisão de projetos — quer, aliás, em qualquer área de negócios, formação ou gestão.

4. O tradutor técnico

A tradução técnica ou especializada, dentro dos parâmetros que partilhei convosco anteriormente, pouco tem a ver com o trabalho da tradução literária, especialmente no que toca à sua missão.

Ter umas noções básicas sobre o funcionamento da gestão de projetos pode também ser um fator de persuasão relativamente a futuros tradutores que queiram alargar as suas atividades profissionais, por exemplo, ao criarem uma rede de cooperação com outros tradutores e assim poderem colaborar em projetos de grande envergadura que de outro modo não seriam capazes de completar sozinhos[142].

A tradução técnica tem uma missão social e clarificadora, missão que encerra responsabilidades que vão muito para além da lealdade ao texto de partida: pelo contrário, como referi anteriormente, o tradutor técnico e especializado tem especiais deveres para com os utilizadores dos textos que traduz, e a esses deve total lealdade. É por isso que o tradutor técnico tem uma missão didática e social. E dessa lealdade aos utilizadores dos seus textos tem de nascer a preocupação com a correção, com a qualidade, e com a excelência técnica. Os utilizadores de cada texto técnico merecem o melhor que se lhes possa dar, e exigem do tradutor técnico um trabalho exemplar.

É através dos manuais que o tradutor técnico traduz que muita gente aprenderá a operar um veículo, uma máquina-ferramenta, um assento de segurança para bebés, ou uma faca elétrica de cozinha. Todos estes objetos poderão tornar-se letais se forem mal utilizados. Neste contexto, o tradutor tem o dever de atentar em problemas de inteligibilidade que o documento original possa encerrar e abordá-los com o seu gestor de projeto ou com o seu cliente, se este for o autor do documento em questão. Em qualquer dos casos, o tradutor tem um dever deontológico para com o utilizador final dos seus textos, e é para com ele que deve revelar total honestidade.

Para atingir esta excelência, o tradutor técnico *freelance* necessita de se preocupar com algumas variáveis que são fundamentais para o seu bom desempenho e para a produção de um bom trabalho.

Em cada projeto que se envolver, o tradutor técnico de excelência tem de ter em mente que desempenha um papel fundamental no processo produtivo e que sem ele, a globalização e a internacionalização das empresas e das instituições não é possível. O produto do seu trabalho, que se requer de elevada qualidade, não é de todo a mercadoria que muitas empresas querem fazer parecer, especialmente ao usarem tradutores impreparados e de baixa qualidade.

Portanto, para se fazer valer do seu trabalho enquanto produto de qualidade, um tradutor técnico de excelência tem de cumprir determinados requisitos.

4.1. Características do tradutor técnico

Preparação linguística — o tradutor técnico deverá ter uma preparação linguística irrepreensível[143], atenta, cuidadosa, e dominar a subtilezas estilísticas que a sua língua materna lhe oferece. Deve trabalhar exclusivamente com a sua língua materna como língua de chegada — exceto se for bilingue, e utilizar ambas as línguas na sua vida quotidiana — e possuir um conhecimento excelente, teórico e prático, linguística e culturalmente, de todas as línguas de trabalho. Sem se conhecer o contexto de vida real das línguas de partida nunca se conseguirá uma boa compreensão de um texto técnico.

Como afirma Jakobson[144],

> *mais frequentemente, entretanto, ao traduzir de uma língua para outra, substituem-se mensagens em uma das línguas, não por unidades de código separadas, mas por mensagens inteiras de outra língua. [...] Assim, a tradução envolve duas mensagens equivalentes em dois códigos diferentes.*

Jakobson reitera essencialmente isto: a tradução não é literal, e é apenas possível de concretizar ao compreender completa e totalmente a mensagem, pois só assim se pode transpor a mensagem de uma língua para a outra. Em tradução técnica, como noutros tipos de tradução — que como Gamero diz, quer queiramos, quer não, é sempre especializada — e sempre que a terminologia não seja precisa ou estável, o que importa é a tradução da mensagem, com exatidão e fidelidade, quer ao texto original, que merece a nossa acuidade, quer aos leitores do nosso texto de chegada, a quem devemos respeitar e servir acima de tudo[145].

Será o conhecimento gramatical e neológico do tradutor, quer na língua de chegada quer na de partida, que lhe permitirá detetar matizes de significado, encontrar soluções e propostas de tradução e, finalmente, efetuar escolhas sensatas para problemas que pode solucionar mesmo sem a ajuda de outros especialistas que supram eventuais lacunas extralinguísticas[146].

Curiosidade cultural e técnica — um tradutor técnico de excelência deve ser, naturalmente, um investigador; sempre que não domine uma área de especialização, dever-se-á preparar e procurar saber mais acerca dessa área.

Künzli[147] apresenta-nos o modelo da competência em tradução de Cao, onde se oferece uma estratégia teórica de forma a estudar de que maneira os diferentes tipos de conhecimento podem interagir no processo de tradução. Este modelo é também baseado no modelo de capacidade linguística comunicativa de Bachman e tem em consideração três grandes variáveis: a competência linguística, os conhecimentos extralinguísticos, e a competência estratégica (a planificação, a execução e a avaliação de uma tarefa de tradução):

> "[...] [*En parlent*] *de la compétence linguistique* [*du traducteur*] *: le traducteur doit posséder une compétence grammaticale, c.-à-d. savoir reconnaître et produire des phrases grammaticalement correctes, comprendre leur contenu propositionnel et arranger les mots sous forme d'énoncés pour exprimer des propositions. Il doit également posséder une compétence sociolinguistique, c.-à-d. connaître les conventions qui régissent un domaine donné afin d'être en mesure d'accomplir les tâches linguistiques appropriées dans un contexte donné et à l'intention d'un récepteur donné. Les connaissances extralinguistiques, quant à elles, reposent sur des connaissances générales (du monde) et des connaissances spécifiques d'un sujet donné [...]. La traduction est en premier lieu un acte linguistique ; la compétence linguistique joue donc un rôle prépondérant.*
> *Or, on peut sans aucun doute présumer que la traduction d'un texte qui fait appel à des connaissances extralinguistiques spécifiques sera plus facile pour un traducteur qui dispose de telles connaissances. En fin de compte, c'est l'interaction entre les différents types de connaissances ou compétences qui caractérise l'utilisation communicative du langage et qui permet au traducteur de faire passer le message.*"

Disciplina — o tradutor *freelance*, por trabalhar normalmente sozinho, pode ser tentado a postergar, i.e. a deixar atrasar um projeto. Contudo, o tradutor técnico faz normalmente parte de equipas de tradutores, revisores, designers, e gestores de projeto, onde os prazos se têm metodicamente de cumprir. Existem dias e horas marcados para entrega dos trabalhos. Outras equipas esperam os documentos para continuarem o seu próprio trabalho. É um processo simbiótico onde todos dependem de todos, e onde a irresponsabilidade e o desleixo não podem ter lugar. Por isso, o tradutor técnico tem de possuir um forte perfil auto-organizativo, com uma autodisciplina férrea, e uma excelente capacidade de priorizar as tarefas que tem entre mãos.

Utilização diversificada de materiais colaterais — os tradutores técnicos devem possuir um vasto acervo de materiais de referência e de consulta, versando uma multiplicidade de assuntos. Estes materiais devem ser catalogados tematicamente, e estar prontamente acessíveis durante as pesquisas terminológicas e técnicas.

Integridade e ética — qualquer tradutor tem de estar disponível para assinar um acordo de confidencialidade com os seus clientes ou com as agências de tradução com que trabalhar. Como é evidente, um tradutor lida diariamente com documentação confidencial, seja pelo seu conteúdo, seja pelo caráter inovador do material a traduzir, seja pelas consequências que daí adviriam se os materiais se tornassem públicos.

Digamos que um tradutor tem a responsabilidade de um médico ou de um advogado em manter o sigilo dos materiais com que trabalha. Se, por um lado, o tradutor está obrigado a esse sigilo por dever moral e ético, ao assinar um acordo de confidencialidade encontrar-se-á também obrigado por esse contrato e sofrerá as consequências legais que lhe sejam imputáveis por quebra ao acordo.

Estes serão, talvez, os traços e características principais de qualquer tradutor técnico. Com a prática, os bons e criteriosos métodos adquiridos transformar-se-ão num fluxo de trabalho que frutificará numa diversidade aliciante.

4.2. Da importância do tradutor técnico na lusofonia

Com efeito, ser tradutor técnico leva-me a tecer algumas considerações acerca do potencial que a língua portuguesa representa enquanto língua estratégica e económica.

A minha experiência na área de tradução em língua portuguesa nos EUA mostra bem este valor estratégico da língua, pois por mim passaram trabalhos da maior importância nos mais variados setores: indústria transformadora, autoridades policiais, equipamentos militares, etc., produtos e serviços que tiveram por público-alvo não só Portugal, mas igualmente outros e variados países onde se fala o Português.

Com efeito, a língua portuguesa une culturas pelo mundo fora, desde a velha Europa às culturas do novo mundo, como o Brasil, e os PALOP. Estrategicamente, a língua portuguesa chega a quatro continentes, ligando plataformas geoestratégicas de elevado potencial.

Tem no Brasil uma das maiores potências mundiais de alto valor estratégico, quer como líder da América do Sul[148], quer como parceiro político e estratégico dos EUA[149], quer ainda como um dos atores emergentes ao nível mundial na produção de veículos militares[150], sendo já uma potência regional[151]. Registe-se ainda que o Brasil é o organizador da maior feira militar da América Latina[152].

No plano económico, o Brasil[153] representa um valor ainda maior à escala mundial: registou em 2010 um crescimento real do PIB de 7.5%; é a sétima maior economia mundial, estando em contínuo crescimento. Sendo um país autossuficiente em termos energéticos, e possuindo indústrias da mais alta tecnologia, tais como as indústrias de aeronáutica e de defesa, o Brasil apresenta oportunidades únicas de negócio devido ao seu crescimento exponencial.

De enorme valor acrescentado são também as plataformas africana e asiática, nomeadamente os PALOP e Timor Leste, país em que a língua portuguesa é língua oficial a par do tétum[154]. Timor Leste possui vastas reservas de petróleo de grande profundidade e detém boas capacidades de crescimento, potenciando a língua portuguesa na região.

A rica cultura linguística do português abrange economias emergentes como Angola, que registou um crescimento real do PIB de 5,9% em 2010 e possui enormes recursos petrolíferos e minerais; ou Moçambique, que cresceu 8.5%, em 2010. Cabo Verde é outro país africano que depende fortemente do turismo, contudo, é possuidor de muitos outros recursos de crescimento económico, tais como a pesca e algumas indústrias que servem o continente africano, das quais se destaca a logística.

Na verdade, é esta diversidade económica e estratégica, sustentada por uma mesma raiz linguística, que confere à língua portuguesa um estatuto de língua maior. Este estatuto está matizado por assimetrias ao nível da investigação linguística e terminológica, as quais constituem, mais que tudo, enormes oportunidades de trabalho para os tradutores e terminólogos, pois como afirma Mateus[155],

> *as terminologias são instrumentos com função política no enriquecimento de uma língua e não só quando se trata de terminologias bilingues ou multilingues que respondam às exigências de uma sociedade plurilingue. As terminologias que contemplam as variações da norma no interior de uma língua, têm, elas mesmas, um papel a cumprir.*

Nesta mesma linha de pensamento, acerca da importância da harmonização terminológica com os países de expressão portuguesa, preconizando a elaboração e disponibilização de bases terminológicas lusófonas, declara Duarte[156] que a terminologia é

> *uma mais-valia em termos económicos, um importante instrumento de consolidação e de reforço da língua portuguesa nas organizações internacionais europeias, americanas e africanas a que pertencem países de língua oficial portuguesa e um meio privilegiado para veicular informação e construir conhecimento na comunicação especializada.*

É este o manancial linguístico que se depara perante os linguistas, tradutores e terminólogos portugueses, a quem cabe aproveitar a oportunidade de desenvolver um trabalho linguístico de raiz lusófona, e fazer chegar ao mundo o potencial estratégico e económico que a língua portuguesa representa.

4.3. As ferramentas do tradutor técnico

Longe vão os tempos em que o tradutor técnico precisava apenas de papel e de uma caneta para trabalhar. Vivemos hoje num mundo fortemente tecnológico onde cada minuto conta no dia a dia de trabalho.

O mesmo acontece em todas as profissões: as máquinas de escrever, enquanto equipamentos de suporte ao trabalho administrativo, foram substituídas por computadores equipados com programas de processamento de texto e folhas de cálculo; os arquitetos, assim como os engenheiros, substituíram muito do equipamento de desenho manual por programas de CADD (*Computer-Aided Design and Drafting*) e simulação de desenho 3D; os designers substituíram o papel e o lápis por programas de desenho vetorial e mesas digitalizadoras; a fotografia e o cinema substituíram o filme por suportes digitais com edição não-linear; e por aí em diante. Tudo para realizar um melhor trabalho, uniformizar processos industriais e cortar no desperdício, no gasto de tempo e nas despesas colaterais.

O mesmo sucedeu com a indústria dos profissionais da tradução. Sim, porque de uma verdadeira "indústria" se trata agora. Já não há lugar (ou pelo menos não deveria haver) para amadorismos, nem para "amantes" da tradução. Não quero com isto dizer que não se deva gostar do que se faz; todo o bom profissional gosta do que faz, e o que cada um faz, faz de si o profissional que é. Mas deve-se acima de tudo fazer o que se faz com profissionalismo, e ao fazê-lo, deve-se assumir a evolução tecnológica como um dado adquirido.

Vejamos então as principais ferramentas com que trabalha o tradutor técnico.

4.3.1. Tradução automática

A tradução automática (*Machine Translation* em inglês, ou também "tradução de máquina" em PB) não é um bicho de sete cabeças, como pensam alguns profissionais da tradução. Pelo menos não o será nas próximas décadas, tendo em conta a contemporaneidade da tecnologia de tradução automática. Contudo, não obstante o receio de alguns, a tradução automática tem tido alguns desenvolvimentos entre nós, como é o caso dos projetos em curso no Instituto Camões, o TemaNet e o Lextec, coordenados por Palmira Marrafa, investigadora do Centro de Linguística da Universidade de Lisboa[157]:

> *Estes projectos partilham [...] o objectivo de desenvolvimento de aplicações computacionais que integram informação lexical estruturada, no pressuposto teórico de que o Léxico não é um repositório de informação idiossincrática, evidenciando, antes, uma estruturação regulada por princípios translinguísticos, como as Ciências Cognitivas e a Linguística têm vindo a demonstrar.*[158]

Ambos os projetos, o TemaNet e o Lextec, são wordnets[159] e visam *a construção de redes léxico-conceptuais [...] organizadas por domínios semânticos*[160], diferenciando-se, porém, o TemaNet, quer *ao nível dos domínios, como ao nível da natureza da informação codificada*[161]. O Lextec compreende um *glossário que integra expressões linguísticas de domínios* [técnicos] *específicos*[162]*, nomeadamente, Turismo, Banca, Comércio e Seguros, na fase actual*[163]. Com efeito, *a cada conceito é associada uma definição o mais informativa possível; inclui uma base de textos ilustrativos da distribuição de todos os itens e com informação complementar de utilidade para o conhecimento do domínio; para todas as expressões é dada a correspondência em Inglês*[164].

Sem querer ir demasiado além nesta matéria, a tradução automática funciona com bases de dados relacionáveis onde estão inseridos milhões de segmentos com correspondência em vários pares linguísticos. Mas, claro está, um programa de computador não pode (ainda) contemplar a criatividade linguística humana e, portanto, cada base de dados será tão completa e tão perfeita quanto a quantidade, a variedade e a exatidão das equivalências segmentais que tenha em si.

A tradução automática é, não obstante o criticismo, uma ferramenta muito importante no desenvolvimento considerável das relações internacionais que caracteriza a atualidade. Enquanto propósito fundador, a tradução automática foi projetada para aumentar a produtividade dos tradutores, permitindo às empresas e organizações internacionais uma considerável redução dos elevados custos de tradução inerentes às suas operações.

Como diz Marrafa,

> *os sistemas de tradução automática são importantes instrumentos para o tradutor profissional, mas também – e talvez sobretudo – para o cidadão comum, que é, cada vez com mais propriedade, um socrático "cidadão do mundo"; mas os sistemas actuais são efectivamente insatisfatórios. Alguns, mesmo muito insatisfatórios.*
> *A tradução automática, um dos instrumentos com maiores potencialidades de contribuição para a convivência das línguas e das culturas em situação de equidade, é porventura o maior desafio que se coloca às tecnologias de informação linguística. No limite, implica modelizar estruturas cognitivas e conhecimento do mundo. É, assim, natural que o objectivo esteja longe de ser atingido.*[165]

No entanto, apesar dos inúmeros progressos em termos de qualidade, a tradução automática colide com a "não-racionalização" das línguas humanas.

Ou seja, os softwares de tradução automática são sistemas com alguma falibilidade que produzem inúmeras incoerências lexicais e incorreções sintáticas, (re)criando, portanto, documentos de muito baixa qualidade.

Com efeito, enquanto a sintaxe e a terminologia do texto de partida estiverem bastante distantes da extrema simplicidade das línguas controladas — o que acontece comummente — o texto de chegada estará sempre eivado de uma quantidade considerável de construções risíveis e palavras ridículas e desconexas.

Na verdade, alguns erros recorrentes da tradução automática são inevitáveis, na medida em que não podem ser corrigidos, a montante, através da modificação, no software, das regras sintáticas ou dos dicionários, tendo em consideração os limites tecnológicos, linguísticos e semânticos dos programas de computador de hoje.

Tendo isto em consideração, a intervenção humana é absolutamente essencial e necessária para que estes problemas possam ser corrigidos e que possamos produzir um texto de chegada cuja qualidade seja semelhante, tanto quanto possível, a uma tradução "humana". No entanto, esta fase de revisão, a que se chama "pós-edição", contrapõe-se, em termos de gasto temporal, à poupança de tempo e de produtividade obtida através da utilização de um software de tradução automática.

Contudo, a tradução automática é uma mais-valia no processo da tradução técnica, especialmente porque a escrita técnica está, por vezes, imbuída de estratégias de escrita procedimental com alguma recorrência e que permitem que o processo de pré-tradução tenha lugar.

Pré-traduzir um texto é fazê-lo passar pela tradução automática antes de verdadeiramente abraçarmos a tradução do texto propriamente dito. Se o texto estiver escrito de uma forma acessível — como qualquer texto técnico deveria estar — ao realizarmos a pré-tradução através da tradução automática estamos a poupar tempo e dinheiro, pois muito do trabalho entediante e repetitivo estará já realizado. Depois há que expurgar o texto das partes risíveis e das incongruências e de toda a terminologia errada que estes tipos de textos acabam por ter — isto é, realizamos a pós-edição. Por vezes a tradução é tão má e tão errada que não nos serve para nada e temos de a rescrever na totalidade. Outras vezes nem sequer respeita a variedade linguística do locale com que estamos a trabalhar. Por exemplo, se a língua de chegada for o inglês britânico, temos de estar cientes que o "motor" do software não fará a distinção entre a variedade britânica e a americana, e é provável que nos dê resultados unicamente na variedade dos EUA. O mesmo se passa com o português. Queremos uma tradução em PE e a maior parte da sintaxe e do vocabulário surge-nos em PB, entrecortado por unidades lexicais em PE.

Contudo, não necessitamos, no nosso trabalho, enquanto profissionais da tradução técnica, de recorrer à tradução automática, especialmente se já tivermos muito trabalho realizado inserido numa memória de tradução de uma dada área de especialização. Podemos ter a nossa própria "tradução automática" (ou "automatizada") através do próximo leque de ferramentas que apresento: as ferramentas CAT!

4.3.2. Ferramentas CAT e memórias de tradução

O que é uma ferramenta CAT?

A palavra CAT significa *Computer Assisted Translation*. Em português será "Tradução Assistida por Computador". A ênfase deve ser colocada no termo "assistida", porque nele reside a genialidade e o caráter prático destas ferramentas.

Uma ferramenta de Tradução Assistida por Computador — simplesmente, ferramenta CAT — é um termo genérico e impreciso e representa um tipo de ferramenta que contém, na verdade, vários tipos de ferramentas diferentes, das mais simples às mais complexas. Estas podem abranger:

- corretores ortográficos ou gramaticais, quer externos quer inseridos no software de processamento de texto ou em programas complementares;
- ferramentas de memória de tradução (ferramentas TM), que consistem numa base de dados de segmentos de texto na língua de partida e nas suas traduções numa ou mais línguas de chegada;
- ferramentas de gestão de bases de dados terminológicos, as quais permitem que o tradutor possa gerir a sua própria base de dados terminológicos em formato eletrónico. Estas ferramentas podem variar de uma simples tabela criada em folha de cálculo ou num software de processamento de texto, a uma base de dados criada num programa tal como o *Toolbox*, até soluções especializadas mais robustas (e mais caras), tais como os programas *LogiTerm*, *MultiTerm*, etc.;
- dicionários eletrónicos, monolingues ou bilingues;
- ferramentas de concordância, que são programas que extraem exemplos de palavras ou expressões e respetivos contextos a partir de um *corpus*

monolingue, bilingue ou multilingue, tais como um bitexto ou uma memória de tradução;
- alinhadores de bitexto, que são ferramentas que alinham um texto de partida e a sua tradução, a qual pode então ser analisada utilizando uma ferramenta de pesquisa de texto ou uma ferramenta de concordância;
- software de gestão de projeto que permite que os linguistas e os gestores de projeto possam estruturar projetos complexos de tradução, atribuir tarefas distintas a diferentes intervenientes e acompanhar o andamento de cada uma dessas tarefas.

Pergunta: o que é que têm em comum os sítios Web, os manuais de máquinas e ferramentas e de produtos industriais, os materiais de vendas, ou os guias de apoio ao cliente?

Todos eles contêm não só características linguísticas semelhantes — pedidas, como vimos anteriormente, pela partilha das suas funções textuais, isto é, dos focos expositivo e/ou exortativo predominantes — mas também estruturas frásicas recorrentes e instruções iteradas que integram uma quantidade considerável de cada um destes tipos de textos.

A maior parte do trabalho de tradução técnica refere-se assim a materiais técnicos de prosa não-literária cuja tradução requer precisão e consistência quer ao nível terminológico, quer ao nível estrutural.

Por outro lado, sabemos que os computadores são ótimas ferramentas programáveis para executar tarefas e operações aritméticas ou lógicas que requerem automação, reconhecimento e processamento de informação organizada sob a forma de padrões de linguagem-máquina estrutural, normalmente chamados de "código". Por sua vez, este código está estruturado em macroestruturas chamadas programas ou software, os quais realizam determinadas ações que suprem necessidades funcionais específicas, tais como realizar inúmeras operações. Algum deste software desempenha funções dedicadas ao trabalho de tradução e de terminologia, usualmente recorrendo a aplicações chamadas "bases de dados", utilizadas, por exemplo, em bases de dados terminológicos, tradução automática e sistemas de gestão de tradução.

Um destes sistemas de gestão de tradução são as memórias de tradução, ou TMs (as agências portuguesas usam a sigla pertencente ao termo inglês *Translation Memory*).

O que é uma memória de tradução?

As TMs são basicamente bases de dados que "crescem" e "aprendem" continuamente a partir do trabalho do tradutor e que armazenam a informação linguística em blocos chamados "unidades de tradução" (TUs, ou *"Translation Units"*, em inglês).

As unidades de tradução são constituídas por "segmentos" formados por um binómio composto pelo texto de partida e a sua tradução correspondente no texto de chegada, em pares de línguas.

Os segmentos podem ser parágrafos, períodos, frases, orações, expressões, termos sintagmáticos ou mesmo unidades (cabeçalhos, títulos ou elementos de uma lista) que foram traduzidos anteriormente. As traduções são depois reutilizadas para que uma mesma frase nunca tenha de ser retraduzida.

Ainda que não seja a sua função primordial, as memórias de tradução são também muito úteis para a gestão de conteúdos. Um número cada vez maior de organizações aposta em sistemas de gestão de conteúdos, ou *Content Management Systems* (CMS) para efetuar a gestão da sua informação e dos seus conteúdos institucionais, empresariais e comerciais.

Um CMS permite efetuar a gestão de blocos individuais de texto em vez de ter de gerir a documentação num todo. Esses blocos poderão ser criados ou editados e subsequentemente publicados numa ampla variedade de formatos diferentes. Uma memória de tradução ajuda a tornar este processo mais rápido e mais consistente horizontalmente a todas as plataformas multilingues.

As memórias de tradução são normalmente utilizadas em conjunto com uma ferramenta de tradução assistida (ou *Computer Assisted Translation tool*, ou, comummente, ferramenta CAT), que é um programa que engloba ferramentas de

- processamento de texto bilingue,
- processamento de documentos de código,
- sistemas de gestão de terminologia,
- dicionários multilingues, entre outras funções.

Uma memória de tradução realiza assim a gestão dos segmentos de texto na língua de partida e as suas traduções numa ou mais línguas de chegada.

As memórias de tradução das ferramentas CAT dividem o texto de partida (o texto a ser traduzido) em segmentos utilizando algoritmos matemáticos. Se essa TM já possuir informação de trabalhos anteriores, procurará fazer corresponder os segmentos do par linguístico em trabalho com os segmentos previamente traduzidos e armazenados na sua base de dados e apresentará propostas possíveis de tradução. O tradutor pode então efetuar uma de três operações:

- aceitar a proposta da TM se esta for viável;
- substitui-la por uma nova tradução; ou
- modificar a proposta candidata.

Nas duas últimas situações, quer a nova tradução quer a tradução modificada serão então gravadas (ou armazenadas) na base de dados.

Nas situações em que não seja encontrada nenhuma correspondência os segmentos têm ser traduzidos manualmente pelo tradutor. As traduções destes novos segmentos são armazenadas na base de dados onde poderão ser reutilizadas em traduções de futuros documentos, tal como nas repetições desse mesmo segmento que ocorram no texto vigente.

Como é óbvio, as memórias de tradução funcionam melhor com textos que sejam altamente repetitivos, tais como manuais técnicos e procedimentais. Neste tipo de documentos existem muitos segmentos recorrentes, de pequenas dimensões, que facilmente se repetem ao longo de textos técnicos, como por exemplo,

- Power Output > Potência de Saída
- Power Input > Potência de Entrada
- Size > Dimensões
- Specification > Especificação
- Features > Características

entre milhares de outros segmentos similares.

Sempre que o tradutor utilizar a mesma memória de tradução, e surja, por exemplo, o segmento "Power Output", a TM mostrar-lhe-á imediatamente a proposta "Potência de Saída". Uma vez que este termo sintagmático não permite grande variação — daí o seu carácter monossémico na área de especialização da eletricidade e da eletrónica — apenas haverá que aceitar o termo proposto (que neste caso constitui todo o segmento). Quanto mais pequeno for o segmento, melhor será o resultado da TM.

As TM são também muito úteis para introduzir alterações incrementais num documento previamente traduzido com a ajuda dessa TM, por exemplo, através da inserção de pequenas modificações numa nova versão de um manual do utilizador.

Tradicionalmente, não se considerava que as memórias de tradução fossem adequadas à tradução de textos literários, pelo simples facto de que estes teriam poucas repetições linguísticas. No entanto, há quem pense que, não obstante estes textos serem pouco repetitivos, os recursos proporcionados pela base de dados são importantes para a realização de pesquisas de concordância e para a manutenção da coerência lexical, de forma a permitir o controlo de garantia de qualidade (tal como evitar a existência de segmentos vazios, isto é, por traduzir) e também como forma de simplificar o processo de revisão — as TMs apresentam os segmentos de partida e de chegada sempre agrupados, facilitando assim o trabalho dos revisores.

Se um sistema de memória de tradução for utilizado consistentemente ao longo do tempo, este sistema libertará os tradutores do esforço considerável da memorização de rotinas.

Qualidades que um sistema de memória de tradução (TM) deverá ter:

- **rapidez**: o tradutor deve obter uma rápida resposta da TM;

- **invisibilidade**: a única interação que o tradutor deverá ter com o sistema de TM, no decurso de uma tradução, é a de escolher se quer ou não utilizar as propostas das traduções anteriores para um determinado segmento;

- **eficácia**: o sistema de TM deverá ser eficaz na sua procura de segmentos, a qual deverá ser também eficiente em termos de correspondências parciais;

- **facilidade de utilização**: o tradutor deverá realizar o mínimo de esforço na sua interação com o sistema de TM. Quanto maior for a complexidade de utilização de um sistema de TM, maiores são as probabilidades de erro e maior o tempo gasto na sua utilização, que é exatamente o contrário do que se pretende;

- **características de última geração**: uma TM de última geração é muito mais poderosa do que uma TM de primeira geração pois incluem mecanismos de análise linguística, e utilizam tecnologia inteligente de partição para efetuar a fragmentação de segmentos em grupos terminológicos e produzir glossários específicos automaticamente.

Principais vantagens da utilização de uma memória de tradução:

- garantir que o documento é traduzido na sua totalidade — as memórias de tradução não aceitam segmentos de chegada vazios;

- assegurar que os documentos traduzidos são consistentes, incluindo nas definições, expressões e terminologia comuns. Este facto é especialmente importante quando existem diferentes tradutores a trabalhar simultaneamente num projeto;

- permitir que os tradutores possam traduzir documentos numa enorme variedade de formatos, através de *plugins*, sem ter de possuir o software que normalmente seria necessário para processar estes formatos, tais como o *InDesign*, o *Dreamweaver*, entre muitos outros;

- acelerar o processo global de tradução; desde que as memórias de tradução estejam atualizadas com o material previamente traduzido, os tradutores têm a possibilidade de reduzir o tempo necessário à tradução de um documento;

- reduzir o custo dos projetos de tradução mais iterativos através da existência de repetições de segmentos mais usuais em textos procedimentais, tais como *"saber mais na página xx"*, ou *"para montar a/o xxx seguir os passos seguintes"*, ou os exemplos anteriores.

Importação, exportação e alinhamento:

A função de importação permite a transferência de um documento e da sua tradução para a TM a partir de um ficheiro de texto ou de outro ficheiro proprietário.

Existe ainda a possibilidade de importar uma TM no seu formato nativo e juntá-la à TM em utilização. O formato nativo das memórias de tradução tem a extensão TMX e alguns programas proprietários utilizam a extensão TMW.

A exportação dos conteúdos de uma TM para ficheiros externos permite a sua utilização por várias ferramentas CAT diferentes. A exportação poder-se-á realizar através de formatos nativos como o TMX, ou através de ficheiros XML ou XML:TM (ficheiro de memória de tradução com base no protocolo XML, que é um tipo de ficheiro altamente interativo e de uso transversal a vários sistemas e programas), ou através do formato de texto mais usual, o TXT.

Se uma TM não for exportada para reutilização pelo cliente ou pela agência, tal facto poderá querer dizer que a tradução realizada anteriormente não estará disponível para reutilização futura por outros tradutores, o que terá como consequência o encarecimento de futuros projetos de atualização do mesmo documento, uma vez que outros tradutores terão de traduzir novamente as mesmas frases, ou os gestores de projeto terão de alinhar novamente os documentos. Esta redundância de operações tem como consequência o aumento de

- tempo gasto na preparação dos documentos,
- tempo gasto para a conclusão do projeto,
- riscos de erros terminológicos,
- riscos de falta de coerência nos projetos, e
- custos desnecessários para o cliente.

Portanto, todas as traduções anteriores de um cliente devem ser armazenadas para futura reutilização para que a mesma frase nunca precise de ser retraduzida. Para além disso, a boa gestão das memórias de tradução implica para o tradutor um aumento de produtividade, isto é, o aumento da capacidade de aceitar mais trabalho e aumentar as receitas.

O alinhamento, por seu turno, tem a tarefa de definir correspondências de tradução entre os textos de partida e os de chegada. Os documentos de partida e de chegada são adicionados ao programa, lado a lado, e devem possuir a mesma segmentação e fisicamente a mesma estrutura de forma a facilitar a correspondência da tradução e consequente alinhamento. A TM deverá possuir um mecanismo de *feedback* do alinhamento de segmentação e um eficiente algoritmo de alinhamento que seja capaz de corrigir quaisquer problemas de segmentação.

Segmentação:

A finalidade da segmentação é a de escolher as unidades de tradução mais úteis ao trabalho de tradução através da ferramenta CAT. A segmentação é realizada algoritmicamente através de uma análise ao texto.

Meramente a título informativo, eis aqui algumas das principais ferramentas CAT existentes no mercado:

- Catalyst (Alchemy)
- DéjàVu (Atril)
- MultiTrans (Multicorpora)
- Passolo (SDL)
- Systran
- Trados (SDL)
- Transit (STAR)
- Wordfast

> É claro que existem muitas outras ferramentas CAT a que não faço aqui referência, mas poderá consultar a lista exaustiva com hiperligação para o sítio de cada programa através do nosso sítio Web de apoio: www.traducaotecnica.pt.

4.3.3. Contagem de palavras

Verifique se a PO — "*Purchase Order*", ou "Ordem de Compra" em português; em Portugal usa-se normalmente a sigla inglesa PO — contém a contagem de palavras correta (ou mesmo contagem de caracteres, linhas, etc.). A maneira mais fácil de o fazer é a de verificar as estatísticas na sua ferramenta CAT — evite usar o Microsoft Word, pois não é muito compatível com diferentes variáveis utilizáveis pelas agências. Uma ferramenta CAT dar-lhe-á também o número de segmentos e palavras repetidos (ou repetições) cujo controlo pode ser relevante no preço final.

A ferramenta CAT analisa um ou mais documentos, comparando-os a uma memória de tradução de forma a calcular o número de correspondências segmentais entre o documento e a memória. Os cinco tipos possíveis de correspondência de segmentos são a correspondência contextual (ou *Context TM*), a correspondência total (ou *100% match*), a correspondência difusa (ou *Fuzzy Match*), a correspondência de repetição (ou *Repetition Match*) e sem correspondência (ou *No Match*).

Durante a análise ao texto de partida, a ferramenta CAT lê o texto segmento a segmento, de forma a determinar as correspondências encontradas na memória de tradução existente ou criada para o efeito.

Os sistemas de processamento das ferramentas CAT procuram segmentos potencialmente idênticos ou semelhantes que possam existir na memória de tradução, bem como qualquer combinação exata de unidades que foram gravadas na memória de tradução durante uma tradução anterior de outro documento.

A ferramenta CAT examina ainda o texto à procura de repetições. A primeira ocorrência que encontrar de um segmento sem nenhuma correspondência na memória de tradução é interpretada como uma não-correspondência; a segunda ocorrência de um segmento exatamente igual será contabilizada como uma repetição. Assim que o segmento sem correspondência tenha sido traduzido, a nova tradução será atualizada automaticamente na memória para ser reutilizada em solicitações sucessivas do segmento — as repetições — nesse ou noutro projeto de tradução em que se utilize a mesma memória de tradução.

Os valores calculados são então reunidos numa tabela não só para cada um dos ficheiros, mas também relativamente a todos os ficheiros combinados.

As ferramentas CAT também contam o número de segmentos, palavras e elementos de colocação (os *Placeables*), que incluem etiquetas, gráficos e campos de código.

Os elementos de colocação são elementos não-traduzíveis do texto de partida que são normalmente deixados intocados no texto de chegada. A diferença está no facto de que o seu posicionamento está sujeito ao juízo do tradutor tendo em consideração a sintaxe da língua de chegada, daí a sua designação como "elementos de colocação".

Neste sentido, apresento seguidamente uma contagem realizada pelo programa SDL Trados a um ficheiro do MS Word (doc). Este ficheiro tem um original em inglês (en_US) para ser traduzido para português (pt_PT). Contudo, antes da contagem com o Trados efetuei uma contagem com o programa Microsoft Word — que servirá como comparativo mais adiante — a qual apresentou os seguintes dados:

> *"Estatísticas:*
> *Páginas 70*
> *Palavras 18.127*
> *Caracteres (sem espaços) 95.113*
> *Caracteres (incl. espaços) 113.327*
> *Parágrafos 1.052*
> *Linhas 2.577"*

Vejamos agora a contagem do mesmo documento realizada com o programa Trados (note-se que foi criada uma TM propositadamente para esta contagem, pelo que apenas as repetições e as não-correspondências são apresentadas):

"Start Analyse: Wed Sep 05 19:13:03 2012
Translation Memory: C:\Translation Memories\Commercial.tmw
C:\Users\Desktop\CommercialCenters.rtf

Match Types	Segments	Words	Percent	Placeables
Context TM	0	0	0	0
Repetitions	31	43	0	0
100%	0	0	0	0
95% - 99%	0	0	4	0
85% - 94%	0	0	0	0
75% - 84%	0	0	0	0
50% - 74%	0	0	0	0
No Match	1,216	16,740	96	0
Total	1,247	16,783	100	0

Chars/Word   5.43
Chars Total   91,270
Analyse finished successfully without errors!
Wed Sep 05 19:13:06 2012
==="

Note-se que as contagens do MS Word e do SDL Trados apresentam diferenças significativas, cujas razões já iremos analisar. Porém, para percebermos estas contagens, temos que perceber melhor o que significa cada variável.

Quando uma ferramenta CAT realiza uma pesquisa ou uma análise à memória de tradução, o programa procura semelhanças entre os segmentos existentes na memória de tradução — segmentos que foram traduzidos em trabalhos anteriores — e os segmentos do documento que se pretende traduzir. O grau de correspondência entre os segmentos dos documentos de partida e os segmentos potencialmente existentes na memória de tradução é expresso através de um percentil.

Correspondência contextual (*Context Match*) — esta linha mostra a percentagem e/ou o número de palavras, caracteres ou segmentos para os quais foi encontrada uma correspondência contextual na memória de tradução. Uma correspondência contextual é mais perfeita do que uma correspondência exata a 100%. Existe uma correspondência contextual quando um segmento de um documento de trabalho e um segmento existente na memória de tradução são exatamente coincidentes quer em termos do segmento (isto é, a totalidade do grupo de palavras ou caracteres, incluindo a formatação) quer no contexto em que ocorrem.

Ou seja, para que o segmento de um documento de trabalho e o segmento existente na memória de tradução possam ter o mesmo contexto devem ambos ser ainda precedidos por um segmento idêntico em ambas as situações.

Graficamente, a representação seria a seguinte:

Correspondência contextual

Segmentos na memória de tradução
Correspondência exata 100% precedente >> Correspondência exata 100% atual

=

Segmentos no documento de trabalho
Correspondência exata 100% precedente >> Correspondência exata 100% atual

Ilustração 16: Correspondência contextual. G. do A.

É possível obtermos uma correspondência contextual porque as informações dos contextos de ocorrência dos segmentos são armazenadas na memória de tradução. Quando o tradutor adiciona uma nova tradução de um segmento a uma memória de tradução, procede-se, na verdade, à adição automática de três segmentos distintos:

- o segmento original do documento de partida;
- a tradução do segmento de partida realizada pelo tradutor;
- o segmento imediatamente anterior ao segmento original do documento de partida. Se não houver nenhum segmento imediatamente anterior, são carregadas outras informações de contexto, por exemplo, as informações de que o segmento em causa é o cabeçalho do documento.

Repetições (*Repetitions*) — esta linha mostra a percentagem e/ou o número de palavras, caracteres ou segmentos que são repetições de segmentos ou de palavras considerados anteriormente.

Correspondência exata (100%) — esta linha mostra a percentagem e/ou o número de palavras, caracteres ou segmentos para os quais se encontrou na memória de tradução uma correspondência exata, ou seja, a 100%. Para que o conteúdo seja qualificado como uma correspondência exata a 100%, quer o segmento do documento de partida quer o segmento existente na memória de tradução devem ser exatamente iguais, quer nas palavras, quer na estrutura.

Correspondência parcial (*Fuzzy Match*) (95%-99%), (85%-94%), (75%-84%), (50%-74%) — estas linhas mostram a percentagem e/ou o número de palavras, caracteres ou segmentos traduzidos que foram encontrados na memória de tradução em cada nível percentual de correspondência abaixo do nível de correspondência perfeita (100%). O grau de correspondência é indicado pelo valor da percentagem. Uma correspondência parcial é uma correspondência abaixo dos 100%. Teoricamente, uma correspondência parcial será um qualquer valor de correspondência entre os 99% e 1%. Há, contudo, um valor limite abaixo do qual o conteúdo utilizável se mostra insuficiente para que seja possível a existência de uma correspondência na memória de tradução. Este valor limite é o limiar de correspondência parcial (o limite mínimo padrão é de 50%).

Sem correspondência (*No Match*) — esta linha mostra a percentagem e/ou o número de palavras, caracteres ou segmentos para os quais não foi encontrada nenhuma correspondência na memória de tradução.

Os elementos de colocação (*Placeables*) — elementos de colocação são conteúdos do documento de partida que têm sido reconhecidos como:

- conteúdos que poderão não necessitar de tradução mas que poderão ter de ser localizados (tais como datas, preços, temperaturas, valores numéricos, etc.);
- conteúdos, tais como datas e números, que poderão ser traduzidos automaticamente utilizando os métodos automatizados de tradução possibilitados por uma memória de tradução, tendo em consideração os locais de cada língua de trabalho.

As etiquetas de código de aplicações, as etiquetas reservadas ao preenchimento de dados, os números, os preços, as temperaturas e as datas são bons exemplos dos elementos de colocação.

Normalmente, estes elementos são identificados na janela do editor da ferramenta por um sublinhado em formato de colchetes horizontais.

Manual Prático e Fundamental de Tradução Técnica | 127

Registe-se [field] hoje mesmo [field] e tenha **20% de desconto!**

Ilustração 17: Elementos de colocação (*placeables*). G. do A.

O sublinhado apenas aparece quando existe uma memória de tradução carregada no programa e o segmento se encontra aberto para tradução.

O resultado da contagem com o SDL Trados mostra ainda um rácio de número de caracteres por palavra (Chars/Word 5.43) e o número total de caracteres no documento (Chars Total 91,270).

Ao efetuarmos uma comparação entre o SDL Trados e o MS Word, verificamos um comparativo interessante no que toca àquilo que é incluído nas contagens de palavras de cada um dos programas:

Fator	Trados	MS Word
Listas com marcas (automáticas ou "manuais")	Marcas — não incluído	Incluído
Listas numeradas	Números — não incluído	Incluído
Hiperligações	Hiperligações em ficheiros DOC, — não incluído; Hiperligações em ficheiros DOCX contagem pode aumentar porque o texto real da hiperligação (o endereço) está incluído na contagem	Hiperligações — não incluído
Texto escondido	Incluído (exceto o texto escondido do próprio Trados)	Não incluído
Textos em caixas de texto	Incluído	Não incluído
Etiquetas de formatação	Não incluído	Incluído
Segmentos apenas com números	Não incluído	Incluído
Segmentos apenas com símbolos	Não incluído	Incluído
Notas finais e notas de rodapé	Incluído	Não incluído (exceto se selecionado)

Números em palavras	Incluído	Incluído
Cabeçalhos	Incluído	Não incluído
Número e sinal percentual (%) ou suas combinações (8% ou 8 %)	Faz parte de uma frase — Conta como uma palavra; isolado — não incluído	Conta como uma (8%) ou duas (8 %) palavras
Duas palavras juntas, separadas por uma barra (/) ("e/ou")	Conta como duas palavras	Conta como uma palavra
Nomes de substâncias químicas, por exemplo: 3-(3,4-dichlorophenyl)-1,1-dimethylurea	Conta como cinco palavras	Conta como uma palavra
Travessões (— —)	Não incluído	Cada travessão conta como uma palavra
Hífens e sublinhados (_-_-_-)	Não incluído	Cada hífen ou sublinhado conta como uma palavra
Hífens em palavras compostas ("ex-diretor")	Cada palavra hifenizada conta como duas ou mais palavras	Cada palavra hifenizada conta como uma palavra

Antes de iniciar um projeto, o tradutor deverá analisar cada um dos documentos originais para determinar com bastante precisão que tipo de ganhos em produtividade lhe trará cada uma das ferramentas de apoio à tradução. Adicionalmente, as ferramentas CAT facilitam o cálculo da orçamentação e do tempo necessário para concluir o projeto.

Uma vez que o cálculo dos custos e dos prazos para a realização de uma tradução se baseia no volume e na dimensão de cada documento, é importante obter uma estimativa a partir de uma medição precisa. Considerando que não há atualmente em vigor nenhum sistema ou regra estabelecidos que orientem a forma como as ferramentas devam ser utilizadas para medir as dimensões de um texto, é a sua obrigação, enquanto tradutor, estar familiarizado com o software que possui e dele tirar o melhor partido.

Quer realize uma contagem de palavras utilizando a ferramenta de contagem de palavras do MS Word quer utilize uma ferramenta de tradução tal como o Trados ou o Wordfast, é difícil conseguir resultados semelhantes quando cada uma dessas ferramentas conta as palavras de uma maneira diferente. Mesmo que as agências possam utilizar estes diferentes sistemas para produzir as contagens de palavras, uma contagem de palavra criada a partir do Trados não será nunca a mesma coisa do que realizar uma contagem com o MS Word.

Como já vimos pelas tabelas acima, o Microsoft Word presume que tudo o que se encontra entre espaços é uma palavra. Isto significa que irá contar também os números e os símbolos. As ferramentas de tradução, por outro lado, não incluem esses caracteres ao realizarem uma contagem de palavras, pois na verdade presume-se que estes carateres não requerem tradução. Há, no entanto, um debate considerável sobre se deverão ser contados os números ou símbolos. Muitos destes não costumam exigir qualquer tradução, e por isso mesmo há quem pense que não deveriam ser incluídos; por outro lado, há quem argumente que tendo por vezes o tradutor de verificar e rever cada número e cada símbolo, este facto por si só justificaria que fossem incluídos na contagem, especialmente em documentos que contenham grandes quantidades de informação. Pessoalmente, concordo com a última premissa.

Por exemplo, a sequência "1 8 7 @€# + 4" seria considerada como tendo seis palavras pelo Microsoft Word e zero palavras pelo Trados.

Contudo, o MS Word não inclui o texto de blocos de texto não-agrupados, formas automáticas, cabeçalhos, rodapés, notas e comentários. Se um documento contiver apenas alguns blocos de texto não-agrupados, o facto não constituiria um problema de maior, mas nos documentos que contenham muitos blocos de texto ou muitas notas de rodapé, estes factos teriam consequências desastrosas para a contagem de palavras.

No que toca aos ficheiros HTML, as opções dos menus de deslizamento não podem ser contabilizadas no MS Word, especialmente em ficheiros que contenham um formulário com opções predefinidas de uma caixa de menu de deslizamento. Os títulos da página HTML, os textos dos botões e os textos das *meta tags* também não podem ser incluídos numa contagem de palavras do MS Word.

O Trados e outras ferramentas CAT contam todas as notas de rodapé, notas de fim de capítulo, cabeçalhos e rodapés, ou blocos de texto não-agrupados. No entanto, muitas destas ferramentas CAT também não conseguem contar texto em blocos de texto não-agrupados ou objetos com texto inserido, tal como um objeto em *Flash*.

E há ainda o problema das etiquetas de código de formatação (as quais não devem ser alteradas pelo tradutor). O MS Word conta cada etiqueta como uma palavra, o que produziria uma contagem de palavras pouco exata; por outro lado, o Trados ignora todas as etiquetas nas contagens de palavras.

Se tivermos um simples ficheiro do Word com texto não-repetitivo, uma contagem de palavras utilizando o MS Word seria aceitável. Contudo, no caso de documentos que sejam mais complexos e requeiram uma análise mais apurada, dever-se-ia utilizar uma ferramenta de tradução.

Na verdade, algumas agências menos escrupulosas poderiam criar uma contagem de palavras diferente dependendo do documento e do destino da contagem. Isto é, contariam o documento do cliente utilizando a ferramenta que lhes proporcionasse a maior contagem de palavras possível, e simultaneamente utilizariam o software que lhes desse a menor contagem de palavras no que toca ao tradutor, ganhando assim no processo.

Leia mais sobre o problema das repetições em *2.6 Rotinização e repetição "vs." neologia* na página **78**.

4.3.4. Glossários e terminologias multilingues

Um outro grupo de ferramentas essenciais a qualquer tradutor são os glossários e os dicionários. Os glossários e os dicionários terminológicos são fundamentais para qualquer trabalho de tradução ou criação / recolha terminológica. Há dois tipos de documentos a ter em conta: os dicionários impressos e os digitais (online, PDF, ePub, executáveis, etc.).

O tradutor / terminólogo tem forçosamente de possuir ou ter fácil acesso a um acervo considerável destes materiais, sem os quais não poderá desenvolver o seu trabalho. Tentar adivinhar um termo técnico não é uma opção viável. Não é ético nem minimamente profissional, uma vez que traduzir textos técnicos não é uma lotaria, mas sim um trabalho metódico, estruturado e que requer um elevado profissionalismo. Comecemos por saber o que é um dicionário.

Para Correia[166], um dicionário é

> *uma obra organizada em torno de duas estruturas: a microestrutura e a macroestrutura. Dentro de um dicionário, todos os artigos ou verbetes apresentam os mesmos tipos de informação, pela mesma ordem e de forma idêntica. Tal acontece porque cada dicionário define uma microestrutura específica, que deve ser respeitada ao longo de todo o dicionário, de A a Z. Por seu turno, a macroestrutura é o conjunto de todas as partes que constituem o dicionário [...].*
>
> *Um bom dicionário deve conter de facto, uma introdução clara e circunstanciada, prática que, infelizmente, ainda não é seguida pela maioria dos dicionários portugueses. O guia de utilização justifica-se, dado que os dicionários recentes, ao incorporarem progressivamente mais informação diversificada sobre as entradas, apresentam microestruturas cada vez mais complexas. A ordenação alfabética, que é tão convencional e que tantas dificuldades provoca na hora de representar relações entre palavras, é um mero recurso que foi encontrado, nos dicionários impressos, para facilitar a localização de uma dada unidade lexical no meio de uma lista de centenas ou milhares de entradas. Até hoje é o modo mais eficaz de garantir essa função nos dicionários impressos.*

Tendo em consideração esta noção de dicionário, temos de perceber que um dicionário é apenas uma das fontes terminológicas possíveis a considerar. Sobretudo, as fontes terminológicas têm de ser fidedignas.

O que são fontes fidedignas? Fontes fidedignas são os dicionários e terminologias acreditados nacional e internacionalmente, tal como o IATE[167]. Outras fontes a considerar são os glossários e terminologias — monolingues, bilingues ou multilingues — de empresas especializadas na matéria abordada, tais como as empresas e instituições de software Microsoft, SUN Microsystems, W3C ou GNU Foundation, ou empresas industriais e de equipamentos como a Petrobras, IBM ou Caterpillar. Qualquer uma destas empresas tem a dimensão e a maturidade institucional suficiente para nos dar boas indicações sobre glossários e terminologias de especialidade. Outras boas fontes são, por exemplo, os bancos centrais nacionais ou outras organizações económicas, tais como o Banco de Portugal, o Banco Central Europeu ou o Banco Central do Brasil. As bolsas de valores de cada país e os organismos internacionais (e.g., ONU, OTAN) são também excelentes fontes fidedignas de material terminológico. E, claro está, as universidades e instituições de ensino acreditadas internacionalmente.

Há ainda os agregadores de traduções tais como o *linguee.com*, que reúne textos alinhados (ver **alinhamento** no glossário, página **177**) de várias fontes, incluindo do Parlamento Europeu e de muitas empresas internacionais.

O mais importante ao utilizar um agregador é a escolha da fonte certa. Há que procurar pela opção mais séria de entre todas, por exemplo,

- propostas de tradução oriundas do gabinete de traduções da União Europeia ou de empresas bem conhecidas internacionalmente são mais fidedignas do que uma proposta de uma empresa pouco conhecida;
- devemos ter atenção à variedade linguística das fontes: se estivermos a traduzir um texto para Português Europeu não vamos escolher uma proposta de tradução de uma fonte brasileira, e vice-versa — a não ser que não exista nenhuma proposta em PE e, concomitantemente, a opção em PB cumpra com a estrutura sintática e com as regras lexicais do PE.
- se não houver nenhuma proposta de tradução viável, quer num agregador, quer num dicionário ou num glossário credível, teremos então de criar um neologismo utilizando escrupulosamente as regras de neonímia indicadas em *2.4 Neologia e terminocriatividade* na página **60**.

Consulte ainda as listas exaustivas de glossários e fontes terminológicas no nosso sítio Web de apoio em www.traducaotecnica.pt.

4.3.5. Códigos ISO de línguas

Como sabemos, a indústria da tradução rege-se por normas e especificações que ajudam à estandardização dos preceitos e nomenclaturas de forma a uniformizar internacionalmente as práticas e os processos. Algumas destas uniformizações prendem-se com a codificação das línguas, dos países e dos locales.

De cada vez que falamos de uma língua, em tradução, referimo-la por um código. Cada código das línguas existentes é-nos dado pela norma ISO 639:1998. Esta norma atribuiu um código de duas letras minúsculas a cada uma das línguas principais existentes. Eis as mais comuns:

Árabe	ar	Chinês	zh	Dinamarquês	da
Holandês	nl	Inglês	en	Finlandês	fi
Francês	fr	Alemão	de	Grego	el
Hebraico	iw	Irlandês	ga	Italiano	it
Japonês	ja	Coreano	ko	Norueguês	no
Português	pt	Russo	ru	Espanhol	es

Porém, a identificação das línguas através destes dois carateres, por si só, não seria suficiente para identificar a variedade linguística. Por exemplo, ao nos referirmos à língua portuguesa apenas como "pt" não sabemos identificar a região onde o português falado.

Foi então necessário encontrar um segundo código que nos pudesse indicar a região onde é falada a língua.

O código dos países, apresentado com duas letras maiúsculas, é-nos dado pela norma ISO 3166. Prosseguindo o exemplo anterior, eis aqui os mais comuns:

Austrália	AU	Brasil	BR	Canada	CA
China	CN	Dinamarca	DK	Finlândia	FI
França	FR	Alemanha	DE	Grécia	GR
Índia	IN	Irlanda	IE	Israel	IL
Itália	IT	Japão	JP	Coreia do Sul	KR
México	MX	Holanda	NL	Nova Zelândia	NZ
Noruega	NO	Portugal	PR	Federação Russa	RU
Singapura	SG	África do Sul	ZA	Espanha	ES
Angola	AO	Reino Unido	UK	Estados Unidos	US

É então pela relação do código de língua com duas letras minúsculas unidas pela marca de sublinhado (_) às duas letras maiúsculas do código de país que obtemos o código de locale — isto é, a variedade linguística falada numa determinada região com determinadas características geográficas e culturais.

Por exemplo, quando nos referimos ao Português Europeu escrevemos "pt_PT" e quando nos referimos ao Português Brasileiro escrevemos "pt_BR".

Eis aqui alguns exemplos deste binómio língua—país (constituindo assim cada locale):

Língua	País	ID Locale
Alemão	Alemanha	de_DE
Árabe	Arábia Saudita	ar_SA
Chinês (simplificado)	China	zh_CN
Chinês (tradicional)	Taiwan	zh_TW
Coreano	Coreia do Sul	ko_KR
Espanhol	Espanha	es_ES
Espanhol	México	es_MX
Francês	Canadá	fr_CA
Francês	França	fr_FR
Hebraico	Israel	he_IL
Hindi	Índia	hi_IN
Holandês	Holanda	nl_NL
Inglês	Austrália	en_AU
Inglês	Canadá	en_CA ou en_US
Inglês	Estados Unidos	en_US
Inglês	Reino Unido	en_GB
Italiano	Itália	it_IT
Japonês	Japão	ja_JP
Português	Angola	pt_AO ou pt_PT
Português	Brasil	pt_BR
Português	Portugal	pt_PT
Sueco	Suécia	sv_SE

Como vemos dos exemplos acima, atribuímos a Angola duas variáveis, uma vez que ainda não existe oficialmente a variedade de Português Angolano, começando o mesmo porém a esboçar-se através de alguns, poucos, estudos académicos. Ao introduzirmos as variáveis linguísticas numa ferramenta CAT só temos duas opções relativamente ao pt: pt_PT e pt_BR. Internacionalmente, as agências de tradução referem-se aos locales desta forma.

Há, contudo, algumas variações na referência ao locales — sobretudo por uma questão de simplificação. Por exemplo, nos EUA, há muitas agências que se referem ao pt_PT como "poe_EMEA" e ao pt_BR como "por".

EMEA é o acrónimo de *"Europe, Middle East and Africa"* e é uma designação regional utilizada frequentemente por companhias norte-americanas para fins governamentais, comerciais, e de marketing.

Existem ainda as normas ISO 639-2 e ISO 639-3 que fazem o mapeamento de várias famílias de línguas, vivas e extintas, mas não fazem a distinção entre pt_BR e pt_PT, atribuindo-lhes unicamente o código "por". Fazem a distinção, contudo, de vários crioulos de base portuguesa, contudo, sem valor para a tradução com ferramentas CAT.

4.4. Os revisores e os editores

Do grupo de trabalho de uma equipa de tradução fazem ainda parte

- os revisores,
- os editores, e
- os revisores de provas.

Os revisores são normalmente (ou deveriam ser) tradutores seniores — isto é, tradutores com bastante experiência — e com um nível irrepreensível de conhecimentos linguísticos. Os revisores devem possuir elevados conhecimentos quer nas línguas e culturas de partida e de chegada, e deverão ter a capacidade de justificar linguisticamente com precisão e completude as suas correções e opções de revisão.

Um revisor deverá possuir conhecimentos gramaticais bastante completos ao nível lexical e terminológico, sintático, e estilístico em todos os pares linguísticos com que trabalhe. É nos seus ombros que recai a responsabilidade de confirmar ou infirmar da qualidade da tradução realizada pelo tradutor.

Os editores, por seu lado, deverão ser especialistas quer em matérias linguísticas, quer na área de especialização do domínio em questão. Cabe ao editor realizar uma revisão monolingue apenas ao texto de chegada, sem referência ao texto original na língua de partida, relativamente ao registo e ao respeito pelas convenções do domínio em questão. Dependendo do seu nível de especialização nesse domínio, o editor poderá ser simultaneamente revisor de provas, isto é, realizar ensaios, revisões e testes finais ao nível de completude e preparação do documento para publicação.

Todos estes profissionais deverão possuir um leque de características que lhes são comuns. Os revisores e os editores deverão possuir

- um instinto para reconhecer padrões e organizar ideias;
- um arbítrio para questionar suposições, teorias e factos;
- um interesse em aprender coisas novas; e
- uma capacidade de desenvolver as suas qualificações de comunicação, identificando simultaneamente a estrutura, o formato e o conteúdo mais adequados para cada público e cada objetivo.

Deverão não só ser altamente competentes em gramática, ortografia e composição, mas deverão ainda ter a capacidade de

- visualizar o produto final ao mesmo tempo que atentam nos detalhes,
- pensar de forma lógica e cultivar o bom senso,
- reorganizar um documento para que possua clareza e dinamismo,
- reconhecer o que falta numa passagem ou num segmento,
- usar de uma vasta gama de materiais de referência,
- cumprir escrupulosamente os prazos, e
- trabalhar cordial e harmoniosamente com todos os intervenientes que fazem parte do processo de tradução.

5. A profissão de tradutor *freelance*

A profissão de tradutor *freelance* é ainda uma das poucas áreas profissionais que melhores oportunidades de trabalho oferece a linguistas com formação multilingue e a tradutores especializados e certificados.

Tipos de trabalho: a profissão de tradutor *freelance* possui duas variantes básicas que, apesar de parecerem muito semelhantes, se revelam bastante distintas:

1. **Trabalho eventual com base de licitação:** esta é a forma mais comum quando não existe um contrato de prestação de serviços. O tradutor licita um projeto específico de tradução. Estes tipos de ofertas de trabalho tendem a ser altamente instáveis, mas formam a base de trabalho do tradutor iniciado. Com o passar do tempo, à medida que as agências de tradução vão conhecendo melhor o tradutor, esta instabilidade tende a esbater-se, e a transformar-se em contratos de prestação de serviços, tácitos ou formais, de maior estabilidade.

2. **Contratos de prestação de serviços:** sejam eles tácitos ou formais, os contratos de prestação de serviços são a base mais comum de relação de trabalho contínuo com o empregador. Normalmente têm início após um contrato eventual com base de licitação. Não é fácil encontrar bons tradutores, e o desenvolvimento natural de uma boa relação laboral desemboca em mais trabalho com alguma regularidade. Este tipo de contrato é o verdadeiro trabalho *freelance*, com maiores rendimentos e com um fluxo de trabalho muito mais regular.

O contexto laboral: a profissão de tradutor *freelance* é uma área em grande e rápida expansão, envolvendo muitos tipos diferentes de trabalho e de indústrias, uma vez que os tradutores *freelance* tendem a especializar-se em diversas áreas de especialização de tradução de acordo com as suas preferências e com as suas qualificações.

O facto de que as competências académicas necessárias para o exercício da profissão são cada vez mais elevadas é um bom indicador da natureza especializada do trabalho do tradutor *freelance*.

Tradutores nativos: os tradutores nativos com excelente formação e alta qualidade laboral são de longe os mais bem-sucedidos e os mais procurados no mercado de trabalho. Este facto favorece a atividade profissional do tradutor *freelance* quer no meio técnico quer no meio académico. Não obstante a procura de bons profissionais em português se ter restringido no passado aos pares linguísticos que incluíssem o inglês, o francês e o espanhol, o certo é que a globalização provocou a procura diversificada de bons tradutores também noutras línguas como o chinês, o alemão, o russo ou o árabe.

Aptidões técnicas: as grandes quantidades de materiais dos média, e de informações industriais, técnicas e profissionais em circulação ao nível global são os principais impulsionadores e criadores de emprego para os tradutores *freelance*. A escrita técnica e formativa representa uma grande parte do trabalho dos tradutores *freelance* em todos os setores de atividade.

Meios editoriais, média e jornalismo: os meios de comunicação — impressos, online, audiovisuais ou multimédia — são algumas da vias naturais para os tradutores *freelance*. Quase todos os principais sítios Web globais necessitam de trabalho de tradução.

Remuneração: dependente das ofertas, a remuneração estabelece-se através de tarifas estabelecidas contrato a contrato ou com condições de remuneração pré-estabelecidas entre as partes.

Horário laboral: extremamente variável, dependente dos prazos de entrega dos trabalhos e do volume de trabalho — por vezes nem tudo corre da melhor maneira; por esse facto, o tradutor deverá estar preparado para trabalhar imensas horas extra de forma a conseguir terminar um trabalho a tempo; contudo, isso também se traduz em ganhos, especialmente no que toca ao trabalho de revisão, cobrado à hora.

Perspetivas de carreira: o trabalho *freelance* pode ser uma mais-valia importante no fluxo constante de trabalho de tradução; a atividade *freelance* oferece ao tradutor a possibilidade de demonstrar o seu alto nível de aptidões e de trabalho concretizado.

O mercado de emprego tradicional por conta de outrem destina-se quer a um número reduzido de agências, quer ao preenchimento dos lugares de topo no setor da tradução, e oferece maiores remunerações especialmente nas áreas dos média, ou nas áreas das instituições técnicas e industriais, bem como na área académica.

5.1. Processos de trabalho

Bastante diferente das estratégias da tradução literária, a tradução técnica assenta em metodologias procedimentais que importa seguir e cumprir religiosamente.

Um bom princípio é o de administrar o processo de tradução desde a receção do trabalho até à entrega final dos documentos traduzidos, verificados e revistos, de acordo com as orientações estabelecidas e as normas de qualidade em vigor. Esta tarefa inclui os seguintes aspetos:

- análise da proposta de projeto de tradução no que diz respeito a aspetos formais, linguísticos e técnicos;
- negociação dos prazos;
- verificação de que todos os procedimentos necessários foram efetuados em conformidade com as orientações e com as normas vigentes;
- decidir sobre a atribuição de trabalho de revisão a outros tradutores;
- estabelecer e implementar os processos de controlo de qualidade.

Quer o trabalho seja proveniente de uma agência ou de um cliente direto, há uma metodologia a seguir pelo tradutor.

Depois de ter aceitado o projeto (normalmente aceitando formalmente uma PO de uma agência ou recebendo a aprovação do orçamento pelo cliente direto), o tradutor deve seguir a seguinte metodologia:

1. Criar uma pasta com o nome da PO / do orçamento, dentro de outra página com o nome da agência ou do cliente.

Exemplo: C:...\documentos\clientes\agencias\agencia_xpto\PO123

2. Ler atentamente as instruções do gestor de projeto ou do cliente e segui-las rigorosamente.

3. Receber o ficheiro a traduzir.

4. Não alterar o nome do ficheiro, uma vez que este está codificado segundo o sistema em uso pela agência.

Exemplo: PO12345_678ENPT.ttx (ver o glossário sobre a extensão **ttx** na página **224**) ou PO12345_678ENPT.doc

5. Efetuar uma cópia do ficheiro para que não trabalhe no original que lhe foi enviado.

6. Após a conclusão do trabalho, adicione de forma distintiva um código de referência na parte final do nome, antes da extensão, de forma a indicar à agência que o ficheiro está traduzido. A agência poderá depois retirar essa menção.

Exemplo: PO12345_678ENPT_**TRADUZIDO**.ttx (cópia alterada do ficheiro original).

Após estes procedimentos iniciais, o tradutor deverá ainda ter atenção aos seguintes processos:

5.1.1. Formatação

Há que preservar escrupulosamente a formatação do texto de partida no texto de chegada — se houver alterações a realizar, será apenas por instrução do gestor de projeto ou pela equipa de edição eletrónica, nunca pelo tradutor por sua própria iniciativa. Nem sequer se devem alterar os tipos de fonte, pois isso é da responsabilidade do designer encarregado pelo DTP.

Se utilizar uma das ferramentas CAT será mais fácil manter a coerência e a correção da estrutura do texto de chegada relativamente ao texto de partida. O tradutor nem terá de eliminar o texto de partida do ficheiro bilingue uma vez que a ferramenta CAT fá-lo-á por si no momento em que efetuar a limpeza do ficheiro — isto é, quando o cliente requerer a entrega da tradução do formato final unicamente com a língua de chegada.

5.1.2. Precisão

Cada tradução deverá ser semanticamente fiel ao original e veicular exatamente a ideia e a forma do texto de partida — esta fidelidade é uma obrigação ética e profissional do tradutor técnico. A confirmação deste preceito deverá ser efetuada através da verificação final antes da entrega do trabalho para revisão.

5.1.3. Consistência terminológica

O tradutor deverá utilizar a terminologia consistentemente ao longo de todo um texto, assim como este deverá estar em harmonia com o discurso dos textos que perfazem o conjunto da obra a traduzir.

Antes de iniciar a tradução dos textos há que reunir materiais de referência e juntar a terminologia para o projeto. Se subsistirem alguns problemas terminológicos, há que relatá-los e pedir esclarecimentos em tempo útil ao gestor de projeto ou ao cliente para garantir que estes problemas não comprometerão o prazo de entrega do projeto.

5.1.4. Deteção de erros

Se detetar um erro no texto de partida, notifique imediatamente o seu cliente ou o seu gestor de projeto, especialmente se for um erro gritante, tal como faltarem elementos ou existirem erros gramaticais, sintáticos ou mesmo semânticos. Não finja que não se passa nada e que o texto de partida está correto. Quer os clientes quer os autores podem cometer erros, e você poderá mesmo marcar vários pontos a seu favor — nomeadamente realçando a sua competência linguística e metodológica — ao chamar a atenção dos seus clientes ou do seu gestor de projeto sobre esta matéria.

5.1.5. Prazos (datas de entrega)

Deve sempre manter escrupulosamente o controlo dos prazos, pois uma boa gestão dos prazos mostra bem o seu profissionalismo. Não aceite um trabalho se este tiver um prazo irrealista (isto é, demasiado curto). Se por algum motivo imprevisto não puder cumprir o prazo, notifique de imediato a agência com antecedência para que esta possa encontrar um substituto. A pior coisa que você pode fazer quando não conseguir cumprir um prazo é parar de atender o telefone ou evitar responder aos emails do cliente ou da agência; há que enfrentar a situação e notificar o gestor de projeto ou o cliente acerca do atraso. Muitas agências anunciam no seu marketing aos clientes que possuem *turnovers* muito rápidos; se você se atrasar com o seu trabalho, também a agência se atrasará e esta poderá incorrer em sanções por parte dos clientes, algumas das quais lhe poderão ser imputáveis a si.

5.1.6. Controlo de garantia de qualidade

Não envie traduções incompletas, inacabadas ou em estado de rascunho aos seus clientes ou às agências — entregue apenas traduções finalizadas e minuciosamente verificadas. Para além disso, efetuar a verificação final é o procedimento do tradutor que respeita a norma EN 15038:2006. O seu dever é fornecer um texto impecável; não espere que seja o revisor a fazer o trabalho de verificação de controlo de qualidade por si. Os revisores são remunerados à hora e quantos mais erros houver, mais tempo levará e mais custará à agência o trabalho de revisão. Por outro lado, demasiados erros numa tradução têm como consequência o facto de a agência não trabalhar mais consigo no futuro.

Desenvolva os seus próprios procedimentos de controlo de qualidade. É aconselhável exportar a tradução para um documento monolingue para que o possa ler com maior rigor; se quiser, pode até mesmo imprimi-lo em papel. Por mais anacrónico que possa parecer, ficará surpreendido com o número de problemas que poderá ter negligenciado no ecrã. Se puder e tiver tempo para tal, deixe um intervalo de vários dias entre a tradução e a sua verificação final para que possa ver com clareza os potenciais erros cometidos. Exequível, ainda que raro, e permitindo o orçamento, é a possibilidade de contratar um outro revisor para que efetue a verificação final da sua tradução.

Reveja o seu trabalho procurando por erros ortográficos. Ligue sempre o corretor ortográfico, especialmente se efetuar uma verificação final no documento monolingue — se trabalhar com uma ferramenta CAT, é sempre melhor ligar a verificação ortográfica no documento de trabalho. Lembre-se de que o verificador ortográfico não reconhece erros binários ou determinados erros sintáticos, especialmente se as palavras existirem no léxico da sua língua de trabalho.

Veja ainda a lista de verificação para controlo de qualidade em *0*

Listas de verificação (checklists) na página **173**.

5.2. Trabalhar com clientes diretos

Como é normal no início de qualquer atividade comercial, os tradutores principiantes procuram trabalho diariamente; não têm ainda a experiência suficiente para abordarem as empresas diretamente (os clientes finais), e por isso recorrem normalmente às agências de tradução. Poder-se-á dizer que este é um bom ponto de partida. No entanto, para a esmagadora maioria dos profissionais, o objetivo principal é ter o seu próprio negócio e os seus próprios clientes.

O tradutor *freelance* precisa de ter alguma paciência na procura de trabalho. Os tipos de projeto desejados e as condições de trabalho ideais podem demorar algum tempo a surgir e a estabelecer-se como prática corrente; e há que aprender com os erros que se possam cometer.

Contudo, deve começar pelo princípio, e definir, antes de mais nada, a forma como vai operar a sua atividade de tradução.

Primeiro que tudo, há que definir os países com que irá trabalhar — o que depende, claro está, dos pares linguísticos com que trabalha. Por exemplo, se trabalhar com o par inglês > português (en_US > pt_PT — veja a tabela de códigos de línguas e locais no subcapítulo *4.3.5 Códigos ISO* na página **132**) terá a possibilidade de trabalhar com os EUA e todos os países que utilizem o inglês internacional (o qual segue maioritariamente o padrão norte americano) e com os países que trabalhem com o Português Europeu, que são Portugal e os Países Africanos de Língua Oficial Portuguesa (abreviadamente, PALOP).

Em segundo lugar, terá de definir as suas próprias políticas de trabalho, isto é, aquilo a que normalmente se chama "Termos e Condições de Serviço" (TCS). Há países onde estes documentos necessitam de ter dez ou mais páginas (como nos EUA, onde existe pouca regulamentação governamental, e as empresas têm de definir todas as regras de negócio), e outros países onde um ou dois parágrafos de regras de funcionamento é o suficiente (por exemplo, Portugal e a União Europeia possuem imensa regulamentação e limitações contratuais, pelo que os TCS podem ser mais reduzidos). O ideal será navegar por várias empresas da especialidade, nacionais e estrangeiras, e ver como estas empresas apresentam os respetivos Termos e Condições de Serviço — mais adiante especifico a forma como se fornecem os serviços de tradução às empresas, as formas de pagamento, a responsabilidade civil, etc.

Em terceiro lugar, terá de estabelecer como irá receber os pagamentos dos seus clientes — veja estas explicações detalhadas no subcapítulo *5.8 Que preços cobrar e como receber?* na página **155**.

Por último, terá de se coletar junto do fisco e da Segurança Social como profissional liberal ou empresário (em nome individual ou coletivo).

> Há, em Portugal, alguns portais estatais que são um bom lugar para tratar destes assuntos legais — ver os recursos úteis no nosso sítio Web de apoio em www.traducaotecnica.pt.

Terminadas estas tarefas burocráticas, passemos agora à ação de encontrar trabalho junto de potenciais clientes diretos.

Pesquisar na Web

A Internet é um ótimo lugar para encontrar clientes diretos. Quando pesquisar dever-se-á perguntar a si mesmo: "Quem necessita dos meus serviços?" A resposta não é assim tão complicada como se possa imaginar:

- empresas multinacionais ou com escritórios no estrangeiro,
- empresas de importação e exportação,
- sucursais ou filiais de empresas estrangeiras,
- escritórios de advogados,
- fabricantes, etc.

Há tantos anúncios para tradutores que seria impossível poder vê-los a todos. É uma boa prática estabelecer uma série de rotinas de procura onde possa encontrar rapidamente os anúncios de trabalho que pretende.

Proceda da seguinte forma:

Crie uma pasta de favoritos onde irá colocar os sítios Web dessa rotina; desta forma não só sistematiza a sua pesquisa mas também poupa imenso tempo — uma vez que já selecionou previamente os sítios Web que lhe parecem ser os mais úteis e de maior qualidade.

Coloque nessa pasta os sítios Web profissionais que considere mais relevantes. Poderá adicionar continuamente outros sítios Web de igual qualidade que vá encontrando noutras pesquisas. Existem alguns bons portais de tradução que poderão ser a fonte de trabalhos de tradução.

Verifique todos os trabalhos antes de se candidatar. Concentre-se nos tipos de trabalho que proporcionem os ganhos mais elevados, atentando, contudo, na sua viabilidade em termos de prazos e área de especialização. Alguns projetos, como a conversão de materiais dos média poderão ser demasiadamente pesados em termos de carga horária e com prazos tão curtos que o possam impedir de realizar outros projetos em que esteja envolvido.

Muitos tradutores dececionam-se facilmente ao receberem várias respostas negativas; outros nem sequer tentam abordar as empresas porque pensam que "esta empresa é muito grande; com certeza contratam os seus próprios tradutores ou trabalham apenas com agências de tradução importantes". Contudo, mesmo as empresas que tenham tradutores internos precisam de outros tradutores, especialmente em alturas de maior carga de trabalho ou em projetos extraordinários de maiores dimensões, preparação de apresentações, conferências, campanhas, concursos, etc. Se você estiver na base de contactos destas empresas poderá ter a possibilidade de ser contactado.

Presença online

Uma outra forma de encontrar trabalho é a de anunciar na Internet através do seu próprio sítio Web.

As empresas e as pessoas singulares recorrem muitas vezes à Web quando precisam de um tradutor. Um sítio Web representa algum investimento — bastante menor do que se possa imaginar — mas será rentável se houver uma boa gestão de conteúdos e de publicidade.

Os conteúdos devem espelhar os seus serviços, e deverão ser úteis e informativos. Palavras vagas, jargão profissional que mais ninguém percebe e autopanegíricos não são informativos e fazem qualquer cliente perder a paciência e continuar à procura de outra empresa que os ajude naquilo que precisam.

Um sítio Web, para ser eficaz, tem de ser inscrito nos motores de busca, a que se deve acrescentar um plano de *"pay-per-click"*, tal como o *Adwords* da Google ou o *Yahoo! Search*. Este tipo de planos publicitários faz com que, ao ser efetuada uma pesquisa no motor de busca, seja mostrada uma hiperligação para o seu sítio Web no topo central ou no lado direito do navegador. O sistema funciona através de palavras-chave que o utilizador insere na janela de procura, tais como "tradutores técnicos" ou "tradução inglês português". Ambos os sistemas são totalmente configuráveis através dos painéis de administração.

Confiança e profissionalismo

Uma boa maneira de arranjar clientes diretos é a de oferecer sempre serviços de alta qualidade. Se tiver feito bem o seu trabalho como tradutor, um cliente satisfeito será a sua melhor publicidade. O cliente recomendá-lo-á a parceiros comerciais ou a amigos e assim sucessivamente.

Um tradutor deve atuar sempre profissionalmente, mesmo que não goste do cliente ou mesmo que considere que não está a ser pago como merece. Não permita que estes motivos interfiram no seu trabalho; você é um profissional e deve agir como tal. Se for sempre profissional e cumprir meticulosamente com as suas obrigações — e preferencialmente, se for mais além do que o que esperam de si — o seu nome estará sempre presente na memória dos seus clientes. É a melhor publicidade que poderá ter.

A importância do Marketing

Toda a gente que trabalha em gestão já ouviu falar dos quatro P's do *Marketing Mix*: Produto, Preço, Local (*"Place"*, em inglês) e Promoção.

Produto: no caso da indústria da tradução, o produto é constituído pelos serviços de tradução. Tudo depende da percepção que os potenciais clientes possam ter relativamente à forma como publicita estes serviços e à qualidade que imprime ao seu trabalho. Em tradução — como aliás em qualquer serviço — a qualidade é tudo. Para se atingir a confiança de um cliente, há que servi-lo para além das suas expectativas. Antes de fazer seguir o seu trabalho para o revisor, um tradutor tem de saber que a sua tradução está impoluta e livre de quaisquer erros. Uma tradução impecável poupa tempo de revisão ao revisor, e tempo, como sabemos, é dinheiro — o que é especialmente verdade no trabalho de revisão, que é cobrado à hora. Dará também uma boa imagem ao revisor, que desejará trabalhar mais vezes consigo. E como sabemos, as agências de tradução gostam de reter os melhores tradutores para quaisquer trabalhos que surjam.

Preço — o preço é a quantia de dinheiro que um cliente paga pelo produto. O preço é assaz importante porque determina o lucro da empresa e, portanto, a sua sobrevivência. O ajustamento do preço ao mercado tem um impacto profundo no que toca à estratégia de marketing. A elasticidade do preço do produto afeta frequentemente quer a procura quer a venda. O empresário — neste caso, o linguista ou o tradutor — deve definir um preço que complemente os outros elementos do *marketing mix*.

Ao definir um preço, devemos estar cientes que a percepção do preço, por parte do cliente, tem a ver com o valor que ele atribui ao produto — isto é, a relação entre custo e benefício — neste caso, o valor que atribui ao trabalho de tradução. Por isso, ao estabelecer-se o preço de um produto ou serviço dever-se-á ter em conta os seguintes aspetos: os custos; o valor para o cliente; a concorrência; e os objetivos empresariais. Falaremos mais sobre que preços cobrar no subcapítulo **5.8** *Que preços cobrar e como receber?* na página **155**.

O local tem, neste caso, um duplo significado. O primeiro é a sua disponibilidade para com os seus clientes e a facilidade com que estes acedem aos seus serviços; o segundo refere-se à sua imagem, isto é, a perceção que o cliente tem de si. Se tiver um escritório aberto ao público, saiba que o mesmo terá de ter uma aparência irrepreensível, ainda que não seja nada de luxuoso. Se trabalhar a partir de casa, o seu local será muito provavelmente um sítio Web, o qual, tal como um escritório real, terá de ser impecável e bem organizado, e apresentar a informação certa na forma correta.

Quanto à promoção, há muitas maneiras de o fazer. Como mencionei acima, a Internet é uma excelente ferramenta neste aspeto. Para os prestadores de serviços, tais como tradutores, o mais importante é a comunicação e a publicidade. É importante que saiba que um tradutor, enquanto prestador de serviços, não tem as vantagens de alguém que vende um produto físico, isto é, um produto que tenha um referente visual enquanto objeto e que pode ser apresentado e anunciado através de fotos. Considerando que não podemos fazer o mesmo relativamente aos serviços, há, contudo, que criar uma imagem. Profissionalismo, qualidade e uma abordagem orientada para o cliente podem adicionar valor aos serviços prestados. A diferença entre si e outro tradutor depende do valor que você acrescentar aos seus serviços.

5.3. Trabalhar com agências de tradução

Com o advento da globalização, profissionalização e especialização, os tradutores podem oferecer os serviços a clientes de todo o mundo; por outro lado, este facto implica que as agências têm um maior leque de tradutores por onde escolher, constituindo-se assim num aumento da concorrência. Combinada com o rápido incremento das habilitações académicas dos tradutores, o aumento da concorrência traduz-se numa maior dificuldade em entrar na profissão, especialmente se você não tiver um nível suficiente de formação e de habilitações académicas.

O mercado também evoluiu para uma maior especialização, impulsionada pelo crescente leque de atividades tecnológicas. Por outro lado ainda, o aumento do conhecimento da língua inglesa no meio empresarial — e o inglês, como sabemos, é a língua franca de negócios — fez com que um número significativo de pequenas traduções quotidianas passasse a ser executado dentro das próprias empresas por funcionários não especializados em tradução, tais como secretárias e funcionários administrativos. As traduções mais especializadas e de maior monta são, contudo, deixadas às agências de tradução e aos linguistas especializados em variadas áreas de especialidade.

É por isso que trabalhar em regime de *freelance* com fornecedores de serviços de tradução (FSTs) — vulgo, agências de tradução — é uma boa oportunidade para ganhar experiência e compreender as exigências das empresas que necessitam de serviços de tradução. Assim que o tradutor tenha adquirido a experiência suficiente poderá dirigir-se diretamente aos clientes finais.

Note-se que não só não é ético entrar em contacto com os clientes das agências para quem trabalha — isto é, os clientes finais cujos trabalhos realiza para a agência — como também pode constituir uma ilegalidade (a quase totalidade das agências requer que os tradutores *freelance* assinem um acordo que incluem cláusulas restritivas nesta matéria; sobre isso falaremos mais adiante na página **159**). Neste contexto, o tradutor deverá procurar outras empresas a quem possa oferecer os seus serviços.

Basta efetuar uma breve pesquisa às páginas de recrutamento dos sítios Web das agências de tradução para se nos revelar que muitas delas requerem que os tradutores tenham pelo menos 2 a 5 anos de experiência (para além de formação superior em tradução e na língua estrangeira de trabalho, e conhecimentos específicos numa área de especialização). Este é um problema recorrente para os tradutores principiantes: como adquirir experiência se as agências não trabalham com eles, exatamente porque não têm experiência? Parece ser um círculo vicioso. Contudo, há oportunidades a que vale a pena estar atento, tais como períodos em que muitos tradutores profissionais estão de férias ou em alturas em que existe trabalho urgente a realizar e muito pouca gente disponível para o fazer — e, considerando a dimensão do mercado global, estas oportunidades abundam. A sua oportunidade chegará mais cedo ou mais tarde — especialmente se tiver habilitações académicas superiores — e terá de estar pronto para ombrear com os seus concorrentes e mesmo superá-los na qualidade de trabalho.

Thomas Edison, o famoso inventor da lâmpada elétrica e milhares de outras invenções, disse a seguinte frase, agora lapidar: *"Genius is one percent inspiration and ninety-nine percent perspiration"* — isto é, a genialidade é 1% de inspiração e 99% de transpiração. Que quer isto dizer? Que para se ser genial há que trabalhar muito até atingir um nível de profissionalismo imbatível, naquilo que os norte-americanos chamam "*second nature*", isto é, algo tão natural como a própria existência. Michael Phelps passou a maior parte da sua vida numa piscina, mais de doze horas por dia a nadar, e é hoje o maior campeão olímpico de todos os tempos. Muito trabalho dará mais tarde ou mais cedo os seus frutos... Pouco trabalho levará a lado nenhum.

Aqui estão algumas sugestões sobre como se preparar para trabalhar com agências de tradução:

1. Seja curioso e estude — deixe-me repetir: estude — as áreas de especialização que lhe interessam, incluindo
   ▶ hobbies,
   ▶ desportos,
   ▶ artes e culturas,
   ▶ profissões e setores profissionais,
   ▶ indústrias e setores produtivos,
   ▶ entre muitos outros, tantos quantos as áreas de especialidade que lhe interessem.

Não se esqueça: para se ser bom nalguma coisa há que praticar muito, muito, muito. E quando em dúvida, trabalhar muito outra vez.

2. Faça a descarga de uma ferramenta CAT para avaliação — nenhuma empresa lhe dará trabalho se não possuir uma ferramenta CAT e se não tiver prática no seu uso — e comece a praticar com os mais variados textos:
   ▶ manuais do utilizador
   ▶ código HTML de sítios Web
   ▶ textos jurídicos
   ▶ bulas médicas, etc.

Poderá encontrar tudo isto na Internet e começar a utilizar as ferramentas certas para a sua futura profissão.

> Lembre-se: a sua formação não acaba só porque terminou agora o seu Bacharelato, a Licenciatura ou o Mestrado em tradução. Antes pelo contrário, começa agora mais do que nunca.

3. Antes de aceitar qualquer trabalho, tenha a certeza de que se sente à vontade com o assunto. Se você não se sentir suficientemente competente para traduzir um trabalho, por exemplo, um manual de reparação de um empilhador, recuse o trabalho.

As normas de garantia de qualidade sublinham claramente que o tradutor deve ter um amplo conhecimento sobre a área de especialização a traduzir;

quer isto dizer que o tradutor se deve abster de realizar uma tradução numa área de especialização que está para além da sua competência — ou mesmo se não tiver as competências necessárias para efetuar, por exemplo, uma tradução técnica.

Como fornecedor independente de serviços de tradução (isto é, sendo um tradutor *freelance*), você é responsável pelos materiais que traduz e nalgumas, poucas, circunstâncias, poderá ser prudente considerar comprar um seguro profissional de responsabilidade civil.

4. Antes de aceitar um trabalho de uma agência calcule o tempo que precisará para completar o projeto e se este tempo coincide com o prazo de entrega. Você tem de saber a sua capacidade de trabalho em tradução — quantas palavras traduz e quantas revê por hora — e ter a capacidade de calcular o tempo que levará cada projeto do seu início à sua conclusão faz parte da sua competência como tradutor *freelance*.

Antes de aceitar o projeto verifique se o ficheiro abre na sua ferramenta CAT ou mesmo se a agência enviou o ficheiro correto para determinado projeto de tradução. Responda com um e-mail confirmando a sua receção do ficheiro e se este funciona perfeitamente — ou não — no seu sistema. Se o envio do ficheiro por parte da agência apenas se tratou de saber da sua disponibilidade ou do seu preço, aguarde pela confirmação da agência e pela respetiva PO (Ordem de Compra), antes de iniciar qualquer trabalho de tradução dos materiais enviados por eles. Aguarde também por eventuais instruções, memórias de tradução, glossários ou terminologias, guias de estilo, ou outras instruções que o gestor de projeto lhe possa transmitir.

A PO que a agência enviar contém normalmente as seguintes informações:

- condições de pagamento (indicando a forma e o prazo de pagamento);
- nome do gestor de projeto;
- nome, morada e contactos da agência;
- número de contribuinte (exceto no continente americano);
- descrição do trabalho, eventualmente com instruções especiais;
- contagem de palavras e/ou tempo de revisão / edição / teste de produto;
- valor total a ser pago.

5.4. Testes de tradução

As normas vigentes de garantia de qualidade exigem que o tradutor realize um teste de tradução. Diz assim a norma EN 15038:2006[168]:

> *3.2.1 Gestão de recursos humanos*
> *O Fornecedor de Serviços de Tradução deve dispor de um procedimento documentado para a seleção de pessoas com as habilitações e qualificações necessárias para a realização de projetos de tradução.*

O *"procedimento documentado"* que a norma refere traduz-se precisamente na realização de um teste. Os testes, se passarem o crivo da revisão, são depois arquivados juntamente com o restante processo do tradutor. Alguns testes são remunerados, outros não; depende da necessidade e da dimensão da agência e da disponibilidade e vontade do tradutor em realizar o teste, seja ele gratuito ou remunerado.

Contudo, é conveniente que saiba que as agências com um mínimo de qualidade, na Europa e um pouco por todo o lado, não o irão contratar sem fazê-lo passar pelo crivo do teste. Esta é uma das formas que as agências têm de salvaguardar o controlo de qualidade e cumprirem com os requisitos da norma.

Há muitos anos atrás, antes das normas entrarem em vigor, os testes eram realizados segundo o critério de cada agência de tradução. No entanto, após os EUA e a UE perceberem que teriam de aplicar alguma forma de controlo de qualidade, os testes passaram a ser prática comum como forma de garantir a qualidade técnica dos tradutores sempre que um tradutor seja candidato a trabalhar para uma agência.

Cada teste não deverá ter muito mais do que 300 palavras por área de especialização. O tradutor terá de efetuar um teste por cada área de especialização, por exemplo, um teste sobre tradução de marketing, outro sobre indústria transformadora, outro sobre tradução jurídica, e assim por diante; os testes serão tantos quantas forem as áreas de especialização com que o tradutor trabalhe.

Contudo, se você estiver muito interessado em trabalhar com uma agência específica, é uma ideia sábia disponibilizar-se para lhes enviar amostras do trabalho que tenha feito anteriormente em áreas temáticas específicas.

Também se deve disponibilizar para lhes enviar quaisquer cartas de referência que possa ter.

No entanto, se estiver muito ocupado com trabalho e se a agência lhe pedir para fazer um teste não remunerado, terá sempre a hipótese de declinar educadamente a realização do teste, dizendo que de momento está muito ocupado com trabalho remunerado para poder despender de tempo com testes de tradução não remunerados. Quem sabe se eles mudam de ideias e lhe oferecem um teste remunerado.

Porém, se você está ainda a começar a sua carreira e não tem muito trabalho para fazer, não o vai prejudicar se traduzir 300 palavras de graça. Afinal de contas, não será um iniciado na profissão para o resto da sua vida, não é verdade?

> Comece por realizar alguns testes de tradução no nosso sítio Web em www.traducaotecnica.pt.

5.5. Curriculum Vitae e autopromoção

As empresas de tradução recebem centenas de candidaturas de tradutores; por outro lado, a globalização do mercado permite o acesso fácil a milhões de empresas em todo o mundo. Como pode um tradutor destacar-se dos restantes competidores neste mercado global?

O seu Curriculum Vitae deve apresentar o melhor de si, embora não deva exagerar nas suas capacidades. Lembre-se especialmente de não exagerar na dimensão do seu CV. Seja sintético.

Internacionalmente, qualquer CV com mais de três páginas é excessivo. Nos EUA, nos tempos remotos em que se enviavam CVs em papel, um CV que tivesse mais de três ou quatro páginas tinha um destino imediato: o caixote do lixo, sem sequer olharem para ele. Acima de tudo, não mace ninguém com palavras estereotipadas, tais como "fulano é proactivo na gestão pessoal". Isto quer dizer precisamente o quê? Exatamente. Há que ser preciso e afirmar claramente quais as vantagens que você trará à empresa — pense naquilo que poderá trazer de especial e de único à empresa ou à agência.

Deve ter sempre uma versão atualizada do seu CV, produzida em versão de papel e em versão digital. A versão de papel deverá ser impressa em papel de boa qualidade e deverá enviá-lo por correio num envelope grande e rígido que não permita ser dobrado — porém, já são raras as situações em que se envia um CV por correio normal. O seu CV deverá apresentar o seu nome proeminentemente no cabeçalho superior, o qual deverá ser repetido num formato mais simples em todas as páginas seguintes.

O formato digital deverá ser em PDF, nunca em formato DOC ou RTF. Você pode converter quaisquer documentos de texto para PDF através de um *plugin* gratuito de impressora virtual, tal como o doPDF[169].

Acima de tudo, NUNCA se deverá oferecer para traduzir para línguas que não sejam a sua língua materna ou uma língua comprovadamente de uso habitual — no caso de ser bilingue — pois isso mais não é do que amadorismo.

Deverá descrever os tipos de tradução que realiza e quaisquer outras aptidões que tenha para oferecer, tais como a criação de conteúdos, escrita técnica, revisão ou edição, etc. Deverá salientar quaisquer competências que possua. O seu CV deve demonstrar claramente as suas habilitações académicas. As habilitações académicas em ensino superior e formação profissional são algumas das qualidades que mais interessam aos fornecedores de serviços de tradução.

Descreva quaisquer experiências de trabalho relevante realizado até à data na área da tradução. Os FSTs interessam-se particularmente por pessoas com formação e experiência de trabalho noutras áreas profissionais para além da linguagem, por exemplo, na área da engenharia, direito ou turismo. Mas recordo que a formação na área linguística ou tradução é fundamental, especialmente no que toca ao respeito pelas normas internacionais.

Indique ainda quaisquer outros interesses especiais ou aptidões não linguísticas particulares que possa ter, uma vez que estas podem ser relevantes para futuros trabalhos que lhe solicitem, tais como mergulho, desportos radicais, ou artes plásticas.

Mencione num lugar de destaque do CV quaisquer filiações com associações profissionais que possa ter. Se puder, disponibilize — ou ofereça-se para disponibilizar no futuro — referências de antigos empregadores em vez de referências de antigos professores. A opinião de um empregador tende a ser mais crítica, e é isso que os *Vendor Managers* querem saber.

Liste o equipamento informático (computadores, impressoras, scanner, etc.) e o software com o qual esteja familiarizado, como por exemplo ferramentas

CAT (Wordfast, Trados, etc.) ou ferramentas de produtividade (MSOffice, Libre Office, Adobe Dreamweaver, etc.).

Dê à agência uma ideia da sua produtividade — se possuir alguma — por exemplo:
- número de palavras traduzidas por hora,
- número de palavras revistas por hora,
- dias da semana em que trabalha,
- controlo de qualidade que procura implementar nos seus trabalhos, etc.

Curriculum Vitae Europass:
Na Europa, será uma boa ideia ter uma cópia do CV no formato do *Europass*[170], ainda que este tipo de CV deva ser evitado fora da Europa, especialmente nos EUA. As políticas de antidiscriminação norte americanas desaconselham a colocar quaisquer fotos ou referências à sua idade nos CV enviados para os EUA (que por lá se chamam *Resume*). O facto de incluir uma fotografia ou indicação da sua data de nascimento no CV que enviar para os EUA dá lugar a desqualificação imediata, pois nenhum empregador americano quer ser acusado de favoritismo na seleção dos colaborados relativamente a aspeto físico ou idade do candidato. O que mais importa nos EUA é sua experiência laboral e as suas habilitações académicas.

NOTA: O preenchimento do CV *Europass* é obrigatório quando se traduz para a Comissão Europeia ou organismos da União Europeia[171].

Outra boa estratégia é fazer um bom uso das redes sociais — Facebook, LinkedIn, etc. — como CV dinâmico e sempre atualizado. Isso também implica que terá de ter cuidados adicionais com os conteúdos que coloca nessas redes online — fotos em fato de banho e paródias não ombreiam bem com um CV profissional. Lembre-se de que tudo o que colocar online ficará para sempre no universo digital da Web. O seu passado nunca será apagado, portanto seja responsável com o que publica online.

Procure a ajuda de colegas para que estes possam avaliar os seus pontos fortes e em como promovê-los, e que possam também discutir os seus pontos fracos e em como corrigi-los. Se se associar a redes internacionais ou fóruns de discussão online, procure falar com outros membros sobre as suas dúvidas.

Pode ainda tirar partido do nosso sítio Web de apoio a este livro em www.traducaotecnica.pt e lá encontrará hiperligações adicionais para apoiar a sua promoção.

5.6. Carta de apresentação

Escreva uma carta de motivação individual para cada destinatário e não se esqueça de a assinar! Se utilizar uma carta em versão digital poderá assiná-la igualmente adicionando ao documento a sua assinatura digitalizada em imagem. Certifique-se de que envia a carta à pessoa correta da organização a que se está a candidatar. Internacionalmente, os responsáveis dos FSTs pela contratação de tradutores têm normalmente o título de *"Vendor Managers"*.

Peça a alguém para rever a sua carta e a sua candidatura, especialmente se não estiver a escrever na sua língua materna. Se estas contiverem omissões ou erros que sejam fruto de negligência ou desleixo, você não terá uma segunda oportunidade. Certifique-se de que envia um exemplo ou amostra do seu trabalho se o mesmo tiver sido solicitado. Na verdade, é uma ótima ideia ter amostras e exemplos do seu trabalho já preparados para o caso de lhe serem pedidos por um cliente ou agência.

5.7. Diário de candidatura

Mantenha um diário para saber que candidaturas enviou e a quem as enviou, e efetue um contacto de acompanhamento na semana seguinte para se certificar se os seus dados foram recebidos. Também deverá informar as empresas a que se candidatou acerca da alteração de quaisquer circunstâncias, como um novo software de computador que tenha adquirido ou novas qualificações ou habilitações académicas que tenha obtido. Se ainda assim não obtiver nenhuma resposta, seja educado mas implacável, telefone e peça algum *feedback*. Contudo, deverá estar preparado para aceitar críticas construtivas.

5.8. Que preços cobrar e como receber?

Antes de realizar qualquer trabalho é conveniente que já saiba como irá orçamentar o trabalho, quanto irá cobrar e como irá receber.

Começando pelo recebimento, convém que saiba que a maior parte das agências na Europa pagam através de transferência bancária e nos EUA dão preferência ao sistema Paypal — ou por cheque, se for lá residente. Já pouco se usam os cheques na Europa, por questões que se prendem com a falta de provimento e os gastos com a emissão de cheques e do seu consequente envio por correio.

Os sistemas de transferência bancária nos EUA são bastante mais complicados do que na Europa, por isso utilizam o Paypal ou os cheques com maior frequência — nos EUA, um cheque sem provimento (isto é, sem cobertura) é um ato criminal grave com direito a prisão efetiva, por isso muito poucos o fazem deliberadamente. E como todos sabemos, a justiça americana é célere.

É, portanto, uma boa ideia ter uma conta bancária que lhe dê acesso via Internet à qual possa ligar uma conta Paypal (a qual também deverá abrir antes de iniciar a atividade; é gratuita).

Algo importante a reter é que as agências internacionais pagam normalmente entre 30 a 45 dias da data de emissão da fatura que você lhes enviar. Quando emitir a fatura à agência, não se esqueça de mencionar o número e data da PO (Purchacing Order / Ordem de Compra), menção sem a qual não lhe será possível emitir o pagamento.

Há cinco formas de orçamentar os projetos para um mesmo cliente:

- **Tarifa fixa** — cobra uma mesma tarifa, qualquer que seja a dificuldade do projeto; numa situação destas será uma boa ideia encontrar um valor intermédio para os vários tipos de trabalho que realiza para um mesmo cliente;
- **Tarifa variável** — você cobra uma tarifa diferente consoante o tipo de projeto e consoante a dificuldade de cada trabalho;
- **Tarifa variável dentro de um mesmo projeto** — cobra uma tarifa diferente, dentro de um mesmo projeto, de acordo com níveis de dificuldade diferentes (por exemplo, traduzir uma especificação é mais complicado do que traduzir um documento de ajuda ao utilizador); por outro lado, poderá ter de tarifar uma parte do projeto por palavra para a parte de tradução e aplicar uma tarifa horária para a parte de formatação e preparação de documentos, por exemplo;
- **Tarifa mínima** — para projetos pequenos é conveniente ter uma tarifa mínima em vez de tarifa por palavra. Muitos tradutores cobram a mesma tarifa mínima para tradução e para tarifa horária de revisão;
- **Tarifa de revisão** — deverá cobrar uma tarifa de revisão, que corresponde ao número de palavras revistas por hora. Tenha em consideração que é mais rápido rever texto do que traduzi-lo, mas há também que ter em consideração que o nível de análise e justificação de correções exigido a um revisor / editor é muito mais elevado do que a um tradutor.

Manual Prático e Fundamental de Tradução Técnica | 157

Uma boa ferramenta gratuita para efetuar contagens de palavras e relatórios de orçamento em documentos RTF, MSWord, WordPerfect e TXT é o programa gratuito *Freebudget*[172], recomendado pela GALA (*Globalization and Localization Association*). O programa *Freebudget* possui uma interface simples que permite efetuar várias operações:

- orçamentação por palavra, carácter, linha, página ou hora
- cálculo interno de repetições
- estimativa de tempo de projeto
- conversor de moeda

O programa possibilita a inserção de todas as variáveis orçamentais que permitirão ao programa efetuar os cálculos.

Há outras opções à sua escolha para ter uma ideia de quanto deve cobrar:

- consulte os sítios Web das associações profissionais de tradutores no mercado-alvo com que quiser trabalhar;
- consulte sítios Web agregadores e de emprego onde possa encontrar informações sobre salários de tradutores.

> Consulte o nosso sítio Web de apoio a este manual, onde encontrará hiperligações para várias fontes de informação sobre orçamentação em www.traducaotecnica.pt.

Façamos um cálculo exemplificativo:

1. em Nova Iorque (EUA), um tradutor que trabalhe por conta de outrem aufere uma média bruta de $ 50.450,00 USD[173] por ano;
2. divide-se este valor por 12 meses — nos EUA não existem os 13º e 14º meses de salário — resultando em $ 4.204,16 por mês;
3. divide-se este valor por 22 dias úteis de trabalho por mês, o que resulta em $ 191,09 por dia;
4. finalmente, divide-se este valor pelas 8 horas de trabalho de um dia, cujo resultado é $ 23,88 por hora.

Contudo, este é o salário bruto (antes de descontos) de um tradutor trabalhador por conta de outrem. Relativamente a um trabalhador independente — como é o caso de um tradutor *freelance* — há que fazer mais algumas contas, uma vez que o tradutor *freelance* incorre noutras despesas decorrentes da sua atividade profissional por conta própria, que poderão ser, por exemplo,

- transportes para visitar clientes
- equipamentos (um computador de 3 em 3 anos)
- software (sempre atualizado)
- sítio Web (construção, manutenção e serviços Web, como domínios e alojamento)
- eletricidade
- renda de um espaço ou alocação de uma parte da casa para a sua atividade
- telefone, fax, telemóvel e outras telecomunicações
- despesas de Internet
- assinaturas profissionais
- certificações
- materiais e campanhas de marketing
- materiais de papelaria
- formação

Ainda que estas despesas possam ser de alguma forma abatidas como despesas de funcionamento, são valores que foram gastos para fazer face às operações do dia a dia.

Há que somar todas estas despesas — ou achar a estimativa anual — e dividir como fizemos acima para o salário do tradutor em Nova Iorque. O valor resultante será adicionado aos rendimentos e esse será o valor que temos de cobrar aos nossos clientes.

Depois há ainda que comparar esse valor com os valores da concorrência e vermos se estamos na média, ou acima, ou abaixo dela e proceder aos ajustamentos necessários. Lembre-se também de deixar dinheiro de lado para pagar os seus impostos. O ideal é deixar de lado cerca de 30% para contribuições fiscais. Se sobrar, melhor.

Certifique-se que cobra o suficiente aos seus cliente e às agências para que tenha lucro com o que faz. Não faz sentido que seja de outra forma. Se começar a sua carreira a cobrar preços abaixo da média, certifique-se que os vai subindo à medida que vai ganhando experiência. Contudo, não embarateça o seu trabalho; cobre aos seus clientes aquilo que pensa que o seu trabalho vale e procure estar dentro da média de tradutores de qualidade. Não se esqueça que a perceção geral é a de que se recebe aquilo que se paga. Se se pagar pouco, normalmente não se espera receber produtos ou serviços de alta qualidade. Reflita nisso.

As tarifas variam de país para país, de par linguístico para par linguístico — por exemplo, as tarifas do par chinês ◇ português serão forçosamente mais caras do que as do par inglês <> português, pois a oferta deste último é bastante superior; as tarifas também variam segundo as áreas do conhecimento — por exemplo, traduzir materiais para a indústria aeronáutica é bastante mais complicado do que traduzir um manual de formação para tratadores de cães; tenha em consideração todos estes fatores quando estiver a criar um orçamento.

> Para mais informação, veja as nossas listas de verificação (*checklists*) no nosso sítio Web de apoio em www.traducaotecnica.pt.

5.9. Contratos de trabalho

Quando trabalhar com agências, muitas têm um contrato que quererão que você assine. Eu, pessoalmente, assinei alguns contratos, mas contrariamente a esta tendência, os meus maiores e melhores clientes nunca me pediram para assinar quaisquer contratos. Também me recusei a assinar alguns contratos porque os achei ilegais ou antiéticos.

Há agências que pedem ao tradutor para que este simplesmente elimine do formulário de contrato as cláusulas com as quais não concorda, mas estas agências são raras; a maior parte das agências recusam-se a trabalhar consigo se você não concordar com o contrato. Penso que a regra de ouro deverá ser a seguinte: certifique-se de que lê e compreende todo o contrato e nunca assine nada com que não concorde!

Uma outra boa forma de se salvaguardar de infrações a contratos é a de não aceitar participar num qualquer trabalho que esteja para além das suas capacidades. Recuse participar em quaisquer projetos em que não se sinta preparado para trabalhar. Na realidade, não vale a pena o esforço de ter de lidar com assuntos com os quais não está familiarizado, ou arriscar-se a não conseguir cumprir com os objetivos traçados pelo gestor de projeto e pôr em causa a sua idoneidade e uma qualquer cláusula de não cumprimento do contrato que possa ter com a agência.

Percebo a necessidade de um contrato, mas se a possibilidade de trabalhar com uma agência dependesse de contratos que incluam cláusulas tais como as que estou a listar abaixo, então temo que pura e simplesmente não concordaria com esse tipo de contratos e não trabalharia com eles de todo. Já o fiz no passado e não hesitarei em fazê-lo no futuro.

Seguem-se alguns bons exemplos de termos e condições contratuais extraídos de contratos verídicos apresentados a tradutores *freelance*, os quais eu nunca concordaria em assinar:

> - "*O tradutor não solicitará, direta ou indiretamente, nenhuma ação que possa instar ou causar, aliciar, induzir ou tentar desviar, atuais, futuros ou potenciais clientes da agência, de forma direta ou indireta...*".

Claro está, qualquer cliente se pode tornar num cliente potencial de qualquer agência. Isto quer dizer que ao assinar um contrato com uma cláusula como esta, você estaria efetivamente a acabar com a sua carreira como tradutor *freelance*. Com certeza, deverá estar preparado para prontamente concordar em não aliciar quaisquer clientes que você saiba de antemão que são clientes atuais da agência com que trabalha, mas não deveria concordar com a parte relativa a futuros ou potenciais clientes.

> - "*Se quer a agência quer o cliente não aceitar uma tradução do tradutor, o tradutor não terá direito ao pagamento pelos serviços prestados*".

Teria de haver uma razão muito forte para existir uma rejeição de um trabalho de tradução — tais como erros grosseiros sucessivos do tradutor ao enganar-se nos pares linguísticos, ou um conjunto demasiadamente significativo de erros binários! E no caso de você discordar das razões apresentadas, o problema teria de ser apresentado a uma parte terceira independente para avaliação e arbitragem. Como vemos, esta era outra cláusula prepotente. Aqui está outra:

> - "*Os honorários do tradutor não serão pagos até que o cliente pague à agência pelo projeto. Depois do cliente efetuar o pagamento, a agência efetuará então o pagamento ao tradutor na próxima data disponível em que a agência realiza regularmente o pagamento das suas contas a fornecedores*".

Se estiver a assinar um contrato de agência, então o seu contrato é celebrado com a agência, não com o cliente final. O tradutor nada tem a ver com a determinação das condições de pagamento acordadas entre a agência e o cliente final. Você deverá recusar ser pago por serviços prestados por si e que dependam do pagamento do cliente final à agência.

> *"O tradutor deve indemnizar a agência e mantê-la isenta de danos por responsabilidade ou perda contra todas as reclamações ou ações baseadas ou decorrentes de prejuízos ou danos a pessoas ou propriedade, causados por ou sustentados em conexão com a execução do contrato ou por condições assim criadas, ou com base em violação de qualquer lei, portaria e/ou na defesa de qualquer dessas declarações. Especificamente, o tradutor deve indemnizar a agência e mantê-la isenta em qualquer processo judicial instaurado contra a agência como resultado de uma tradução imprecisa ou inaceitável e será responsável por todos os custos, incluindo honorários legais razoáveis, gastos pela agência na defesa de tal ação judicial".*

Devo-vos dizer que esta cláusula é muito comum em agências internacionais, especialmente as que têm atividade comercial nos EUA, mas cabe ao tradutor decidir se quer deferir uma cláusula tão aberrante como esta! Por que razão deveria o tradutor assinar a alienação dos seus direitos e aceitar toda a responsabilidade daí decorrente? Qual é aqui exatamente o papel da agência? Será que esta não tem implementado um sistema de garantia de qualidade?

Não nos devemos esquecer de que a assinatura de um documento que é um contrato legal acarreta responsabilidades para quem o assina. Por exemplo, raras são as pessoas que leem os termos e condições obrigatórios quando se registam nos sítios da Internet, mas clicam na caixa respetiva afirmando que concordam com os mesmos. Eu sou um dos poucos que os lê, e acreditem, já recusei registar-me em muito sítios por causa disso.

Há que ter muito cuidado com o que se assina, não vá dar-se o caso de destruir a carreira antes de a começar.

No nosso sítio Web de apoio existem várias minutas de contratos que podem servir de exemplo a bons contratos de serviços *freelance* (em português e inglês). Visite-nos em www.traducaotecnica.pt.

5.10. Evitar problemas

O que deve evitar a todo o custo:

- Se teimar em começar uma frase ou um parágrafo com letra minúscula — exceto em listas — duvido que os seus potenciais clientes lhe confiem trabalhos de tradução ou quaisquer outros trabalhos na área da linguística. Se a sua escrita não for irrepreensível, que mais terá para mostrar aos seus clientes?
- Se não mencionar o seu par linguístico ao oferecer os seus serviços, vai ser difícil arranjar trabalho. Mencione as suas línguas de trabalho nos parágrafos iniciais da sua mensagem, não no fim.
- Não dê dores de cabeça aos seus potenciais clientes ou agências através de emails irritantes ou mesmo subscrevendo-os nas suas *mailing lists* que eles terão de gastar tempo para anular; nem envie aos clientes ou agências pedidos de amizade para páginas de redes socias onde irão ser bombardeados por joguinhos online para os quais nenhum profissional tem paciência.
- Se afirma que consegue traduzir em quatro línguas diferentes e em 26 áreas de especialização distintas, ninguém vai acreditar em si.
- Não escreva as suas mensagens apenas com letras maiúsculas. É rude e ofensivo.
- Nenhuma empresa séria (repito: séria) estará interessada em trabalhar com pessoas que se anunciam como "força de trabalho barato" ou gente pronta a "escravizar-se para o benefício da empresa".
- Lembre-se de utilizar os decimais corretos quando apresenta as suas tarifas. Não se esqueça de que os decimais (pontos ou vírgulas) são diferentes dependendo da língua que esteja a utilizar.
- Não se vanglorie de conseguir traduzir mais de 10.000 palavras da noite para o dia, porque todos pensarão imediatamente que a qualidade do seu trabalho é deficiente.
- Ao contactar uma empresa ou agência, tenha a certeza de que faz o seu trabalho de casa e que tudo o que escrever na sua mensagem terá a ver com a empresa que está a contactar. Não há pior para uma empresa do que receber aquilo que em inglês se chama "*cookie-cutter mail*", isto é, receber mensagens que são idênticas e que são copiadas para serem enviadas a todos os potenciais clientes. Isso nota-se muito facilmente. O retorno é zero — para além de desrespeitar a individualidade das pessoas. Já coloquei imensos tradutores pseudoprofissionais nas listas negras dos meus endereços de email por causa de atitudes como essas.

Se estas são algumas das coisas que deve evitar fazer a todo o custo, outras há, de igual relevância, nas quais deve ponderar antes de tomar qualquer atitude.

Na ânsia de ganhar contratos, especialmente em alturas de maior crise e escassez aparente de clientes — digo "escassez aparente" porque as pessoas tendem a cingir o seu mundo àquilo que conhecem na sua proximidade, e esquecem-se que na verdade, o mundo é vasto em recursos e oportunidades — os tradutores tendem a aceitar quase tudo o que se lhes apresenta como potencial cliente. Muito má estratégia.

5.10.1. Evite os "esquemas" cibernéticos

Existe muita gente por esse mundo fora que está à espera dos descuidos dos outros para literalmente lhes roubar dinheiro e se aproveitarem da sua necessidade. Impõe-se que use o seu bom senso e extremo cuidado de forma discricionária. Se as oportunidades de realizar bons negócios aumentaram exponencialmente com o advento da Internet, o mesmo aconteceu com o risco de ser apanhado nas malhas dos criminosos cibernéticos. Mas há formas de agirmos contra eles.

Quer seja contactado por uma empresa, ou por um potencial cliente ou agência que não conhece, as ofertas de emprego poderão tornar-se complicadas se você não souber lê-las nas entrelinhas. Vejamos as linhas mestras do bom senso ao receber uma proposta de trabalho de uma entidade que não conhece:

- não aceite um trabalho sem saber quem é o cliente;
- verifique exaustivamente quem é a pessoa ou a empresa que o está a contactar — procure o seu sítio Web. Se o domínio não estiver expresso no email do cliente, pode utilizar o bloco de texto do domínio do endereço de email (por exemplo, ze.ninguem@**nome-da-empresa.com**). Contudo, se a empresa não mencionar a existência de um sítio Web, desconfie; quase todas as boas empresas têm um;
- se o endereço de email for de um servidor de email gratuito, como o Yahoo ou Gmail tenha cuidados extremos e acrescidos. Raros são os empresários que utilizarão os seus endereços pessoais de email para fins comerciais;
- procure obter todos os contactos de trabalho da pessoa e da empresa, não apenas um endereço de email;

- lembre-se ainda que muitos "esquemas" cibernéticos partem de delinquentes que usam indevidamente os sítios Web das associações de tradutores para contactar profissionais com o intuito de os ludibriar. Os criminosos procuram contactar as pessoas através dos meios que parecem mais legítimos;
- procure saber mais acerca da empresa em questão nas associações comerciais ou câmaras de comércio locais da zona dessa empresa — não se esqueça também de que os pagamentos não são à vista mas sim a crédito; portanto, ao trabalhar a crédito, há que acautelar com quem irá trabalhar e ter a certeza de que receberá o fruto do seu trabalho;
- obtenha uma **PO** (internacionalmente, uma "*Purchase Order*" ou, em português, "*Ordem de Compra*", apesar de se utilizar também a sigla "**PO**") por escrito antes de começar qualquer projeto.

Os "potenciais clientes" que se apresentam apenas através de um email sem mais informações empresarias são seguramente um esquema para lhe extorquir dinheiro. Alguns dos esquemas possíveis são o envio pelo dito "cliente" de "pagamento a mais" através de um cheque ou de um vale postal falsos, e pedir-lhe-ão para retornar o excesso — o que tem o nome de "crime de extorsão". O resultado é a consequente perda do seu dinheiro e do seu tempo.

Todas estas ações são para a sua proteção, para que não caia nas armadilhas dos internacionalmente chamados *scammers*. Com tantos negócios a serem efetuados através da Internet, você, enquanto tradutor, precisa de saber como encontrar o seu cliente no mundo real, se assim o necessitar, seja pessoalmente, seja por telefone. Se o cliente ou agência estiverem nos EUA, há uma instituição americana chamada *Better Business Bureau*, que possui informação acerca de empresas e de potenciais reclamações contra elas. Esta instituição permite-lhe ainda ver se há processos judiciais contra uma determinada empresa.

Consulte o nosso sítio para várias hiperligações de instituições úteis como estas: www.traducaotecnica.pt.

5.10.2. Faça aquilo que sabe

Não seja tímido. Dê enfase à experiência que tem e àquilo que sabe, e não se detenha naquilo que não sabe. Contudo, não aceite trabalhar num projeto para o qual não está preparado. É uma atitude profissional saber recusar trabalhos de tradução sobre os quais não tem qualquer experiência. Recusar um trabalho destes só demonstra o seu profissionalismo e é uma prova que conhece as suas qualidades e as suas limitações. Com efeito, a recusa de um trabalho não o fará perder todos os outros trabalhos com essa agência para o seu par linguístico; pelo contrário, mostra o seu sentido de responsabilidade.

Por outro lado, se se quiser iniciar numa área de especialização para a qual não possui experiência, o ideal será efetuar um trabalho nessa área e contratar um revisor especializado na área para que lhe reveja o trabalho antes de você o enviar à agência. Com certeza aprenderá bastante com os comentários de revisão e será um bom investimento a longo prazo.

5.10.3. Cuidado com os prazos

Algo que deve fazer antecipadamente é saber quantas palavras traduz por hora. Faça um teste a si mesmo. Faça o descarregamento de uma ferramenta CAT para avaliação (normalmente 30 ou 60 dias antes de ter de a adquirir). Uns dias antes de a instalar, faça também o descarregamento dos manuais em PDF e leia-os antes de ativar o programa — assim ganha alguns dias de trabalho com o programa. Depois arranje um documento na sua L2 (língua estrangeira da qual irá traduzir) e na sua área de especialização e traduza o documento. Durante o processo, conte quantas palavras traduz por hora e assim ficará com uma ideia da sua capacidade de trabalho, ao mesmo tempo que se habitua a utilizar as ferramentas certas para o seu trabalho.

Não aceite trabalhos com prazos irrealistas (isto é, prazos demasiadamente curtos para o seu ritmo de trabalho). Se o prazo proposto pelo cliente ou pela agência lhe parece demasiado curto, renegoceie o prazo. Por outro lado, pode aplicar tarifas de urgência de forma a desencorajar os clientes a pedirem-lhe prazos demasiadamente curtos. Na verdade, a maior parte dos trabalhos ditos "urgentes" acabam por não o ser assim tanto, ou não o são de todo. Para além disso, é a qualidade do seu trabalho que sofrerá mais com trabalhos realizados à pressa. E má qualidade de trabalho é a pior de todas as publicidades que um tradutor pode ter.

5.10.4. Esclareça as suas dúvidas

Se tiver alguma dúvida sobre um trabalho não hesite em fazer perguntas ao cliente ou à agência. Quando são questionadas sobre determinados trabalhos, as agências podem mesmo enviar-lhe exemplos de traduções anteriores e outra documentação colateral, materiais que funcionarão como material de referência. Por outro lado, se tiver efetuado bastantes pesquisas acerca de um termo, e ainda assim não consegue encontrar uma proposta de tradução viável, comunique-o à agência ou ao cliente. Em princípio, o cliente dever-se-á disponibilizar para explicar o conceito e, a partir daí, você poderá criar um neologismo denominativo mesmo que sintagmático com caráter explicativo (ver *2.3.3 Controlo de qualidade dos resultados* na página **60** ou *2.4 Neologia e terminocriatividade* a partir da página **61**). Evite a todo o custo a terrível "arte de adivinhação" de um termo enquanto espera que ninguém repare. Não só é antiético, como é também errado do ponto de vista do respeito que o leitor final merece.

Estes problemas de terminologia desapareceriam se o cliente ou a agência lhe enviassem uma terminologia de trabalho preparada com o cliente — contudo, muitos clientes não procuram realizar terminologias especializadas como forma de "poupança", fazendo perigar, desta forma, a consistência dos documentos monolingues e multilingues produzidos na empresa.

5.10.5. Pondere cada projeto

Não aceite realizar qualquer trabalho sem antes ver o texto a trabalhar. O que alguém poderá julgar como um texto técnico poderá afinal ser um texto científico, com estratégias sintáticas e terminologia específica para as quais você poderá não estar preparado.

Verifique também o nível de dificuldade do texto. O nível de exigência de 1500 palavras de um texto altamente especializado de montagem de uma turbina de um reator não é o mesmo que 1500 palavras de um manual de montagem de um aspirador doméstico. Tal exigência dever-se-á traduzir na diferença de ritmo de trabalho, complexidade da pesquisa e aplicação terminológicas, e no valor final do projeto — maior dificuldade, maior custo por palavra.

Verifique também com exatidão as variedades linguísticas dos texto de partida para que não haja surpresas. Imaginemos que você é especialista em inglês britânico e o texto está escrito em inglês americano do estado da Luisiana. À partida poderá parecer inofensivo, mas existem diferenças de construção textual para as quais poderá não está familiarizado, e cometer erros desnecessários.

Se lhe fornecerem uma memória de tradução e/ou um documento bilingue TTX, certifique-se de que as variedades linguísticas estão corretas nas línguas de partida e de chegada. Uma memória de tradução formatada para en_US > pt_PT não funcionará com um documento TTX que tenha sido erradamente formatado em en_US > pt_BR.

Não comece um trabalho antes de acordar o preço da sua tarifa, por escrito. Ninguém gosta de surpresas na altura de ser pago; certifique-se, portanto, que o seu cliente ou a agência estão cientes dos custos. Veja o subcapítulo *5.8 Que preços cobrar e como receber?* na página **155**.

5.10.6. Cuidado com a forma como comunica

Pense no que escreve num correio eletrónico antes de o enviar. Nunca se sabe onde o seu email poderá ir parar — talvez mesmo à caixa de correio do seu cliente ou da agência para quem trabalha! O mesmo se aplica a publicações nas redes sociais — fotos em fato de banho e em situações pouco edificantes de garrafa na mão à porta de um bar não são as melhores mensagens de publicidade e relações públicas para um profissional. Lembre-se que hoje em dia, com o advento das tecnologias da informação, somos profissionais 24 horas por dia. As redes sociais publicam tudo o que você lá colocar e que pode ser visto por potenciais clientes a qualquer hora do dia, em qualquer parte do mundo.

Por outro lado, se estiver zangado com um cliente ou com uma agência, escreva-lhes um email mas tome cuidado para NÃO o enviar de imediato; espere pelo dia seguinte para reler o que escreveu; se ainda sentir que o deve enviar, envie-o. O mesmo se aplica a qualquer correspondência entre si e os seus clientes sempre que esteja zangado com eles por qualquer razão. Às vezes, mais vale mantermos o cliente do que lhe dizermos o que nos vai na alma. Contudo, pode acontecer que você não queira de todo manter esse cliente em particular, mas lembre-se que o mundo afinal não é assim tão grande e mais vale sermos cuidadosos na forma como dizemos as coisas. Mais vale despedirmo-nos respeitosamente de um cliente que nos desagrada do que vociferarmos e parecermos agressivos. Enfim, é o seu trabalho que está em jogo; pondere as suas comunicações com os clientes e as agências.

5.10.7. Mantenha a casa arrumada

Mantenha todos os registos e cópias de documentos pelo menos durante 12 meses. Na verdade, melhor seria, à cautela, mantê-los até 5 anos. Os prazos variam dependendo da moldura legal de cada país para onde trabalha. Isto inclui cada email que envia e recebe da correspondência com os seus clientes, agências e órgãos governamentais e entidades reguladoras; inclui ainda todos os faxes, correspondência, contratos, Ordens de Compra (PO), ficheiros originais e traduzidos, memórias de tradução, terminologias, TUDO. Incluindo, claro está, as faturas — o que deverá confirmar com o fisco, pois poderá ter de manter os seus arquivos durante mais tempo.

Os materiais eletrónicos (todos os documentos que não sejam impressos em papel, em qualquer que seja o formato) deverão estar guardados em pastas com estrutura em árvore, divididas por temas e/ou anos.
De preferência, mantenha todos os seus arquivos e os documentos mais importantes — tais como terminologias, TMs, e todo o material de que necessita para trabalhar — arquivado em duplicado num disco rígido externo ou em nuvem.

Sobre os sistemas de arquivamento de documentos em nuvem veja a secção correspondente no nosso sítio Web de apoio em www.traducaotecnica.pt.

5.10.8. Cuidado com a lei

Leia ATENTAMENTE todas as cláusulas dos contratos que assinar (veja o subcapítulo **5.9 *Contratos de trabalho*** na página **159**).

6. Controlo de qualidade em tradução técnica

É senso comum na indústria da tradução pensar que a qualidade de uma tradução depende da qualidade do tradutor, e a qualidade do tradutor depende da sua formação, do seu talento, e da qualidade do texto de partida e material de referência que lhe foi distribuído. Contudo, sem uma medição minimamente precisa dos resultados e sem critérios conceptuais rígidos sobre o que é e como garantir a qualidade do que quer que seja, "qualidade", "talento" e demais substantivos adquirem valores adjetivais fortuitos, gratuitos e desprovidos de qualquer substância que proteja os clientes e os intervenientes no processo produtivo de uma tradução.

A qualidade não é nem pode ser algo subjetivo. Algo que é subjetivo é arbitrário e sujeito à interpretação pessoal. Mas isso não é qualidade, é simplesmente perceção, o que não é vantajoso para a indústria da tradução nem para os clientes que a ela recorrem. Se um cliente não conhecer a língua de chegada, ou não pertencer às indústrias da língua, nem for conhecedor da área de especialização abordada, muito provavelmente não saberá distinguir se a tradução tem ou não qualidade, se obedece às normas de qualidade vigentes, e se cumpre com os objetivos para que foi realizada.

É devido à falta de controlo de qualidade — e também à visão errónea da tradução como simples mercadoria — que a profissão de tradutor está assolada por miríades de amadores, curiosos e outros pseudopoliglotas que traduzem nas horas vagas, e que são responsáveis pelos salários de penúria que muitas vezes são praticados.

Por exemplo, há muitos fatores a ter em conta ao planear o desenvolvimento de sítios Web multilingues. Um deles é o de evitar uma má tradução. O efeito de uma má tradução nos motores de busca pode ser desastroso.

Empresas há que se esforçam quotidianamente por indexar corretamente as páginas dos seus sítios Web para que as hiperligações daí decorrentes possam melhorar o seu ranking nos motores de busca. Uma má tradução, ou uma tradução realizada através de um sistema de tradução automática sem pós-edição humana, pode ter efeitos funestos. Como sabemos, os textos possuem ambiguidades e polissemias, expressões idiomáticas e complexidades frásicas, construções sintáticas difíceis e conjugações verbais peculiares; em suma, diferenças linguísticas e culturais tais que um mau tradutor não saberá como resolvê-las nem um programa de tradução automática conseguirá solucionar.

Na verdade, os sítios Web que utilizam más traduções são geralmente sinalizados pelo motor de busca Google como sítios de "baixa qualidade". Portanto, isto implica uma penalização considerável nas páginas de resultados do Google, o que significa que a oportunidade deste sítio Web poder ser visitado pelo público é consideravelmente menor do que a de outros sítios com boas traduções multilingues. Má visibilidade online, para sítios Web de comércio eletrónico, traduz-se na morte do sítio e da empresa que o detém.

Com efeito, más traduções são geralmente sinónimo de desregulamentação, má gestão e laxismo empresarial, institucional e legislativo; e se há países e regiões que primam pela regulamentação e pela qualidade, outros há que pouco fazem por garantir a qualidade profissional nos seus mercados. Felizmente, pouco a pouco, as coisas têm vindo a mudar internacionalmente. Daí o advento das normas internacionais de garantia de qualidade, chamadas internacionalmente de "*Quality Assurance Standards*".

6.1. Normas de qualidade

A proficiência dos tradutores técnicos depende sobretudo da sua profunda competência linguística, combinada com as suas aptidões de tradução. Embora não tenham existido, até há algum tempo, nenhuns denominadores comuns relativamente ao que essas normas deveriam ser, estes denominadores foram recentemente definidos com grande pormenor por algumas normas e padrões internacionais.

Estas normas rejeitaram a suposição generalizada de que se alguém falar duas línguas pode interpretar e traduzir; contudo, ainda que esta suposição seja substancialmente errada, parece ainda subsistir na mente de agências pouco cuidadas, resultando na existência, dentro de um mesmo mercado, de diferentes níveis de competência e de exigência, pondo problemas de forma transversal ao setor.

O surgimento destas normas é apoiado, por um lado, pelo facto de que a maioria das línguas europeias é ensinada nas universidades por toda a Europa e, portanto, espera-se que os padrões de competência linguística sejam mais elevados, e por outro, pelos imperativos internacionais de *benchmarking* empresarial, cada vez mais em voga por todo o mundo ocidental.

Existem três normas internacionais que regulamentam o controlo de qualidade em tradução:

- **EN 15038:2006** (Serviços de tradução - requisitos do serviço — *European Standards* [EN])
- **ISO/TS 11669:2012** (Projetos de tradução — orientações gerais — *International Organization for Standardization* [ISO])
- **ASTM F2575 - 06** (Guia normativo para garantir a qualidade na tradução — *American Society for Testing and Materials* [ASTM])

Como exemplo dos procedimentos de controlo de qualidade apresentados pela EN 15038:2006, há cinco passos possíveis a dar no processo de controlo de qualidade de uma tradução — isto é, após a conclusão da tradução pelo tradutor — a levar acabo por um FST (Fornecedor de Serviços de Tradução), o qual poderá ser um indivíduo ou uma entidade, tal como uma agência de tradução (o que é mais comum):

1. **Verificação**
2. **Revisão**
3. **Edição**
4. **Revisão de provas**
5. **Verificação final**

Sob esta norma, **os passos 1, 2 e 5 são obrigatórios** em todos os projetos de tradução, sempre que o FST esteja certificado pela norma ou cumpra com o estipulado na mesma. Vejamos cada um destes passos:

1. Verificação
Após a conclusão da tradução inicial, o tradutor deve verificar o seu próprio trabalho. Este processo deve incluir a verificação de que o significado foi veiculado, que não existem omissões ou erros, e que foram cumpridas todas as especificações definidas no serviço. Ao encontrar algum erro, o tradutor deve efetuar as alterações necessárias.

2. Revisão
O FST deve garantir que a tradução é revista.

O revisor deve ser uma pessoa diferente da pessoa do tradutor e deverá ter as competências adequadas quer na língua de partida quer na língua de chegada. O revisor deve analisar a tradução relativamente à sua adequação para a finalidade pretendida. Esta análise deve incluir, conforme exigido pelo projeto, uma comparação entre os textos de partida e os de chegada relativamente à consistência da terminologia, registo e estilo.

Tendo em conta as recomendações dos revisores, o FST deve implementar as medidas corretivas necessárias.

Nota: As medidas corretivas podem incluir a retradução — isto é, uma nova tradução em parte ou no todo devido à má qualidade da primeira.

3. Edição
Se as especificações de serviço incluírem edição, o FST deve assegurar que a tradução será editada. O editor deverá efetuar uma edição monolingue de forma a avaliar a adequação da tradução relativamente ao objetivo acordado e recomendar medidas corretivas.

Nota: O exame pode ser realizado avaliando-se a tradução relativamente ao registo e ao respeito pelas convenções do domínio em questão.

Tendo em conta as recomendações dos editores, o FST deverá implementar as medidas corretivas necessárias.

4. Revisão de provas
Se as especificações de serviço incluírem a revisão de provas, o FST deve assegurar que o texto é revisto.

5. Verificação final
O FST deve verificar se o serviço fornecido responde às especificações do serviço.

Outros tópicos abordados pela norma EN 15038:2006 incluem (por ordem alfabética):

- Acordo cliente-FST
- Análise do texto de partida
- Aspetos administrativos
- Aspetos linguísticos
- Aspetos técnicos
- Competências profissionais dos editores
- Competências profissionais dos revisores
- Competências profissionais dos tradutores
- Conclusão do projeto
- Consulta e viabilidade
- Desenvolvimento profissional contínuo
- Detalhes do registo do projeto
- Gestão de recursos humanos
- Guias de estilo
- Orçamentação
- Preparação
- Procedimentos em serviços de tradução
- Processo da tradução
- Processo técnico em fase de pré-tradução
- Recursos humanos
- Recursos técnicos
- Relação cliente-FST
- Serviços de valor acrescentado
- Sistema de gestão da qualidade
- Tradução

- Gestão de projeto
- Gestão de projetos de tradução
- Tratamento das informações do cliente relacionadas com o projeto

6.2. Listas de verificação (*checklists*)

Um tradutor deverá ter uma lista de verificação — habitualmente chamada de *checklist*, em inglês — para efetuar o controlo de qualidade de cada tradução antes de a enviar ao cliente ou de volta à agência. No mínimo, a lista deve incluir os seguintes itens (a maioria dos itens pressupõe também a utilização de uma ferramenta CAT):

Terminologia

- ☑ A terminologia utilizada respeita a base de dados terminológicos fornecida pela agência / pelo cliente?
- ☑ A terminologia utilizada respeita o domínio específico / área de especialização?
- ☑ Foi criado algum neologismo? Respeita todas as normas de terminocriatividade da língua portuguesa?

Verificação (verificar a tradução a par do original, frase por frase, segmento por segmento)

- ☑ Encontrar segmentos vazios
- ☑ Encontrar segmentos não traduzidos
- ☑ Encontrar segmentos saltados (nunca abertos)
- ☑ Encontrar traduções parciais (onde foi deixado algum texto de partida)
- ☑ Encontrar traduções incompletas (que são significativamente mais curtas do que o texto de origem)
- ☑ Encontrar segmentos contendo caracteres corruptos (inválidos)
- ☑ Encontrar segmentos idênticos que são traduzidos de forma diferente
- ☑ Encontrar segmentos diferentes que são traduzidos de forma idêntica
- ☑ Comparar a pontuação no final dos segmentos
- ☑ Verificar a ausência (ou presença, se forem necessários) dos espaços antes dos sinais de pontuação
- ☑ Encontrar espaços duplos
- ☑ Encontrar pontos finais duplos
- ☑ Encontrar marcas duplas de pontuação (.,)

☑ Verificar as aspas ("«' '»")
☑ Verificar a correspondência de parênteses e colchetes
☑ Verificar os valores numéricos
☑ Verificar a formatação dos números
☑ Verificar a formatação das datas
☑ Verificar a conversão de unidades de medida
☑ Verificar a conversão de números para texto
☑ Verificar a adesão aos glossários do projeto (próprios/cliente/agência)
☑ Verificar os intraduzíveis (termos ou elementos de colocação que não devem ser traduzidos)
☑ Verificar se as etiquetas (*tags*) permanecem idênticas

Ler a tradução

☑ O significado é refletido com precisão no texto traduzido?
☑ A sua leitura flui naturalmente?

Verificação ortográfica

☑ Verificar a variedade linguística da ortografia
☑ Verificar o acordo ortográfico vigente
☑ Verificar a ortografia do texto

Procedimentos finais

☑ Atualizar a memória de tradução
☑ Limpar o texto dos segmentos de originais (se o texto for entregue ao cliente final)
☑ Gravar o texto no formato final

Pode encontrar mais listas de verificação no nosso sítio Web de apoio em www.traducaotecnica.pt.

6.3. Guias de estilo

Um "guia de estilo", ou "manual de estilo" — também "manual de redação" no Brasil — é um conjunto de orientações normalizadas para a escrita e para o design de documentos, quer para uso geral quer para uma dada publicação, organização ou área de especialização. A implementação de um guia de estilo oferece uniformidade de estilo e formatação ora num único documento, ora em conjuntos de vários documentos, ou mesmo na totalidade dos documentos de uma organização ou área de especialização.

Um guia de estilo é um manual de consulta, pelo que não necessita de ser lido pela ordem que é apresentado e define regras de acordo com a especificidade de uma área de especialização.

A utilização de guias de estilo é comum em todas as áreas de especialização:

- administração pública
- ciência
- defesa
- educação
- indústrias extrativas e transformadoras
- Internet e tecnologias da informação
- jornalismo, publicações e média
- justiça e direito
- negócios
- serviços
- telecomunicações

A par do design gráfico e da tipografia, os guias de estilo centram-se em questões de acessibilidade da legibilidade e da inteligibilidade textuais. Um guia de estilo pode incluir instruções ou escolhas no que diz respeito

- **à pontuação**: espaços, pontos finais, vírgulas, ponto e vírgula, dois-pontos, travessões, colchetes, parênteses, pontos de interrogação, pontos de exclamação, aspas, apóstrofos e acentos, códigos Unicode/ASCII;
- **à ortografia**: utilização de maiúsculas, acordos ortográficos, nomes próprios e títulos, nomes geográficos, nomes de empresas e de produtos, marcas, nomes científicos, números (frações, intervalos, algarismos romanos, datas, tempo) e unidades de medida, símbolos matemáticos e científicos, abreviaturas, acrónimos e siglas, empréstimos (palavras e frases), morfologia lexical, composição de palavras, orientações de hifenização, sistemas de transliteração;
- **à formatação, fontes e estilo de tipos**: redondo, negrito, itálico, sublinhado, opções de fonte, símbolos gerais (e.g. ©, ®, &, %, ‰, ™);
- **a adaptações**: palavras culturais e referências, formas de tratamento, segmentos fixos (preços, convenções comerciais, moradas, endereços eletrónicos, números de telefone, etc.), conversões de moeda e unidade de medida, elementos gráficos (cores, direção de leitura, etc.), outros aspetos culturais;

- **à localização de software e TI**: nomes de teclas de teclados, convenções morfossintácticas para componentes de interface de utilizador: menus, caixas de diálogo e mensagens de erro;
- **às escolhas terminológicas**: línguas controladas, vocabulário impróprio, preferências de registo e preferências do cliente;
- **aos erros comuns a evitar**: e.g., falsos amigos, cognatos, interferência de língua estrangeira, incompatibilidades de registo, etc.;
- **a diversos itens**: listas e tabelas, tamanho do papel, marcação de género, tempos verbais, notas de rodapé, bibliografias, citações, diagramas, gráficos e ilustrações, tradução das etiquetas de código (*tags*) e atributos.

7. Vocabulário da tradução, L10N, e terminologia

Será indicado o subdomínio da linguística (e.g., terminologia, lexicografia) ou a área de especialização apenas quando a entrada não o demonstre claramente ou possa produzir alguma ambiguidade ou confusão.

A

abreviação. Representação de uma unidade através de uma parte dessa unidade. A abreviação de uma palavra consiste na supressão de um seu segmento. Exemplo: metropolitano > metro.[174] Cf. **abreviatura, acrónimo, sigla**

abreviatura. Forma encurtada ou contraída de uma palavra, constituída por uma ou mais letras (geralmente as iniciais) dessa palavra, seguidas de um ponto, e que se pronuncia como se estivesse por extenso. Exemplos: V., por *você*, Dr., por *Doutor*, obs., por *observação*. Cf. **abreviação, acrónimo, sigla**

acrónimo. Palavra formada a partir de uma combinação de letras ou sílabas de um grupo de palavras, e que não se pronuncia letra a letra, mas sim como uma só palavra. Exemplos: ONU = Organização das Nações Unidas, ou SIDA = Síndroma da Imunodeficiência Adquirida (AIDS, no Brasil, que formou já a palavra "aidético", substantivo e adjetivo); Cf. **abreviação, abreviatura, sigla**

afixo. Constituinte que ocorre obrigatoriamente associado a uma forma de base. Em português, os afixos subdividem-se em prefixos, sufixos e interfixos [ou infixos, conforme a nomenclatura utilizada], consoante a posição que ocupam na estrutura da palavra. Os afixos podem participar em processos de flexão ou derivação.[175] [Isto é,] a presença de um afixo indica que a palavra em que ocorre sofreu a aplicação de um processo morfológico (derivacional ou flexional), realizado por afixação. Os afixos constituem uma classe fechada.[176]

alinhamento. É a combinação de segmentos de um texto de partida com as respetivas traduções no texto de chegada para criar uma memória de tradução. O processo de alinhamento é facilitado pela utilização de ferramentas CAT, mas, frequentemente, requer ainda o esforço manual do gestor de projeto ou do tradutor. Um alinhamento guarda o texto traduzido numa memória de tradução, permitindo que o cliente possa utilizar as traduções anteriores em projetos futuros, poupando tempo e dinheiro, e ganhando em coerência e uniformidade documental e terminológica.

amálgama. Forma de neologia que consiste na criação de novas unidades lexicais a partir da fusão de duas ou mais palavras truncadas. É um procedimento neológico muito utilizado na construção de nomes comerciais, como se pode ver dos exemplos que se seguem. Ex.: Portucel SA (empresa **port**u**g**uesa de **cel**ulose), ou Petrobras = **Petr**óleo **Bras**ileiro S.A. Este tipo de neologia é também muito utilizado pelo léxico popular, como *nim*, *portunhol*, *Brangelina*, e profusamente por alguns autores literários, como Mia Couto, como é exemplo o título do seu livro *Estórias Abensonhadas*.

análise contextual. Circunscrição num determinado contexto do conteúdo nocional de um termo através da identificação e análise das características do conceito existentes nesse contexto.

análise de texto. Processo de atribuição de uma estrutura e de uma interpretação a uma sequência.[177]

análise nocional. Determinação das características de um conceito ou noção, da sua compreensão, da sua extensão e das relações que aquele mantém com outros conceitos.[178]

análise terminológica. Análise sistemática, de acordo com os princípios e os métodos terminológicos, dos termos e dos conceitos que ambos designam numa determinada área de especialização.[179]

aplicação. Programa ou grupo de programas que executam tarefas no computador (Brasil: aplicativo).

área de especialização. Área da atividade humana cujo recorte temático é cuidadosamente delimitado. Também chamado "domínio do conhecimento".

arquivo. (BR) O mesmo que **ficheiro**.

artigo. Conjunto de informações relativas a uma unidade de significação definida no dicionário. O artigo é encimado pela vedeta, isto é, a unidade de significação. O mesmo termo pode referir-se à parte de um dicionário terminológico constituído pelo conjunto dos dados terminológicos relativos a uma noção.[180]

árvore temática. Representação gráfica, geralmente em forma de diagrama em árvore com tronco e ramificações, das subdivisões de uma área de especialização. Cf. **diagrama conceptual**

ASCII (*American Standard Code for Information Interchange*). É uma norma para a atribuição de valores numéricos ao conjunto de letras e caracteres tipográficos do alfabeto latino. Cf. **Unicode**

ASP (*Active Server Page*). É uma página HTML onde são processados um ou mais scripts por um servidor Windows antes da página ser apresentada ao utilizador.

atestação. Ato de certificação terminológica através da referência a um texto ou fonte credível que demonstre a utilização de um termo numa fonte original da língua.

atualização. Conjunto de operações realizadas numa base de dados terminológicos para garantir a qualidade e atualidade do seu conteúdo, incluindo a supressão de entradas duplas, erradas ou obsoletas, a modificação de entradas existentes e a adição de novas entradas.

avaliação cultural. É a análise das preferências culturais individuais através de análise comparativa. Permite aos indivíduos a aquisição da consciência e do conhecimento necessários ao desenvolvimento de aptidões eficazes e de adaptações comportamentais à prática multicultural da gestão, do comércio e do empreendedorismo.

B
base de dados. Conjunto de informações interrelacionadas, organizadas de forma lógica, e acedidas através de um programa apropriado de modo a que os utilizadores possam consultar, adicionar, apagar ou modificar os dados.

base de dados terminológicos. Conjunto estruturado de fichas terminológicas, constituído num sistema de informação eletrónico.[181]

biblioteca eletrónica. Biblioteca cujas obras foram digitalizadas e colocadas à disposição dos utilizadores através de terminais instalados nos locais.

biblioteca virtual. Coleção de documentos informatizados e disponíveis através da Internet.

bitexto. Os bitextos são documentos alinhados, isto é, documentos paralelos. Os bitextos existem em grupos de dois ou mais documentos em tudo iguais mas escritos em línguas diferentes, ou seja, são traduções alinhadas uns dos outros.

C

cadeia de caracteres. É um bloco de texto que deve ser traduzido. Este termo é amplamente utilizado especialmente em localização de software. Ver **sequências (*strings*)**

caixas de diálogo. São as janelas retangulares utilizadas por um software para apresentar ou solicitar informações numa Interface do Utilizador (IU) (Windows ou Mac).

campo. Espaço de uma entrada reservado ao registo de um determinado tipo de informação, tais como o campo da definição, o campo da fonte, ou o campo de uma área de especialização.

campo conceptual. Termo que refere a organização estrutural de uma área conceptual por um sistema linguístico particular, partindo do pressuposto de que se encontra uma substância de significado não estruturada subjacente ao vocabulário de todas as línguas. Distingue-se de campo lexical, que designa especificamente o conjunto de lexemas de que uma língua se serve para, em função das relações de sentido existentes entre os mesmos, abranger e estruturar uma área conceptual. Assim, é possível falar no campo conceptual das cores, que linguisticamente se realiza num campo lexical que inclui lexemas como "preto", "branco", "azul", etc.[182]

campo lexical. Refere o conjunto de lexemas que, organizados em função das relações de sentido existentes entre si, abrangem uma determinada área de significação, estruturada num campo conceptual. Exemplo: o campo conceptual das relações de parentesco é linguisticamente veiculado por um campo lexical que inclui lexemas como "pai", "mãe", "filho", etc.[183]

campo nocional. Termo que refere um conjunto organizado cujos elementos possuem um denominador semântico comum, se delimitam reciprocamente, e são delimitados pelos elementos periféricos de outros campos. De um ponto de vista terminológico, o campo nocional pode ser agrupado em torno de uma noção-chave.[184]

campo semântico. Termo que refere um conjunto de lexemas ou outras unidades linguísticas que se encontram ligadas semanticamente. O termo surge muitas vezes como sinónimo de campo lexical, mas é necessário ter em consideração que este, ao contrário de campo semântico, tem uma significação menos ampla, pois designa apenas conjuntos de lexemas.[185]

campo temático. Ver **área de especialização**.

capturas de ecrã (*screen shots*). Uma imagem gráfica do que é observado no ecrã do computador. Muitas vezes utilizado nos manuais do utilizador para visualizar a aparência de uma aplicação no ecrã. Também chamado de "*print screen*".

característica. TERMINOLOGIA: Representação mental de uma propriedade atribuída a um dado objeto, e que serve para delimitar a noção.[186] GRAMÁTICA: fonema ou fonemas subsequentes ao tema verbal e que indicam o tempo do verbo.[187]

característica semântica. Ver **traço semântico**.

citação. Excerto de um texto a ser inserido numa entrada terminológica, com a devida fonte; referência a um texto ou a um fragmento de um texto ou a uma opinião autorizada; ato ou efeito de citar; texto ou opinião citada.

classificação das áreas temáticas. Organização sistemática de uma área, ou subáreas, de uma base de dados geral ou base de dados terminológicos, sob a forma de uma estrutura lógica.

classificação mista. Classificação dos artigos de um dicionário em secções alfabéticas no interior de uma classificação sistemática.[188]

classificação sistemática. Classificação dos artigos de um dicionário segundo uma ordem lógica que reflete um sistema de noções.[189]

CMS (*Content Management System* — **sistema de gestão de conteúdos**). Os CMS são ferramentas que automatizam os processos de armazenamento, criação, manutenção, publicação e atualização de conteúdos. Um sistema de gestão de conteúdos é não só um programa para a manutenção de sítios Web, mas também um sistema de software utilizado na gestão de grandes quantidades de documentos ou de outros conteúdos. As ferramentas CMS estão disponíveis numa multiplicidade de configurações e plataformas.

código. TERMINOLOGIA: Abreviação alfabética, numérica ou alfanumérica utilizada como um valor identificador nalguns campos de uma entrada terminológica. Exemplos: código do redator; código do revisor; código da área de especialização; **código da fonte**.

código da fonte. Indicativo ou marca convencional que identifica a fonte de onde é extraído um determinado dado terminológico[190]. Não confundir com **código-fonte**.

código de base. Este tipo de código é utilizado no desenvolvimento de software e o termo representa o conjunto do **código-fonte** utilizado para construir uma determinada aplicação ou componente. Normalmente, o código de base inclui apenas ficheiros de **código-fonte** escrito por programadores, e não ficheiros de **código-fonte** criados por ferramentas ou por aplicações binárias.

código-fonte. Em ciências computacionais, o código-fonte é um qualquer conjunto de instruções de computador que foi escrito através da utilização de linguagens legíveis de computador, normalmente na forma de texto. O código-fonte de um programa existe especialmente para facilitar o trabalho dos programadores, os quais, maioritariamente através da escrita de código-fonte, especificam as ações a serem executadas por um computador.

código ISO de línguas. Código normalizado utilizado para identificar a língua e o locale à qual um termo pertence. Exemplo: pt_BR (Português Brasileiro).

código-máquina. O código-máquina ou linguagem-máquina é um sistema de instruções executado diretamente pela Unidade Central de Processamento (CPU) de um computador. Cada instrução executa uma tarefa específica, geralmente uma operação numa unidade de dados.

cognato. Diz-se das palavras, ou as palavras elas próprias, que apresentam o mesmo radical ou a mesma origem etimológica que outra (ex.: imersão, mergulho, submergir).

comércio eletrónico. Também referido como *e-commerce*. Este termo designa a compra e venda de bens e serviços através da Internet em contextos de comércio tradicional entre uma empresa e uma pessoa singular, isto é, *business-to-consumer* (b2c), por contraste com o *e-business*, que é usado para descrever transações entre empresas — ou *business-to-business* (b2b). Cf. **e-business**

comissão de terminologia. Comité composto por terminólogos e especialistas de um dado domínio, encarregados de efetuar trabalhos terminológicos com objetivos de descrição e de normalização.[191]

comissão técnica de terminologia. Comissão cujos membros são nomeados por um organismo oficial e que tem como função realizar estudos terminológicos e aconselhar quanto à recomendação ou à normalização de termos em um ou vários domínios.[192]

compartimento virtual. Subdivisão de uma base de dados cujo conteúdo pertence a um utilizador e não ao proprietário ou administrador do restante conteúdo da base de dados.

competência. Capacidade demonstrada para aplicar conhecimentos e aptidões.[193]

compilação. Consiste na conversão num código-objeto a partir de um programa escrito numa linguagem de programação de alto nível de **código-fonte**. O **código-fonte** tem de ser compilado antes de se tornar num programa executável.

composição. Um dos três grandes processos de formação de palavras. A composição recorre à associação de duas ou mais palavras ou radicais. Em português, a composição dá lugar, geralmente, a processos de adjetivalização e de nominalização. Exemplos: floricultura, águas-furtadas, caminho de ferro, pisa-papéis.[194] Processo de criação de neologismos através da justaposição ou da aglutinação de dois ou mais vocábulos independentes. Cf. **derivação, parassíntese.**

compreensão. TERMINOLOGIA: Conjunto de características que constituem uma noção.[195]

compressão. Transformação de uma palavra numa forma mais simples para o tratamento informático.[196] Cf. **abreviação**

computação em nuvem (*cloud computing*). A computação em nuvem é a utilização de recursos (hardware e software) disponibilizados como um serviço em rede computacional (normalmente através da Internet). O nome advém da utilização de símbolos e diagramas dos sistemas que se assemelham a nuvens enquanto forma de representar a abstração desta complexa infraestrutura. Existem muitos tipos de sistemas de computação em nuvem: **SaaS** (*Software as a service*) [Cf. **SaaS**], STaaS (*Storage as a service*), IaaS (*Infrastructure as a service*), PaaS (*Platform as a service*),

SECaaS (*Security as a service*), DaaS (*Data as a service*), TEaaS (*Test environment as a service*), DTaaS (*Desktop as a service*), e APIaaS (*API as a service*).[197]

comunicado terminológico. Meio através do qual se informa uma comunidade de utilizadores acerca de uma tomada de decisão por uma pessoa autorizada ou organização reconhecida acerca da utilização, recomendação ou desaconselhamento de um termo.

conceito. LEXICOLOGIA: Ideia abstracta que pode aplicar-se a diferentes experiências ou objectos que apresentam aspectos comuns (p. ex. o conceito de "árvore"). O conceito reúne numa classe os elementos que têm características comuns, apesar das diferenças que possam existir entre eles. Qualquer conceito apresenta assim características de abstração e de generalização.[198] Unidade de pensamento construída por abstração a partir das propriedades atribuídas a um objeto ou a uma classe de objetos.[199]

conceito específico. Conceito que herda traços semânticos de um conceito genérico que, na relação, é hierarquicamente superior.

conceito genérico. Conceito superordenado numa relação genérico-específico.

conceito subordinado. Conceito que, numa relação hierárquica, herda traços semânticos de um conceito mais amplo.

conceito superordenado. Conceito que, numa relação hierárquica, se encontra numa posição superior e cujos traços semânticos são herdados pelos conceitos que lhe são subordinados.

concordância terminológica. Lista ordenada de termos extraídos de um texto e acompanhados da referência de cada ocorrência e de uma parte do contexto.[200]

consulta. Análise da informação contida numa base de dados terminológicos ou fornecida por um especialista. Cf. **pesquisa, pesquisa terminológica**

conteúdo. Substância da informação armazenada numa base de dados disponível para a consulta dos utilizadores.

conteúdo dinâmico. São os dados ou conteúdos de um sítio Web que são armazenados numa base de dados e são mostrados ao utilizador em tempo real, dependendo do que for solicitado pelo utilizador (por exemplo, quer através de um formulário ou de uma página PHP).

conteúdos online. Qualquer conteúdo escrito que se destina a ser publicado através de uma rede ou da Internet.

contexto. Parte de um texto ou enunciado, em que está inclusa uma unidade lexical, e que contribui para determinar o seu significado; numa entrada terminológica, prova textual que fornece informação sobre os traços semânticos de um conceito ou sobre o uso de um termo. Exemplos: contexto definitório; contexto explicativo; contexto associativo.[201] Conjunto de unidades que precedem e/ou seguem uma determinada unidade. Em análise lexical, os tipos de contexto mais importantes são: os contextos de tipo "ocorrencial", muito curtos, que não têm outra função a não ser servir de cálculo da frequência (e da repartição) do item lexical que eles circundam; os contextos de tipo "formal" cuja dimensão varia segundo a riqueza em coocorrentes imediatos e que permitem inventariar o contexto do item ao qual eles servem de suporte; os contextos de "substância", geralmente bastante longos, que permitem o levantamento de uma parte da significação do item à volta do qual eles foram retirados. Em terminologia, o contexto é o enunciado em que figura o termo estudado.[202]

contexto associativo. Ver **exemplo de uso**.

controlo de qualidade. Conjunto de ações definidas e sistemáticas necessárias para garantir que um produto ou um serviço satisfaça as exigências de qualidade estabelecidas nas normas, standards e especificações internacionais vigentes.

convenções de tipo de texto. Conjunto de regras gramaticais ou terminológicas a ser observado para o tipo de texto em questão.

controlo funcional de qualidade. Teste de uma aplicação ou de software que tem a finalidade de garantir que o processo de localização não afeta a funcionalidade do software e que o conteúdo é mostrado corretamente no ecrã.

coocorrência. Processo em que um elemento do discurso aparece combinado com um determinado termo numa dada área de especialização.

copywriter. Escritor publicitário.

corpus. Compilação de documentos ou informações relativos a uma disciplina ou um tema; LINGUÍSTICA: conjunto finito de enunciados representativos de uma determinada estrutura.[203] TERMINOLOGIA: Conjunto das fontes (documentos orais ou escritos) relativas a um domínio, donde são extraídos os dados terminológicos.[204]

corpus textual. TERMINOLOGIA: Conjunto de textos selecionados que servem de base para realizar uma análise terminológica. Cf. **corpus**

correção. TERMINOLOGIA: Operação realizada numa base de dados terminológicos que se refere somente à forma de uma entrada.

correspondência entre noções. Grau de coincidência entre a compreensão de duas ou várias noções. A correspondência entre noções pode ser constatada através do estudo comparado de terminologias, de línguas diferentes, de escolas de pensamento diferentes, etc.[205]

corretor ortográfico. Programa integrado num sistema de processamento de texto usado para identificar e corrigir erros ortográficos.

cota de aceitabilidade terminológica. Índice de apreciação de um termo, baseado numa escala de valores previamente determinada e que corresponde ao grau de aceitabilidade desse mesmo termo.[206] Cf. **cota de ponderação**

cota de ponderação. Índice de apreciação de um termo, baseado numa escala de valores previamente determinada e que corresponde ao grau de aceitabilidade desse mesmo termo.[207] Cf. **cota de aceitabilidade terminológica**

criação. TERMINOLOGIA: Operação terminológica que consiste em redigir uma entrada para incluir um conceito novo numa base de dados terminológicos.

criador de conteúdos. Pessoa ou empresa especializada na criação, estruturação e entrega de produtos de informação.

CSS (Cascading Style Sheets — folhas de estilos em cascata). É uma maneira de implementar estilos em páginas HTML ou XML. Ao combinar os estilos de várias folhas, ou ao utilizar regras específicas para substituir regras gerais, o programador pode reproduzir a informação "em cascata" em várias páginas.

D

DITA (*Darwin Information Typing Architecture*). A arquitetura de software DITA proporciona a reutilização de materiais no processo de criação de conteúdos. A DITA define-se por uma arquitetura XML de forma a projetar, escrever, gerir e publicar variadíssimos tipos de informação quer em suporte impresso quer na Web.[208] A unidade mínima de conteúdo na arquitetura DITA é o tópico, que é uma unidade de informação que pode ser compreendida isoladamente e utilizada em vários contextos. Cada tópico deve ser suficientemente curto para que possa abordar um único assunto ou responder a uma simples pergunta, mas suficiente longo para que possa fazer sentido em si mesmo e possa ser validado como uma unidade independente. Os conteúdos não estão acondicionados na forma de documentos, mas sim delimitados em pequenos tópicos.[209] Um tópico DITA é uma unidade modular de informação que consiste num título e um ou mais parágrafos de texto. Cada tópico descreve uma ideia única e independente. Um documento é, então, uma coleção de tópicos organizados numa ordem específica, definida por um mapa DITA. Pode-se comparar um tópico a cada uma das páginas de um sítio Web. Neste sentido, os mapas são como o menu de todo o sítio. O ficheiro do mapa não contém qualquer conteúdo: aponta simplesmente para os ficheiros de cada tópico.[210]

Pode-se fazer com que a arquitetura DITA imponha apenas a estrutura que for necessária [a cada objetivo comunicativo]. Podem-se utilizar tópicos conceptuais genéricos para apresentar informações explicativas de alto nível; tópicos [exortativo-procedimentais] para apresentar a informação conducente à execução de procedimentos específicos; e tópicos de referência para apresentar informações detalhadas, tais como especificações sobre sistemas, códigos de peça, ou sintaxes procedimentais de comando. Quem se encontre minimamente familiarizado com o código HTML deverá encontrar pontos de contacto imediatos na arquitetura DITA.

O nome de Darwin surge em referência às semelhanças estruturais desta arquitetura com a estrutura hierarquizada da sua teoria da seleção natural; Charles Darwin observou que as plantas e os animais herdam características dos seus progenitores, assim como acontece com muitos elementos dos atributos da arquitetura DITA.[211]

Pode-se então apontar esta arquitetura como uma ideologia de "escrita única e publicação múltipla". Este facto faz com que a DITA seja uma plataforma de excelência para desenvolvimento de conteúdos móveis — isto é, conteúdos que podem ser apresentados em diferentes formatos, sejam eles materiais de referência ou materiais didáticos, uma vez que não está dependente de nenhum sistema operativo. É uma das arquiteturas de eleição de inúmeros criadores de conteúdos técnicos, facto que deve ser tido em especial consideração pelos tradutores técnicos.

dado terminológico. Dado relativo a uma noção ou à sua designação (vedeta, sinónimo, indicativo da língua, do país, de gramática, marca de relação entre noções, marca de uso, aceitabilidade terminológica, definição, contexto, ilustração, nota, domínio, referência, autor, data).[212]

definição. Enunciado que descreve uma noção e que permite diferenciá-la das outras noções no interior de um sistema nocional. O termo pode ainda designar a análise semântica de uma palavra realizada através da indicação de "género próximo" e de " traços específicos", ou de relações com uma ou mais unidades da língua ou do discurso; por metonímia, consiste na paráfrase construída através de um sinónimo de um termo a definir. A definição é lexicográfica quando tem por objeto a descrição de uma unidade lexical, e terminológica se tem por objeto a unidade terminológica, a qual possui características específicas relativamente à unidade lexical em geral.[213]

definição em compreensão. Definição baseada na compreensão de uma noção. Este tipo de definição compreende a noção genérica mais próxima e as características distintivas, delimitando a noção a definir.[214]

definição em extensão. Definição baseada na enumeração dos objetos aos quais uma noção faz referência ou das noções específicas que lhe estão imediatamente subordinadas.[215]

delimitação do termo. Análise de uma unidade extraída de um *corpus*, para identificação do seu estatuto ou natureza terminológica.[216]

delimitação nocional. Conformidade das características nocionais contidas nas definições e nos contextos, que permite estabelecer a correspondência entre as noções e a equivalência ou sinonímia entre os termos.[217]

delta. A diferença temporal entre o aparecimento de um produto no seu mercado principal e as suas versões localizadas. Esta diferença deve ser a menor possível de forma a minimizar potenciais perdas. É também a parte de um ficheiro que muda entre duas versões.

denominação. Toda a representação de uma noção.[218]

denominação oficial. Designação oficial de um organismo, programa, entidade administrativa ou outra, geralmente acompanhada de uma sigla ou acrónimo. Também título oficial.

derivação. Um dos três grandes processos de formação de palavras. O resultado da aplicação de um processo de derivação é uma nova palavra. Em português, a derivação recorre à afixação e à conversão e realiza processos de adjetivalização, adverbialização, nominalização e verbalização. Exemplos: sabor ⇨ saboroso; teimoso ⇨ teimosia; impressão ⇨ impressionar.[219] Cf. **composição, parassíntese**

derivação sintagmática. Modo de formação de termos complexos nos quais os elementos lexicais estão ligados sintaticamente.[220]

descompilação. Em ciências computacionais, é o oposto de **compilação**. É a reversão de uma aplicação em código-máquina de novo para código-fonte. Às vezes é referida como retroengenharia ou engenharia inversa.

descritor. Termo que é o objetivo de pesquisa terminológica num domínio específico e que corresponde a um conceito definido nesse domínio. Com este significado, descritor pode ter como sinónimo palavra-chave.[221] Palavra ou expressão que identifica, geralmente para fins de indexação, determinado conceito ou tema.[222]

designação. Representação convencional de um conceito, tal como um termo, uma frase, uma abreviatura, uma fórmula ou um símbolo. Exemplo: água = H2O. Cf. **numerónimo**

diagrama conceptual. Representação gráfica, geralmente na forma de diagrama em árvore, das relações entre os conceitos pertencentes a uma área de especialização. Cf. **árvore temática**

dicionário. Repertório estruturado de unidades lexicais, contendo informações linguísticas de natureza semântica, nocional, referencial, gramatical ou fonética sobre cada uma delas. A organização de um dicionário pode ser de caracter formal (dicionário alfabético) ou semântico (dicionário conceptual). Pode ainda apresentar o léxico de uma língua (monolingue), de duas línguas (bilingue) ou de mais línguas (plurilingue ou multilingue).[223] Sumariamente, é um repertório que apresenta unidades lexicais de uma língua juntamente com seu significado, descrição, uso e outra informação linguística. Cf. **glossário, léxico, vocabulário**.

dicionário técnico. Dicionário que apresenta os dados terminológicos relativos a um ou vários domínios.[224] Cf. **dicionário terminológico**

dicionário terminológico. Dicionário que apresenta os dados terminológicos relativos a um ou vários domínios.[225] Cf. **dicionário técnico**

diferença específica. Propriedade ou traço semântico que distingue um conceito específico de outros conceitos da mesma classe.

digitalização. Conversão de sons, caracteres ou imagens em códigos digitais com o objetivo de realizar um tratamento informatizado.

documento. A informação e o seu meio de suporte.[226]

domínio. TERMINOLOGIA: Esfera do saber cujos limites são definidos segundo um determinado ponto de vista. Em ciência da terminologia e nas suas realizações práticas, o domínio é determinado pelo estabelecimento de sistemas de noções.[227] Área do conhecimento que uma pessoa domina; especialidade. INFORMÁTICA (internet): parte final de um endereço eletrónico que identifica a rede local e a instituição que dá acesso ao servidor.[228]

domínio de aplicação. Indicação do domínio ao qual um termo constante numa ficha terminológica é afeto. O domínio de aplicação explicita o campo de utilização de um termo e serve à classificação dos termos.[229]

dossier terminológico. Coleções de textos, de pareceres de especialistas ou de observações pessoais referentes a um determinado conceito, utilizado para fins da análise terminológica.

DTP. Sigla de *desktop publishing*. TRADUÇÃO: É um termo utilizado para descrever a configuração, a formatação e o design (o layout) de um projeto antes e depois do processo de tradução, de forma a garantir a consistência de layout em todas as línguas.

E
e-business. A compra e venda de bens e serviços entre empresas através da Internet. Por contraste com o comércio eletrónico (o *e-commerce*), que é usado para designar contextos de comércio entre uma empresa e uma pessoa singular — ou *business-to-consumer* (b2c) — o *e-business* é usado para descrever transações entre empresas — *business-to-business* (b2b). Cf. **comércio eletrónico**

e-commerce. Ver **comércio eletrónico**

edição. Ver **editor**

editor. Especialista, quer em matérias linguísticas, quer numa dada área de especialização, que efetua revisões monolingues apenas ao texto de chegada sem referência ao texto de partida, não só no que diz respeito ao registo ou às convenções do domínio em questão, mas também se foi utilizada a terminologia correta. Dependendo do seu nível de especialização nesse domínio, o editor poderá ainda ser revisor de provas, isto é, realizar ensaios, revisões e testes finais ao nível de completude e preparação do documento para publicação.

elemento de um termo. Componente de um termo, constituído pelo menos por um morfema.[230]

empréstimo. Adoção, nas línguas de especialidade, de uma unidade terminológica pertencente a uma língua estrangeira ou pertencente à mesma língua, mas numa outra área de especialização. Exemplos de empréstimos externos: termos em português de origem inglesa — e-mail, modem. Exemplos de empréstimos internos: o termo *colapso* (medicina) e *depressão* (medicina e geomorfologia), ambos usados na área da economia.

empréstimo externo. Termo proveniente de uma língua estrangeira.[231] Cf. **empréstimo**

empréstimo interno. Termo oriundo de outro domínio de conhecimento, no interior do mesmo sistema linguístico.[232]

engenharia de localização. O processo de utilizar aplicações específicas de localização, compiladores e outras ferramentas de forma a preparar o software para ser lançado noutros mercados ou localidades (locales). Cf. **localização**

entrada. Termo registado numa entrada como designação do conceito em estudo. Termo que encabeça um artigo num dicionário de língua, terminológico ou enciclopédico.

entrada de dados. Inserção eletrónica da informação em entradas terminológicas para armazenamento na memória de um computador. Processo de inserção de dados num ficheiro, geralmente utilizando um computador.

entrada terminológica. Parte de um produto terminológico que contém os dados terminológicos referentes a um conceito.

equivalência. Relação estabelecida entre designações de línguas diferentes que representam a mesma noção.[233] Cf. **equivalência textual**

equivalência textual. Correspondência dos traços semânticos encontrados em vários contextos ou definições, utilizada para demonstrar que todos os dados registados na entrada se referem a um único conceito. Cf. **equivalência**

ERP (*Enterprise resource planning*) — sistemas de planeamento de recursos empresariais. Os sistemas ERP são sistemas computacionais integrados utilizados para administrar recursos internos e externos, incluindo bens tangíveis, contabilidade e área financeira, materiais e processos de fabrico, recursos humanos, vendas e serviços, gestão de relações com clientes, etc. Os sistemas ERP automatizam toda esta atividade através de aplicações integradas de software. O objetivo do ERP é o de facilitar o fluxo interno de informações entre a generalidade das funções empresariais de cada organização ao mesmo tempo que efetua a gestão das ligações com os intervenientes externos.[234] Os sistemas ERP podem ser executados numa variedade considerável de configurações de hardware e de redes, utilizando geralmente uma base de dados como repositório da informação.[235]

especialista. Indivíduo que possui um profundo conhecimento numa dada área de especialização.

estação de trabalho. Sistema informatizado integrado por uma coleção de ferramentas informáticas constituídas por um conjunto de hardware e software, destinadas a auxiliar os profissionais no exercício das suas funções.

etiqueta. A etiquetagem (*"tagging"* [236]) e a rotulagem (*"labeling"*) são realizadas para executar funções auxiliares à classificação nocional de objetos (sejam eles itens, factos, conceitos ou coisas) através da etiquetagem das suas propriedades, da observação dos seus limites e origens, e da indexação de identidades em sistemas. Nos sistemas de informação, uma etiqueta (*"tag"*) é uma palavra-chave não-hierárquica, ou seja, é um termo atribuído a uma porção de informação (tal como um favorito na Internet, uma etiqueta numa imagem digital ou uma palavra-chave num ficheiro de computador). Este tipo de metadados ajuda à descrição de um objeto e permite-lhe que seja encontrado novamente através de navegação ou pesquisa. As pesquisas informáticas recorrem a palavras-chave (que são uma forma de etiquetas) para encontrarem informação de uma forma rápida e eficaz. Num sistema hierárquico tradicional (por exemplo, numa **taxinomia**), o especialista define um número limitado de termos disponíveis na classificação, normalmente em forma de **diagrama conceptual**. Num sistema de etiquetagem, as maneiras de classificar cada objeto são ilimitadas. Em vez de pertencer a uma só categoria, um objeto pode ter várias etiquetas diferentes, tantas quantas as categorias, ou áreas de especialidade, a que pertença.

etiquetagem. Ver **etiqueta**

executável. Qualquer programa ou aplicação que pode ser executado num computador.

exemplo de uso. Breve citação que ilustra, numa entrada terminológica, o uso de um termo numa área de especialização, sem fazer referência aos traços semânticos do conceito designado. Também **contexto associativo**.

expansão textual. O aumento do número total de caracteres que ocorre frequentemente durante o processo de tradução, especialmente na passagem de línguas sintéticas — como o inglês — para línguas analíticas — como o português.

extensão. TERMINOLOGIA: Conjunto das noções específicas contidas numa noção genérica.[237]

extração terminológica. Extração manual ou automatizada (através de software próprio) de palavras-chave ou termos a partir de um *corpus* textual para a compilação de uma base de dados terminológicos.

F
família de termos. Conjunto de termos que têm um radical comum.[238]

falsos amigos. é o que se chama em várias línguas (e.g., português, espanhol, inglês) aos **falsos cognatos**. São palavras com grafias semelhantes entre línguas diferentes mas com significados muito diferentes em cada uma destas línguas. O desconhecimento de um falso cognato poderá originar contaminações e corruptelas dessas palavras relativamente a uma das línguas. Exemplos de falsos amigos em inglês-português: *actually* ("na verdade" e não "atualmente"), *to pretend* ("fingir" e não "pretender"), *exquisite* ("requintado" e não "esquisito"). Exemplos de falsos amigos em espanhol-português: *embarazada* ("grávida" e não "embaraçada"), *molestar* ("aborrecer" e não "maltratar" ou "abusar sexualmente de"), *borrar* ("apagar" e não "sujar"), *ganancia* ("lucros", e não "ganância") e finalmente, para sorrirmos um pouco, *ano* ("ânus" e não "ano").

falsos cognatos. Ver **falsos amigos**

falso sinónimo. Ver **pseudosinónimo**.

família de termos. Conjunto de termos que têm um radical comum.[239]

ferramenta CAT. Uma ferramenta CAT (*Computer Assisted Translation tool*) é uma ferramenta de tradução que, hoje em dia, é um software que ajuda nas tarefas de tradução. Uma ferramenta de tradução pode incluir editores de texto, memórias de tradução, ferramentas de alinhamento, extratores terminológicos, ferramentas de gestão de bases de dados terminológicos, dicionários ou ferramentas de gestão de projeto, entre outros programas. Algumas ferramentas de tradução possuem também motores integrados de tradução automática, isto é, são capazes de realizar automaticamente tradução de texto através de servidores externos. Estas ferramentas podem traduzir porções de texto ou podem ser especializadas na tradução de formatos específicos de ficheiros. As ferramentas CAT são bastante utilizadas na localização de software, uma vez que facilitam e intensificam o processo de localização, automatizando a várias partes do projeto. Por exemplo, há ferramentas de localização capazes de identificar e extrair as partes de um código de programa de computador que necessitam de ser traduzidas, deixando intocadas as partes de código operativo. Desta maneira o tradutor pode-se concentrar no seu trabalho, sabendo que traduz o que deve ser traduzido, enquanto poupa tempo e esforços na prevenção de erros de codificação ao software.

ferramenta de trabalho. Quaisquer instrumentos, tais como documentos ou programas de computador, utilizados por profissionais para desempenhar as suas funções.

ficha terminológica. Suporte que constitui um conjunto estruturado de dados terminológicos relativos a uma noção.[240]

ficheiro. Conjunto de informações, programas, etc., armazenado com um determinado nome na memória de um computador ou num suporte de informação.[241]

ficheiro bilingue. Um ficheiro bilingue é um ficheiro que possui segmentos simultaneamente na língua de partida e na língua de chegada (os segmentos traduzidos). No final da tradução, o ficheiro necessita de ser "limpo", isto é, é necessário remover os segmentos pertencentes à língua de partida, deixando apenas os segmentos na língua de chegada. A limpeza do ficheiro bilingue é realizada através de uma ferramenta CAT.

ficheiro limpo. É o ficheiro traduzido, contendo apenas a língua de chegada e sem etiquetas ou marcações referentes à língua de partida.

ficheiro terminológico. Conjunto de entradas terminológicas, relacionadas de forma lógica numa base de dados, através de um mesmo modelo de apresentação, da aplicação das mesmas regras de registo, e da utilização de um modelo único de consulta.

folhas de estilos em cascata. Ver **CSS**

fonte. Texto oral ou escrito relativo ao domínio estudado, do qual um dado terminológico é extraído para ser utilizado num trabalho terminológico.[242] Pessoa, organização ou obra de referência que fornece informação, a qual é utilizada para documentar o uso de um termo, formular uma definição, citar um contexto, etc.

forma gráfica. TERMINOLOGIA, LEXICOLOGIA: Arquétipo correspondente às ocorrências idênticas num *corpus* de textos, isto é, as ocorrências compostas estritamente pelos mesmos caracteres não delimitadores da ocorrência.[243]

formação de palavras. Em sentido geral, este termo refere a globalidade dos processos de variação morfológica na constituição das palavras, incluindo a flexão, a derivação e a composição. Em sentido restrito, apenas a derivação e a composição integram a formação de palavras.[244]

formato. Estrutura de uma ficha terminológica.[245]

formato de ficheiro. O formato de um ficheiro é uma forma específica de codificação das informações para execução ou armazenamento num ficheiro de computador.

formato terminológico. Estrutura de uma ficha terminológica.[246]

fornecedor de serviços de linguagem. Um LSP (Language Service Provider — FSL em português) é uma pessoa ou organização que presta serviços de língua, quer sejam serviços de terminologia, de escrita técnica e de conteúdos, ou de tradução; é também sinónimo de tradutor independente (*freelance*) ou de agência de tradução.

fornecedor de serviços de tradução. Ver **fornecedor de serviços de linguagem**

formulação. Redação de uma definição de acordo com os princípios terminológicos estabelecidos. Também **redação**.

fórum de debate. Grupos de utilizadores que dialogam acerca de temas de interesse mútuo através da troca de mensagens eletrónicas num sítio da Internet.

fraseologia. Ver **unidade fraseológica**.

FTP (*File Transfer Protocol* ou protocolo de transferência de ficheiros). Este protocolo é utilizado para ligar dois computadores através da Internet para que o utilizador de um computador possa transferir ficheiros e executar comandos noutro computador. É um protocolo utilizado vulgarmente para realizar o intercâmbio de ficheiros em qualquer rede que disponha do protocolo TCP/IP (tais como a internet ou uma intranet).

função. Termo que refere o objetivo com que é usado um enunciado ou uma unidade da língua. Pode ainda utilizar-se este termo para designar a relação entre a forma linguística e outras partes do sistema da língua em que é usada (p. ex., o sintagma nominal pode ter a função de sujeito, objeto, etc.). [...] No estudo dos enunciados podem determinar-se igualmente funções denominadas "funções da linguagem", em que se distinguem a apelativa, a expressiva, a fática, a metalinguística, a poética e a referencial. O estudo destas funções foi inicialmente proposto por Buhler e desenvolvido nos anos 50 por Jakobson.[247]

função conativa. PRAGMÁTICA: A partir da sua caracterização de comunicação verbal como dependente de seis fatores (destinador, destinatário, código, contacto, mensagem e contexto), Roman Jakobson fez corresponder a cada um desses fatores uma função da linguagem específica, se bem que uma mensagem conjugue mais do que uma função. Determinada pela orientação da mensagem para o destinatário, a função conativa é expressa gramaticalmente pelo vocativo e pelo imperativo em mensagens que pretende influenciar o destinatário ou levá-lo a agir. Exemplo: "faz os trabalhos de casa".[248]

função textual. SEMÂNTICA: Uma das três funções da linguagem segundo M. A. K. Halliday. A função textual está ligada à possibilidade de criação e reconhecimento de unidades textuais, faladas ou escritas, por meio do estabelecimento de vínculos da linguagem com ela própria e com as características da situação em que é usada. Refere-se portanto, à capacidade que o falante tem de construir textos situacionalmente apropriados e estruturalmente coesos e coerentes.[249]

funções da linguagem. Termo geral que refere os diferentes usos da linguagem em situação de comunicação, ou seja, os diferentes fins que atribuímos à significação de um enunciado no momento da sua produção. São vários os quadros de interpretação das funções da linguagem. Karl Bulher distingue três tipos de funções: expressiva, apelativa e representativa. Jakobson considera seis funções: emotiva, conativa [(Cf. **função conativa**)], referencial, poética, fática e metalinguística. Lyons e Halliday retomam a classificação tripartida, distinguindo, respetivamente, as funções descritiva, expressiva e social, e as funções ideacional, interpessoal e textual. A classificação dos atos ilocutórios, no âmbito da teoria dos atos de fala, representa também um modo de classificação das funções da linguagem.[250]

G
G11N. Ver **globalização**

garantia de qualidade. Ver **controlo de qualidade**

GCMS (*Global Content Management Systems*). Ver **TMS**

genérico. Conceito cujos traços semânticos são transmitidos de forma hierárquica aos conceitos subordinados. Cf. **género próximo**

género próximo. Conceito que partilha os seus traços semânticos com os conceitos imediatamente subordinados. Cf. **genérico**

gestor de base de dados. Componente de um sistema informatizado que é responsável pela organização, armazenamento e extração de dados e que interpreta pesquisas na base de dados. Também a pessoa que administra a base de dados.

gestão de conteúdos. Conjunto de operações (análise, avaliação e diagnóstico de materiais existentes, planeamento e execução de atividades terminológicas) que têm como objetivo a criação, o desenvolvimento e a manutenção quer de uma base de dados terminológicos, quer de uma base de dados baseada numa ou mais áreas temáticas.

ghostwriter. Escritor que escreve textos para serem publicados em nome de alguém conhecido, isto é, um escritor que dá o crédito da sua autoria a outra pessoa.

globalização (G11N). A globalização é o processo de conceptualizar linhas de produtos consagrados ao mercado global, para que possam ser comercializados em qualquer parte do mundo, e sujeitando-os apenas a pequenas adaptações. O processo inclui transversalmente todos os preparativos empresariais que devem ser efetuados para que os produtos possam entrar no mercado internacional. A globalização é vista usualmente como uma estratégia global associada a todos os conceitos de marketing (*branding*, estabelecimento de quotas de mercado, etc.). A globalização é particularmente importante para as indústrias de bens de consumo, tais como as indústrias de equipamentos, vestuário, software e alimentação.

glossário. LEXICOGRAFIA: Denomina-se glossário um dicionário que contém sob forma de simples definições (ou traduções) as significações das palavras raras ou pouco conhecidas.[251] TERMINOLOGIA: Repertório de termos, normalmente de uma área de especialização, apresentados por ordem sistemática ou por ordem alfabética, e acompanhados de informação gramatical e definição, com ou sem contexto. Cf. **dicionário**, **léxico**, **vocabulário**

GMS (*Globalization Management System*). Ver **TMS**

grupo de discussão. Um grupo de discussão é uma ferramenta de pesquisa de marketing em que um pequeno grupo de pessoas (normalmente de oito a dez indivíduos) se reúne numa mesa redonda, quer fisicamente num local, quer online por videoconferência, para discutir temas de interesse num ambiente informal. Normalmente, a discussão do grupo de discussão é dirigida por um moderador que orienta a discussão de forma a captar as opiniões ou reações do grupo acerca dos produtos, serviços ou problemas em discussão; o conceito é conhecido como teste de conceito ou teste de produto.

GUI (*Graphical User Interface*) – interface gráfica do utilizador. É a parte visível ao utilizador final numa aplicação de software.

guia de estilo. Um guia de estilo é um livro que descreve as "regras" necessárias a seguir para determinados tipos de escrita. Estas regras tanto podem ser súmulas gramaticais ou simples resenhas sobre pontuação como podem abranger questões relativas a formas de citação, configuração gráfica ou formatos de página. Alguns guias podem ainda falar de elementos de estilo, como o registo ou o vocabulário a utilizar. Pode também significar uma obra que apresenta, de forma sistemática, as regras necessárias para a inserção da informação terminológica em entradas de dicionário, glossário ou enciclopédias, por exemplo.

H

hardware. Conjunto dos elementos físicos de um computador, que engloba o dispositivo principal e periféricos, como o teclado, o visor, e a impressora, por oposição aos programas, regras e procedimentos utilizados; equipamento informático.[252]

harmonização terminológica. Designação em várias línguas de uma mesma noção por termos que refletem as mesmas características ou por termos de forma semelhante.[253] Processo realizado por uma empresa, órgão ou outra entidade administrativa com o objetivo de consagrar determinados usos terminológicos.

hiperligação. Uma ligação de um ficheiro de hipertexto para outro local ou ficheiro; uma hiperligação é normalmente ativada clicando num ícone num local específico de uma IU (i.e, num programa de computador) ou numa palavra destacada de uma página da Internet.

hiperónimo. Hiperónimo ou superordenado é o nome dado à unidade lexical que numa relação de inclusão se apresenta como a unidade mais geral, a que inclui no seu significado o significado veiculado pela outra unidade (o seu hipónimo). Assim, na relação de hiperonímia existente entre as palavras "mesa" e "mobília", "mobília" é o hiperónimo, ou superordenado, que tem "mesa" como seu hipónimo.[254] Cf. **hipónimo, termo genérico**

hipertexto. Texto de leitura não sequencial para sistemas informáticos cuja organização permite que objetos informáticos estejam ligados entre si; o termo hipertexto foi criado por Ted Nelson cerca de 1965 para especificar um conjunto de documentos (ou "nós" análogos a pontos de interconexão), que continham referências cruzadas ou hiperligações; por sua vez, através do auxílio de um programa de navegador interativo (hoje conhecidos apenas por "navegador" ou "browser"), as hiperligações permitiam ao leitor poder movimentar-se facilmente de um documento para o outro.

hipónimo. Nome dado à unidade lexical que numa relação de hiponímia se apresenta como a mais específica, aquela cujo significado se inclui no significado mais geral que é dado pela outra unidade (o hiperónimo ou superordenado). Assim, na relação existente entre as palavras "leão" e "animal", "leão" é o hipónimo e "animal" é o hiperónimo. Por oposição ao vocábulo da língua corrente, o termo específico ou hipónimo integra-se por vezes numa língua de especialidade.[255] Ver **hiperónimo, termo específico**

homónimo. Cada um dos termos de uma dada língua que têm a mesma forma gráfica ou fónica, mas que designam noções diferentes. Exemplo: saia (substantivo) e saia (forma do verbo "sair").[256]

hotspot. É a parte pertencente a um elemento gráfico num documento de hipertexto (vulgo, página Web) que, ao ser clicado, nos envia para outro local. Semelhante a uma hiperligação.

HTML (*HyperText Markup Language*). É um sistema de codificação usado na *World Wide Web* para formatar texto e configurar hiperligações entre documentos. O código HTML é uma linguagem de formatação de texto com marcações que utiliza um conjunto de etiquetas predefinidas para descrever os elementos estruturais de uma página da Web, tais como tabelas, linhas de instruções, folhas de estilo, texto, gráficos e hiperligações. Os navegadores interpretam as etiquetas e utilizam-nas para formatar a página que será mostrada ao utilizador.

I
I18N. Ver **internacionalização**

ilustração. Representação pictórica (imagem ou esquema) ou representação gráfica da noção designada por um termo ou do objeto correspondente.[257] Imagem (desenho, gravura, fotografia, esquema, etc.) que complementa texto; arte ou técnica de criação e/ou seleção de imagens para complemento de texto; breve narrativa ou exemplo que ajuda a compreender ou a esclarecer algo.[258]

indexador. Programa de informática que extrai palavras de um texto e as compila por ordem alfabética.

indicativo da língua. Ver **códigos ISO de línguas**

indústria da língua. Setor de atividade que desenvolve, produz e comercializa ferramentas, produtos e serviços relacionados com o processamento da linguagem. Não obstante sendo parte da indústria das tecnologias da informação, abrange também os campos da linguística, da lexicografia, da engenharia de software, da inteligência artificial e design de interface. O escopo dos serviços desta indústria inclui ainda a tradução, a edição, a revisão, a revisão de provas, a escrita técnica, a interpretação, as ferramentas CAT, a extração e criação de terminologias, a localização de produtos e software e a tradução automática.

internacionalização (I18N). Ação de tornar um produto o mais genérico possível de modo a que possa interagir com várias línguas e convenções culturais sem a necessidade de ser redesenhado, reformulado, reestruturado ou reprogramado. A internacionalização ocorre ao nível do design e do desenvolvimento de produtos, programas e documentos. A internacionalização é o passo anterior à localização; nesta etapa, todas as informações dependentes de valores culturais e linguísticos devem ser isoladas do objeto a internacionalizar. Nesta fase prepara-se o produto para ser localizado.

introdução de dados. Ver **entrada de dados**

investigação pontual. Investigação terminológica que incide num termo isolado ou num grupo restrito de termos relativos a um ou vários domínios.[259]

investigação sistemática. Investigação terminológica que consiste no estabelecimento de um sistema de noções e no estudo das suas designações.[260]

investigação terminológica. Recolha e estudo sistemático das noções e dos termos. A investigação terminológica pode ser unilingue ou multilingue; neste caso fala-se igualmente de "terminologia comparada".[261]

ISO (*International Organization for Standardization*). Uma federação mundial de organismos nacionais de normalização abarcando cerca de 130 países.

J
jargão. Uma linguagem característica de um determinado grupo; uma terminologia técnica especializada característica de uma determinada ocupação; linguagem confusa, ininteligível; um idioma artificial ou dialeto; gíria.[262] Cf. **língua técnica**

L
L1. Língua materna (ou primeira língua) é língua principal que um falante ou um linguista utiliza na sua vida diária, e cuja utilização forma a sua base de identidade sociolinguística. Nalgumas regiões geográficas, alguns falantes possuem duas línguas maternas — por exemplo, uma nacional e outra regional — sendo assim bilingues, como por exemplo muitos falantes de Português Europeu e de crioulo Cabo-verdiano. No caso da tradução, a L1 é a língua de chegada — isto é, é a língua para a qual o tradutor irá traduzir a

partir da sua L2 ou L3 (cf. **L2**). Todos os linguistas se deverão abster de traduzir para uma L2 sempre que esta língua não faça parte do seu quotidiano enquanto falante e utilizador habitual — esta menção é clara na norma EN 15038:2006. Cf. **L2**

L2. Segunda língua ou língua estrangeira. Pode também existir uma L3 ou, raramente, uma L4. O tradutor deverá ter um excelente domínio da sua L2 (ou de qualquer outra segunda língua com que trabalhe), quer ao nível linguístico e gramatical, quer ao nível cultural. As segundas línguas são sempre as línguas de partida num trabalho de tradução, exceto se o linguista a utiliza quotidianamente enquanto falante e utilizador habitual — esta menção é clara na norma EN 15038:2006. Para um linguista cuja L1 é o PE, o PB será também uma L2. Cf. **L1**

L10N. Ver **localização**

leitor ótico de caracteres. Equipamento informático que utiliza um procedimento ótico para examinar e reconhecer caracteres ou imagens com o objetivo de digitalizá-los.

levantamento terminológico. Análise de um *corpus* tendo por objetivo a extração dos termos e dos dados necessários à sua descrição e apresentação.[263] Cf. **extração terminológica**

lexia. Unidade funcional significativa de comportamento linguístico que se opõe ao morfema e à palavra e que assume o papel central na distinção das partes do discurso. A lexia pode ser simples quando coincide com a noção de palavra simples e de palavra derivada da gramática tradicional; pode ser composta quando corresponde à palavra composta da mesma gramática; e pode ser complexa quando corresponde a uma sequência fixa de palavras, como "máquina de escrever", "pôr os pontos nos is", "andar a cavalo", etc.[264]

lexicalização. Uma palavra é lexicalizada se já não pode ser formada por regras produtivas. As palavras podem ser semanticamente lexicalizadas se o seu significado deixou de ser a soma do resultado das suas partes, ou fonologicamente lexicalizadas se a sua forma não pode ser predita por processos fonológicos produtivos.[265] Por outras palavras, uma lexicalização é o processo através do qual um grupo de palavras se comporta como uma única unidade lexical. Exemplos: via láctea; correio eletrónico; bactéria de vida livre.

léxico. Termo que designa o conjunto virtual das palavras de uma língua. O léxico pode ser entendido também como sinónimo de índice, glossário, vocabulário ou dicionário sucinto relativo à língua corrente, a uma ciência ou técnica ou a outro domínio especializado, a um autor ou a uma determinada época. No domínio da informática, o léxico de instruções designa a lista completa de termos utilizados numa linguagem simbólica. Em terminologia, o léxico documental designa o conjunto de termos, palavras-chave ou descritores.[266] Repertório bilíngue ou multilíngue de termos pertencentes a uma área do conhecimento, sem a necessidade de incluir a sua definição. Cf. **dicionário, glossário, vocabulário**

léxico de especialidade. Vocabulário relativo a uma língua de especialidade. Exemplo: a economia.[267] Cf. **vocabulário de especialidade**

lexicografia. Ramo da lexicologia que se ocupa da realização de dicionários e léxicos [com base em estudos da forma, do significado e do comportamento das palavras numa língua particular]. O termo pode ser também utilizado para designar o estudo teórico e a análise dos dicionários, da sua elaboração (metodologia) e da sua estrutura (lexicografia teórica). A lexicografia pode não implicar a realização de um dicionário mas apenas o recenseamento e a análise das formas e das significações das unidades lexicais observados do ponto de vista das suas combinatórias de funções.[268]

lexicografia especializada. Lexicografia que estuda a terminologia de uma língua de especialidade.

lexicografia terminológica. Consignação, tratamento e apresentação dos dados terminológicos resultantes da investigação terminológica.[269]

língua comum. Parte do sistema linguístico compreendida e utilizada pela maioria dos locutores de uma comunidade linguística.[270] Cf. **língua geral**

língua de chegada. Numa tradução, é a língua em que será processado o texto de partida, isto é, é a língua em que será escrito o texto de chegada. Também língua-alvo no Brasil.

língua de partida. Numa tradução, é a língua em que está escrito o texto de partida.

língua de especialidade. Subsistema linguístico que compreende o conjunto dos meios linguísticos próprios de um domínio particular do saber (disciplina, ciência, técnica, profissão, etc.) visando a não ambiguidade na comunicação.[271]

língua geral. Sistema de comunicação oral e escrita de uso quotidiano e geral numa comunidade linguística. Cf. **língua comum**

língua técnica. Conjunto de meios de expressão de carácter sintático e sobretudo lexical, próprios de uma técnica, utilizados por um grupo sociocultural e profissional.[272] Cf. **jargão**

línguas de duplo byte[273]. São línguas em que os caracteres são codificados com o dobro da informação, tais como o chinês, o japonês e o coreano.

linguista. Pessoa que exerce profissão no campo das línguas, em particular em linguística teórica, aplicada ou computacional. Também profissional das línguas.

linguística aplicada. Área da linguística que estuda as aplicações práticas dos estudos linguísticos, com ênfase à função comunicativa da linguagem, incluindo práticas profissionais, como a lexicografia, a terminologia, a tradução geral e técnica, o ensino de língua (língua geral ou língua de especialidade, língua materna e segunda língua), escrita técnica e edição, interpretação e processamento computacional das línguas.

lista das entradas. Conjunto das entradas de um dicionário.[274]

lista de exclusão. Lista de termos identificados como devendo ser excluídos de um dado tratamento.[275]

lista de inclusão. Lista de elementos linguísticos que devem ser retidos e examinados para um determinado tratamento.[276]

lista de termos. Conjunto de termos submetidos a um trabalho terminológico. Os termos de uma lista podem ser acompanhados de informações suplementares.[277] A lista de termos é criada como referência para os linguistas (ou tradutores) e é normalmente específica a cada projeto ou a cada cliente. Estas listas estão normalmente configuradas em glossários, que podem ser tabelas de duas colunas, um com o termo na língua de partida e a outra com o termo equivalente na língua de chegada. As listas de termos são criadas pelos linguistas mas deverão, convenientemente, ser aprovadas pelo cliente antes de se dar início à tradução.

locale. Convenções linguísticas, culturais, legais, técnicas e geográficas de um público-alvo.

localização (L10N). A localização vai para além da tradução em si mesma, é uma verdadeira adaptação cultural de um produto ao mercado-alvo. A localização tem em conta fatores do locale como a legislação e regulamentação locais, cores, medidas, valores numéricos e muitos outros fatores não linguísticos.

localização de software. Basicamente o mesmo que tradução de software e outras aplicações. Em localização de software, apenas o texto visível escrito em linguagens humanas é traduzido, deixando intacta a codificação. A localização de software pode ser feita manualmente, mas idealmente a localização deveria ser informatizada através de ferramentas especiais chamadas ferramentas CAT.

M

macroestrutura. Organização geral de um dicionário.[278]

manual. Obra de referência que fornece, com brevidade, informações fundamentais acerca de uma disciplina.

marca de uso. Marca que se regista numa entrada terminológica para indicar as particularidades de uso de um termo.

mecanismo de pesquisa. Programa que permite ao utilizador pesquisar informação numa base de dados ou na Internet.

memória de tradução (TM). Uma memória de tradução, ou TM, é uma base de dados incluída numa ferramenta CAT, e que armazena os chamados segmentos, que podem ser parágrafos, frases, expressões, ou ainda unidades (cabeçalhos, títulos ou elementos de uma lista) que foram previamente traduzidos. A memória de tradução armazena o texto de partida e a sua tradução correspondente em pares de línguas. A este conjunto chama-se "unidades de tradução". Os atuais sistemas de memória de tradução são bases de dados avançadas de tradução incorporando eficientes métodos de pesquisa. Uma TM é utilizada para garantir a otimização, a coerência e a qualidade da tradução, e para reduzir o tempo despendido em todo o processo. Uma das propriedades mais importantes de uma memória de tradução é a de que pode ser reutilizada noutros projetos.

metodologia de pesquisa. Conjunto de técnicas, métodos e procedimentos adotados para realizar pesquisas.

microestrutura. Organização dos dados lexicológicos ou terminológicos contidos num artigo de um dicionário.[279]

modificação. Tipo de operação numa base de dados terminológicos, que tem por objetivo o aperfeiçoamento da forma ou do conteúdo de uma entrada terminológica.

mononímia. Relação entre designação e noção, na qual a noção tem uma só designação.[280] Cf. **monossemia**

monossemia. Relação entre designação e noção, na qual uma designação representa uma só noção.[281] Ou seja, é uma relação unívoca entre um conceito e o termo que o designa, em que cada uma das designações se refere apenas ao conceito em questão. Cf. **mononímia**

N

neologismo. unidade do léxico (palavra, lexia ou sintagma), cuja forma significante ou cuja relação significado-significante, caracterizada por um funcionamento efetivo num determinado modelo de comunicação, não se tinha realizado no estádio imediatamente anterior do código da língua.

neologismo terminológico. Termo de formação recente ou empréstimo provindo recentemente de outra língua ou de outro domínio do saber. Igualmente, designação de uma noção nova por um termo já existente.[282]

neónimo. Termo de formação recente ou empréstimo provindo recentemente de outra língua ou de outro domínio do saber. Igualmente, designação de uma noção nova por um termo já existente.[283] Neologismo de cariz terminológico. Morfologicamente, a palavra "neónimo" é um neologismo denominativo formal derivado por prefixação constituído pelo prefixo *neo-* (do grego "νεος", *neos*, i.e., "novo") + radical *-ónimo* (do grego "όνομα", *ónoma*, i.e., "nome" ou "designação"), significando "nome novo" ou "designação nova".

nível de língua. Ver **registo de língua**

nó. Extremidade de uma ramificação ou ponto de interseção de várias ramificações, numa representação gráfica em árvore. Exemplos: nó genérico; nó específico; nó terminal; nó radical.

noção. Unidade de pensamento construída por abstração a partir das propriedades atribuídas a um objeto ou a uma classe de objetos.[284] Representação geral e abstrata; conceito.[285]

noção coordenada. Noção que, num sistema de tipo hierárquico, se situa ao mesmo nível que uma ou várias noções.[286]

noção emprestada. Noção utilizada num dado domínio, mas que pertence, na origem, a um outro domínio.[287]

noção subordinada. Noção que, num sistema de tipo hierárquico, pode ser agrupada com uma ou mais noções do mesmo nível, para formar uma noção de nível superior. Pelo processo inverso, noção que resulta da divisão de uma noção superordenada.[288]

noção superordenada. Noção que, num sistema de tipo hierárquico, pode ser subdividida num certo número de noções de nível inferior, chamadas noções subordinadas.[289]

nomenclatura. Sistema de termos construído segundo regras sistemáticas de denominação previamente estabelecidas. Conjunto dos nomes que remetem para os objetos relativos a uma técnica ou sector de atividade (p. ex., nomenclatura das peças de uma máquina).[290] Lista de termos, símbolos e fórmulas que designam os nós de um diagrama conceptual, elaborada durante uma pesquisa temática.

norma terminológica. Resultado de uma intervenção de normalização referente a um termo ou a um vocabulário especializado e difundido sob a forma de um comunicado de normalização.

normalização. Seleção, validação e difusão de um ou mais termos por uma entidade de normalização reconhecida, com o objetivo de recomendar ou desaconselhar o uso de um termo numa determinada comunidade.

normalização de terminologia. Oficialização de uma terminologia por um organismo com autoridade.[291]

normalização dos princípios terminológicos. Estabelecimento de normas metodológicas para o trabalho terminológico.[292]

normalização terminológica. Estabelecimento de normas por parte de um organismo com autoridade, tendo por base princípios terminológicos, normas terminológicas e normas técnicas.[293]

numerónimo. Um numerónimo (do inglês, *numeronym*) é uma palavra ou sigla que contém números, como por exemplo i18n, onde o 18 representa, em inglês, o número de letras entre o "i" e o "n"; outros exemplos são g11n (globalização), l10n (localização), G8 (Grupo dos 8), G20, (grupo das 20 maiores economias do mundo), W3C (*World Wide Web Consortium*), 24/7 (24 horas por dia), ou mesmo CR7 (o futebolista português Cristiano Ronaldo, cuja camisola, na seleção portuguesa de futebol, tem o número 7).

O

observação. Tipo de prova textual numa entrada terminológica que comenta ou esclarece um conceito ou o uso de um termo, sem necessariamente atestá-lo.

ocorrência. Fenómeno de discurso que marca a importância que uma determinada linguística (descritiva e sobretudo quantitativa) dá à presença atestada de fenómenos da língua, em discurso. É em estatística e particularmente em estatística lexical que a noção de ocorrência encontra a sua plena atualização: os critérios seletivos de frequência e de repartição têm por objetivo contabilizar as ocorrências das diferentes unidades encontradas num *corpus* de modo a obter um índice ordenado. Em terminologia, essas unidades são os termos, e a ocorrência é uma cadeia de caracteres alfanuméricos presente no *corpus*.[294]

OLIF (*Open Lexicon Interchange Format*). O formato OLIF é uma norma livre compatível com as normas XML para o intercâmbio de dados terminológicos e lexicais. Embora tenha sido originalmente concebido como um meio de intercâmbio de dados lexicais entre léxicos proprietários de tradução automática, evoluiu para uma norma mais geral de intercâmbio terminológico.

operação. Intervenção ou manipulação eletrónica que muda o conteúdo de uma base de dados através da adição, modificação, transferência ou supressão de dados.

orientação cultural. É o desenvolvimento de uma autoconsciência cultural e de estratégias comportamentais eficazes de forma a minimizar as diferenças culturais que ocorrem ao pôr em contraste os valores de diferentes grupos sociais.

outsourcing. Ver **subcontratação**

P

página padrão. Uma das unidades de medida utilizadas por alguns serviços de tradução europeus é a chamada página padrão. Esta é definida pela *União Europeia das Associações de Empresas de Tradução* como um número de caracteres que pode ir de 1200 a 1500.

palavra-chave. Termo que designa, em estatística linguística, o vocábulo cuja frequência de ocorrência num texto (ou concretamente na obra de um autor) é superior à média normal. Pode ainda considerar-se palavra-chave o termo que é o objetivo da pesquisa terminológica num domínio específico (por exemplo, a economia, a informática, etc.). Neste sentido, a palavra-chave é sinónimo de descritor.[295]

par linguístico. O par composto pela língua de partida e a língua de chegada. Os pares linguísticos devem ser definidos durante a criação de uma memória de tradução ou de uma base terminológica numa ferramenta CAT.

parâmetro. Dado inserido numa entrada terminológica que específica a natureza, o uso, a origem ou a valia de um termo (categoria gramatical, marca de uso, normalização).

parassíntese. Tipo particular de derivação. Processo de formação de palavras que consiste na adjunção simultânea de um prefixo e de um sufixo. De um modo geral, em português, as formas derivantes são adjetivos ou nomes e as formas derivadas são verbos. Os prefixos que ocorrem nestas formas são: a-, en- e es-; e os sufixos são desinências verbais: -ar, -ecer, -ejar. Exemplos: padrinho ⇨ apadrinhar; barco ⇨ embarcar; podre ⇨ apodrecer; velho ⇨ envelhecer; vazio ⇨ esvaziar.[296] Cf. **derivação, composição**

PDF (*Portable Document Format*). O PDF é um formato de ficheiro criado pelo programa *Adobe Acrobat*, principalmente para ser lido com um leitor de PDF, tal como o *Adobe Reader*. Os documentos no formato PDF pode conter conteúdos textuais, imagens, vídeos ou elementos interativos, e podem ser partilhados entre quase todas as plataformas, mantendo a aparência e a funcionalidade dos documentos impressos, ou seja, os ficheiros PDF mantêm a formatação e os dados de configuração dos ficheiros originais criados noutra aplicação. Os documentos podem ser editados através da versão profissional do *Adobe Acrobat*. Estes ficheiros têm a extensão PDF.

pesquisa. Recuperação de informações terminológicas através de comandos que seguem critérios específicos, tais como pesquisa por termo, pesquisa por área, pesquisa documental, etc.

pesquisa terminológica. Conjunto de atividades que inclui a compilação, a análise, a síntese, o registo e o processamento da informação terminológica relativamente a um ou mais conceitos especializados e às suas designações.

planificação linguística. Medidas oficiais com o objetivo de modernizar a língua.

polissemia. Relação entre duas ou várias noções que têm certas características comuns e que têm a mesma designação[297], isto é, a relação de dois ou mais conceitos numa mesma designação.

ponderação. Avaliação de um termo em função de critérios pré-estabelecidos e que se exprime segundo uma determinada escala.[298]

pontos por polegada (DPI - *dots per inch***).**
Uma medida de resolução comum utilizada em impressão para descrever a densidade das imagens ou dos caracteres. Refere-se ao número de pontos de tinta que uma impressora é capaz de imprimir por polegada, vertical e horizontalmente. Quanto maior forem os DPI, maior a qualidade da imagem impressa.

potencial de significado. Termo usado pelo linguista M. A. K. Halliday para referir o sistema de opções inter-relacionadas, em termos de múltiplas alternativas de significado funcionalmente estruturadas, que o falante tem à sua disposição quando pretende comunicar com outrem. Os sistemas lexical e gramatical exprimem esse significado em palavras que são então veiculadas pelo sistema fonológico ou pelo sistema ortográfico.[299]

princípio monossémico. Princípio da pesquisa terminológica segundo o qual uma entrada terminológica deve referir apenas um único conceito e de que todos os dados sobre este conceito devem ser registados numa única entrada.

produto terminológico. Resultado de uma atividade terminológica, tal como, por exemplo, uma entrada, uma base de dados, uma base de dados terminológicos, um glossário, um léxico, um vocabulário, uma norma, uma especificação, um comunicado terminológico, etc.

profissional da língua. Ver **linguista**.

programa de alinhamento de texto. Programa que exibe de forma paralela os textos (geralmente o texto de partida e a sua tradução), de forma a facilitar a comparação entre segmentos, isto é, entre parágrafos, frases e palavras.

programa de computador. Ver **software**.

programa de concordância. Programa que identifica e enumera as coocorrências dos termos nos textos selecionados durante a pesquisa temática.

programa de indexação. Ver **indexador**.

propriedade. Representação mental de uma propriedade atribuída a um dado objeto, e que serve para delimitar a noção.[300]

protocolo de registo. Conjunto de regras relativas ao registo de dados em entradas terminológicas que declara a um serviço de registo de dados os procedimentos que deve seguir para o tratamento de bases terminológicas.

prova textual. Informação textual, gráfica ou de multimeios que oferece ao utilizador de uma base de dados informações sobre um conceito especializado ou sobre a utilização das suas designações.

pseudosinónimo. Designação incorrecta que se atribui a um conceito devido à confusão entre um conceito genérico e um específico, em função do desconhecimento do uso apropriado, etc. Exemplos: vírus Y2K em lugar de bug Y2K. Também **falso sinónimo**.

publicação eletrónica. Produção, edição e difusão de documentos através de sistemas informáticos, com a utilização de programas de processamento de texto, de edição e de hipertexto.

Q
qualidade de tradução. A qualidade de tradução não é um conceito subjetivo. O respeito por procedimentos de qualidade deve ter em conta os critérios de controlo de qualidade definidos pelas normas vigentes, especialmente as normas EN 15038:2006, ASTM F2575-06, ISO 9001:2008, e a norma sobre princípios e métodos de serviços terminológicos ISO 704:2009, a norma de orientação para projetos de tradução ISO/TS 11669:2012, e o conjunto de normas sobre terminologia, conteúdos, e outros recursos de linguagem ISO TC 37. Estas normas dão conta de inúmeras variáveis, nomeadamente de critérios de formação académica e profissional,

de seleção de linguistas e tradutores, de prestação de serviços, de metodologia terminológica, de políticas de língua, e de respeito pela qualidade gramatical e textual de forma geral.

quase-sinónimo. Termo que designa o mesmo conceito que outro termo, mas que não pode substituí-lo em todos os contextos de uma língua, pois o seu uso limita-se a determinadas situações comunicativas. Também **sinónimo parcial**.

R
recolha de termos. Ver **pesquisa**.

redes sociais. As redes sociais definem-se como quaisquer formas de comunicação eletrónica (tais como sítios Web de redes sociais e microblogues) através dos quais os utilizadores podem criar comunidades online para trocar informações, ideias, mensagens pessoais e outros conteúdos (tais como fotos e vídeos). São exemplos de sítios de redes sociais o *Facebook*, o *YouTube*, o *Twitter*, o blogue *Flickr*, entre outros.

redimensionamento. Durante o processo de localização, algumas sequências de caracteres de código do software podem-se expandir e deixar de caber nas caixas de diálogo, botões, menus, etc. do texto de partida. Quando isto acontece, os engenheiros e os programadores servem-se de software especializado para redimensionar os elementos da interface do utilizador para que o texto possa voltar a caber na área preestabelecida.

redução. Processo de redução de uma palavra sem alteração do seu significado ou da sua categoria sintática. Este processo tem frequentemente o efeito de tornar a palavra estilisticamente menos formal. Em terminologia, este processo pode levar à criação de novos termos. Exemplos: prof (professor/a); facho (fascista); porno (pornográfico/a); metro (metropolitano).[301] Cf. **truncação**

registo de dados. Ação de inserir informação, obtida durante a análise terminológica, numa entrada terminológica uninocional.

registo de língua. Conjunto de propriedades que são características de um determinado tipo de texto linguístico ou de discurso. Variação da linguagem verbal, oral ou escrita, em conformidade com o tipo de situação comunicativa (dialetal, familiar, neutro, científico, popular, etc.).

relação associativa. Relação não-hierárquica entre dois conceitos em contexto de proximidade espacial ou temporal, tal como a relação entre contido e conteúdo, uma atividade e o instrumento utilizado para executá-la, a causa e o seu efeito, um produtor e o seu produto, etc.

relação genérica. Relação hierárquica entre um conceito genérico superordenado e uma série de conceitos específicos subordinados que herdam todas as suas características, mas que se distinguem entre si por, no mínimo, uma característica distintiva.

relação hierárquica. Relação entre noções que resulta da divisão de uma noção superordenada em noções subordinadas formando um ou vários níveis, ou inversamente. Este processo introduz também noções coordenadas.[302] Cf. **taxinomia**

relação parte-todo. Ver **relação partitiva**.

relação partitiva. Relação hierárquica entre um conceito superordenado que representa um todo e os conceitos subordinados que representam as suas partes.

relação pragmática. Relação entre noções, baseada em laços temáticos. Existem outros tipos de relações não hierárquicas para além da relação sequencial e da relação pragmática.[303]

relação sequencial. Relação de dependência entre noções que se referem a objetos que apresentam uma contiguidade temporal ou espacial. As relações sequenciais podem ser do tipo causa-efeito, produtor-produto, etapas de um processo, etc.[304]

releitura. Operação executada pelo terminólogo, após introduzir a informação de uma entrada, para que se possa assegurar de que os dados inseridos respeitam as regras de registo de dados e os princípios de pesquisa terminológica.

retrotradução. O processo de retroversão de um documento, o qual já fora traduzido para uma língua de chegada, novamente para a língua de partida — a efetuar por um novo tradutor — como forma de controlo de garantia de qualidade. É uma medida pedida pela legislação de garantia de qualidade de alguns países. Este procedimento dá início a um novo processo de tradução-revisão.

revisão. Uma das etapas finais no trabalho de tradução. Rever (também "revisar", no Brasil) pretende ser a última (penúltima, se existir **edição**, ou antepenúltima, se existir **edição** e **revisão de provas**) verificação de um texto de chegada relativamente à sua coerência e correção gramatical, adequação aos fins acordados, e relativamente ao respeito pelas convenções do domínio a que pertence e respetivas recomendações de medidas corretivas a implementar.

revisão de provas. Verificação das provas ou testes finais antes da publicação.

revisor. Profissional que contribui para o controlo da qualidade, revê o conteúdo e a forma de uma entrada terminológica ou de uma tradução, e transmite os seus comentários ao gestor de projeto, ao autor da entrada ou ao tradutor para que aquelas possam ser melhoradas e implementadas.

romanização. Conversão de um outro sistema de escrita ao alfabeto latino.[305] Exemplo: φιλοσοφία (alfabeto grego) ⇨ *philosophia* (significado: filosofia), ou улица (alfabeto cirílico) ⇨ *úlitza* (significado: rua). Cf. **transcrição**

RTF (*Rich Text Format*). É um tipo de documento que codifica a formatação como marcas textuais. Os documentos RTF podem ser abertos como documentos de texto para se poder observar as marcas textuais ou convertido para se assemelhar a um documento do Word (sem marcas visíveis).

S
SaaS (*Software as a service*) — software como serviço. Disponibilização de software e aplicações completas em contexto de computação em nuvem executadas a partir da infraestrutura disponibilizada pelo fornecedor de SaaS. As aplicações SaaS são acedidas através da Internet e são geralmente tarifadas através de assinatura[306] periódica (normalmente mensal ou anual). Também referido como "software por pedido" ("*on-demand software*"), é normalmente acedido por utilizadores que fazem recurso de uma interface através de um navegador da Web. A disponibilização de SaaS tornou-se comum em muitas aplicações empresariais, nomeadamente em sistemas nas áreas da contabilidade, colaboração, gestão das relações com clientes (CRM), planeamento dos recursos empresariais (cf. **ERP**), faturação, gestão de recursos humanos (GRH), gestão de conteúdos (cf. **CMS**) e em serviços de desktops virtuais (cf. **webtop**). Cf. **computação em nuvem (*cloud computing*)**

segmento. A unidade básica do texto de partida, segundo o concetualizado por uma ferramenta de tradução; estas unidades básicas, ou segmentos, podem ser alinhados com a tradução correspondente da memória de tradução. Um segmento é habitualmente definido como o conteúdo existente entre quebras de parágrafos, vulgarmente uma frase, mas pode ainda ser um cabeçalho, itens numa lista, as células numa tabela, uma expressão, etc.

SEM (*Search Engine Marketing*). Também conhecido como *Paid Search* – é a prática de aumentar a exposição de um sítio Web através de táticas de pesquisa paga como o PPC (*pay-per-click*, ou "pagamento por clique"). De forma geral, o SEM envolve o pagamento de serviços de ranking Web para que se possa obter um resultado de pesquisa favorável para um determinado termo ou palavra-chave. Quando um utilizador da Web clica numa hiperligação ou num anúncio, quer de texto quer de imagem, o anunciante paga um determinado preço. Os objetivos estão alinhados com os de uma estratégia SEO, contudo o SEO envolve resultados orgânicos (código, meta tags, conteúdo) e o SEM envolve resultados pagos. Cf. **SEO**

SEO (*Search Engine Optimization*). O SEO é a prática de assistir um sítio Web a surgir proeminentemente nos motores de busca como o Google, o Yahoo e Bing. O *Search Engine Optimization* é uma estratégia de marketing da Internet que analisa as pesquisas na Web: procura determinar como os motores de busca catalogam os sítios Web e lhes atribuem um ranking nos resultados da pesquisa, e concomitantemente investiga o que os utilizadores da Internet procuram e que termos específicos (ou palavras-chave) são pesquisados. Cf. **SEM**

sequências (*strings*). São agrupamentos de caracteres (letras, números, ou sinais de pontuação) que são utilizados em programas como mensagens de erro, rótulos de botões, etc. As sequências de caracteres, são muitas vezes colocadas entre aspas simples ou duplas. As sequências de caracteres necessitam de ser traduzidas se possuírem texto que seja mostrado ao utilizador. Também **cadeia de caracteres**

serviços de valor acrescentado. Serviços que podem ser prestados por um fornecedor de serviços de tradução para além dos serviços de tradução em si mesmos; por exemplo, DTP, terminologias, etc.

serviço de pesquisa online. Serviço que dá acesso a documentos informatizados através de terminais de pesquisa.

serviço de informação linguística. Serviço linguístico responsável pelo atendimento de solicitações de informação encaminhadas pelos clientes.

servidor. Um servidor é um computador que oferece o acesso a ficheiros e impressoras às estações clientes através de recursos partilhados via uma rede de computadores; é também um programa que oferece serviços a outros programas (clientes). A ligação entre cliente e servidor é normalmente efetuada via veiculação de mensagens, muitas vezes através de uma rede, e utiliza um sistema de protocolos para codificar as solicitações dos clientes e as respostas dos servidores; é também um computador que oferece serviços a outros computadores que a ele estão ligados através de uma rede. O exemplo mais comum é um servidor de ficheiros possuidor de um disco local e que veicula solicitações de serviços a partir de clientes remotos de forma a ler e a gravar os ficheiros no disco, muitas vezes utilizando o protocolo de sistema de ficheiros em rede (*Suns Network File System* — NFS) ou o protocolo *Novell Netware* através de sistemas IBM PC.[307]

sigla. Sequência formada pelas letras ou sílabas iniciais de palavras que constituem uma expressão, e que se leem individualmente. Exemplos: PSP, por Polícia de Segurança Pública; CPLP, por Comunidade dos Países de Língua Portuguesa. Cf. **abreviação**, **abreviatura**, **acrónimo**

símbolo. Representação de uma noção por meio de letras, números, pictogramas ou da combinação destes elementos.[308] Cf. **numerónimo**

sinonímia. Relação de sentido entre duas ou mais unidades lexicais cujo significado é idêntico ou que podem ser utilizadas individualmente num mesmo contexto sem que com isso se verifique uma alteração no significado da frase. Há dois tipos de sinonímia, a total e a simples. Neste segundo caso, o contexto revela-se de importância fundamental, pois é em função do mesmo que, por exemplo, "refletir" e "pensar", são ou não são sinónimos.[309]

sinónimo. Termo que, numa língua, designa aproximadamente o mesmo conceito que outro e que é permutável em todos os contextos.

sinónimo absoluto. Ver **sinónimo**.

sinónimo parcial. Ver **quase-sinónimo**.

sintagma. Conjunto de palavras subordinadas a um núcleo que forma uma unidade semântica ou sintática na estrutura da frase (ex.: sintagma nominal, sintagma verbal, termo sintagmático).

sintagma terminológico. Termo constituído por uma cadeia de palavras ligadas sintaticamente e designando uma noção única. Os sintagmas terminológicos apresentam um grau variável de fixação: sendo à partida sintagmas de discurso ou criados espontaneamente, eles tornam-se fixos e neste caso o sintagma não pode ser associado sem que perca a sua significação própria.[310]

sistema conceptual. Conjunto de conceitos estruturados de acordo com as relações lógicas que mantêm entre si.

sistema de classificação. Sistema estruturado para classificar conhecimentos, entidades ou objetos, a fim de que se lhes possa facilitar o acesso ou o seu estudo; este sistema pode ser, por exemplo, elaborado de acordo com os seguintes critérios: alfabético, associativo, hierárquico, numérico, ideológico, espacial, cronológico ou outro.

sistema de conceitos. Ver **sistema conceptual.**

sistema de noções. Conjunto estruturado de noções que reflete as relações estabelecidas entre as noções que o compõem e no qual cada noção é determinada pela sua posição no sistema.[311]

sistemas de gestão de bases de dados (DBMS — *Database Management Systems***).** Estes programas permitem que os utilizadores possam gerir e utilizar bases de dados. Podem também ser utilizados como interfaces de sistemas multiutilizador; estes sistemas servem ainda para a monitoração, circunscrição e posicionamento de dados armazenados nos suportes informáticos de armazenamento para facilitar o funcionamento de outros programas, minimizando-lhes assim o esforço de procura de informação.

software. Conjunto dos meios não materiais (em oposição a hardware) que servem para o tratamento automático da informação e permitem o «diálogo» entre o homem e o computador; conjunto de programas que possibilita o funcionamento do computador no tratamento do problema que lhe é posto.[312]

SRX (*Segmentation Rules eXchange***).** O formato SRX destina-se a melhorar o formato normalizado TMX para que os dados das memórias de tradução que são trocados entre as aplicações possam ser utilizados de forma mais eficaz. Pode-se aumentar o aproveitamento destes dados ao especificar as regras de segmentação de uma determinada memória de tradução utilizada anteriormente.

status oficial. Situação em que se encontra um termo que fora objeto de uma recomendação oficial.

subcontratação. Contratação externa de serviços. É a prática da compra de serviços de tradução a um fornecedor de serviços de tradução independente (*freelance*) ou a uma empresa de serviços de tradução (agência). O mesmo que *outsourcing* (subcontratação), e terciarização (BR).

superordenado. Hiperónimo ou superordenado é o nome dado à unidade lexical que numa relação de inclusão se apresenta como a unidade mais geral, a que inclui no seu significado o significado veiculado pela outra unidade (o seu hipónimo). Assim, na relação de hiperonímia existente entre as palavras "mesa" e "mobília", "mobília" é o hiperónimo, ou superordenado, que tem "mesa" como seu hipónimo.[313] Cf. **hiperónimo**

suporte de informação. Material ou dispositivo utilizado para receber, armazenar ou difundir a informação.

supressão. Operação que resulta na remoção de uma entrada terminológica de uma base de dados terminológicos.

T
tag. Ver **etiqueta**

tagging. Ver **etiqueta**

tautologia. Repetição, numa definição, da informação já facultada acerca de um termo que designa um conceito definido. Em última instância, é a proposição na qual o predicado diz a mesma coisa que o sujeito, quer em termos idênticos, quer em termos equivalentes; ou seja, é a proposição dada como explicação ou como prova, mas que, na realidade, apenas repete, em termos idênticos ou equivalentes, o que já foi dito; dito ainda de outra maneira, é o ato de dizer o mesmo repetidas vezes como se se estivesse a apresentar informação nova — um pouco como o processo de paráfrase que utilizei na explicação desta entrada.

taxinomia. Do grego τάξις (taxis), "colocação em ordem, boa ordem, disposição, ordenação"[314], isto é, classificação; e νόμος (nómos), "uso, costume, lei"[315], isto é, regra ou método, portanto, "regras ou métodos de classificação". [A taxinomia foi] concebida tradicionalmente como a "teoria das classificações", a metodologia taxinómica é fundamentalmente descritiva. A taxinomia tem por objeto inventariar e organizar o maior número possível de factos de um domínio, ou de um domínio de experiência, para chegar à classificação e sistematização dos dados observados (ex: a classificação de espécies em zoologia, em botânica, etc.).[316] A taxinomia é ciência dos princípios e métodos de classificação dos diversos elementos de uma área científica; ramo que trata da classificação das palavras.[317] A taxinomia é também a teoria e prática de agrupar e nomear indivíduos, coisas, factos e conceitos em macrogrupos ou filos, produzindo assim uma classificação.[318] Por último, a taxinomia é uma componente importante da sistemática, a qual abrange a descrição, identificação, nomenclatura e classificação de sistemas; a sistemática é o estudo dos sistemas e da sua aplicação ao problema de compreensão. O objetivo da sistemática é a compreensão da complexidade organizada.[319] Cf. **relação hierárquica**

TBX (*TermBase eXchange*). Formato normalizado LISA, revisto e republicado como ISO 30042, permite o intercâmbio de dados de terminologia, incluindo as informações lexicais detalhadas. O enquadramento do TBX é conferido por três normas ISO: ISO 12620, ISO 12200 e ISO 16642.

terciarização. (BR). Ver **subcontratação**

terminal de pesquisa. Computador ou terminal de computador ligado a um sistema de telecomunicações, permitindo aos utilizadores realizar consultas e obter informações a partir de uma base de dados.

terminografia. Consignação, tratamento e apresentação dos dados terminológicos resultantes da investigação terminológica.[320]

terminologia. Conjunto de termos que representam um sistema de noções de um domínio particular.[321] Lista organizada dos termos técnicos usados numa ciência ou arte, acompanhada ou não das respetivas definições.[322] Conjunto de palavras técnicas pertencentes a uma ciência, atividade profissional, pessoa ou grupo social. Disciplina linguística dedicada ao estudo científico dos conceitos e dos termos usados nas línguas de especialidade.

terminologia comparada. Estudo comparativo de termos que designam um conceito especializado em duas ou mais línguas.

terminólogo. Profissional de língua, especializado em terminologia.

terminótica. Nova área de investigação resultante da ligação entre a terminologia e a informática. A terminótica ou terminologia automatizada tem como objeto o tratamento automático do termo. É, hoje, uma componente da terminografia moderna.[323]

termo. Palavra ou grupo de palavras correspondente a um e um só conceito de uma língua de especialidade utilizada num domínio particular do conhecimento.[324] Ou seja, uma palavra (termo simples), grupo de palavras (termo composto), sintagma, símbolo ou fórmula que designam um conceito de uma área específica. Também **unidade terminológica**.

termo abreviado. Termo que resulta da supressão de uma ou várias partes de um termo já existente, designando a mesma noção.[325]

termo complexo. Termo constituído por dois ou mais radicais, ao qual se podem acrescentar outros elementos.[326]

termo composto. Termo complexo cujos elementos são justapostos sem adjunção morfológica.[327]

termo específico. Nome dado à unidade lexical que numa relação de hiponímia se apresenta como a mais específica, aquela cujo significado se inclui no significado mais geral que é dado pela outra unidade (o hiperónimo ou superordenado). Assim, na relação existente entre as palavras "leão" e "animal", "leão" é o hipónimo e "animal" é o hiperónimo. Por oposição ao vocábulo da língua corrente, o termo específico ou hipónimo integra-se por vezes numa língua de especialidade.[328] Simplesmente, termo subordinado, numa relação hierárquica, cujo significado está incluso no de outro termo genérico. Também **hipónimo**.

termo genérico. Hiperónimo ou superordenado é o nome dado à unidade lexical que numa relação de inclusão se apresenta como a unidade mais geral, a que inclui no seu significado o significado veiculado pela outra unidade (o seu hipónimo). Assim, na relação de hiperonímia existente entre as palavras "mesa" e "mobília", "mobília" é o hiperónimo, ou superordenado, que tem "mesa" como seu hipónimo.[329] Simplesmente, termo superordenado, numa relação hierárquica, cujo significado inclui o de outro termo ou de outros. Também **hiperónimo**.

termo obsoleto. Termo em desuso.[330]

termo privilegiado. Termo cujo uso é recomendado por um organismo com autoridade.[331] Também **termo tolerado**

termo rejeitado. Termo cujo uso é rejeitado por um organismo com autoridade.[332]

termo simples. Termo constituído por um só radical, com ou sem afixos.[333]

termo tolerado. Termo aceite como sinónimo de um termo privilegiado, por um organismo com autoridade.[334] Também **termo privilegiado**

tesauro. Ver **thesaurus**

testes de verificação. É a confirmação de qualquer requisito de teste, incluindo os testes funcionais de componentes de sistemas de hardware e software, os testes de compatibilidade de um componente para outro, a verificação de planificação e projeto, os testes de conformidade às normas industriais, e testes à interoperabilidade de terceiros.

texto de chegada. Resultado do processo de tradução na língua de chegada.

texto de partida. Texto a ser traduzido.

thesaurus. Índice alfabético de termos normalizados, organizados em função de análises de conteúdo e de classificações de documentos de informação.[335] Coleção exaustiva de termos relativos a determinada área do conhecimento, alfabética e sistematicamente ordenados; dicionário que regista uma lista de palavras que são associadas semanticamente a outras, apresentando geralmente sinónimos e, algumas vezes, antónimos.[336] Também **tesauro**

tipo de característica. Toda a categoria de característica usada como critério no estabelecimento de um sistema genérico de noções.[337]

título oficial. Ver **denominação oficial**.

TMS (*Translation Management System*). Um TMS, ou Sistema de Gestão de Tradução, é um sistema integrado de gestão de tradução projetado para facilitar a globalização, a internacionalização e a localização dos produtos e serviços de instituições ou empresas com um alto rácio de atualização de conteúdos multilingue. Um TMS encontra-se normalmente ligado a um CMS (cf. **CMS**), quer direta quer indiretamente, de forma a gerir conteúdos multilingue, e tem geralmente uma configuração tripartida:
Gestão empresarial: inclui a gestão de projeto, a gestão de recursos e a gestão financeira. Esta categoria está tradicionalmente relacionada com as ferramentas ERP (cf. **ERP**).
Gestão de processos: fluxos de trabalho, colaboração, e articuladores de conteúdos. Tradicionalmente, esta categoria faz parte do domínio das ferramentas especializadas de gestão de projeto.
Gestão linguística: memórias de tradução integradas, ferramentas de tradução em desktop virtual (cf. **webtop**), e marcação e revisão pelo cliente.

Tradicionalmente, a gestão linguística é efetuada através de ferramentas especializadas de tradução.

TMX (*Translation Memory eXchange*). É um formato normalizado que permite o intercâmbio de memórias de tradução entre fornecedores de tradução. O formato TMX foi adotado pela comunidade de serviços de tradução como a melhor maneira de importar e exportar memórias de tradução.

trabalho terminológico. Atividade que diz respeito à sistematização e à representação das noções assim como à apresentação das terminologias, segundo os princípios e os métodos estabelecidos.[338] Trabalho sistemático de recolha, descrição, processamento e apresentação de conceitos e as suas designações, com o objetivo de documentar e promover o uso correto de um termo.

traço semântico. Unidade de significado, ou propriedade mínima, usado para descrever um conceito. Exemplos: traço semântico acessório, extrínseco, intrínseco, distintivo, essencial. Também **característica semântica**.

tradução. Processar uma comunicação escrita de uma língua de partida para uma língua de chegada, mantendo o mesmo significado que a comunicação original.

tradução automática. Tradução produzida por um programa de tradução automática alojado quer num computador autónomo quer numa aplicação da Internet. Quer o texto traduzido automaticamente quer o software em si mesmo são comumente usados como sinónimos de tradução automática. No Brasil também se usa o termo "tradução de máquina" ou simplesmente "tradução máquina".

tradução juramentada. Assim chamada no Brasil, é uma tradução certificada por um notário, tramitação que é exigida por algumas traduções jurídicas brasileiras. No Brasil, ao linguista dá-se o nome oficial de "tradutor público", o qual tem de ser nomeado e registado na junta comercial do estado onde reside, o que terá efeito após a sua aprovação em concurso público. A certificação implica que o tradutor público seja linguisticamente habilitado em português e numa ou mais línguas estrangeiras. Na tradução juramentada, o tradutor ou um representante da Agência de tradução jura sob compromisso de honra perante um notário público que a tradução que realizou é verdadeira e precisa. Em Portugal não existe a figura jurídica de tradução juramentada, podendo contudo, ser realizados quaisquer atos notariais de atestação, quer através de um notário, quer através dos serviços de uma embaixada cuja língua oficial seja ou a língua de partida ou a de chegada. Os serviços de certificação e notariado de uma embaixada são normalmente cobrados e deverão fazer parte de qualquer orçamentação.

tradutor. Pessoa que traduz.

transcrição. Representação dos caracteres de um sistema de escrita pelos de outro sistema de escrita, tomando-se em conta a pronúncia dos caracteres a descrever.[339] Cf. **romanização**

transferência. Processo de transferir informação terminológica de um meio — entradas, vocabulários processados, glossários, textos digitalizados — para uma base de dados terminológicos central.

Translation Workbench. Uma *Translation Workbench* é uma aplicação para edição de tradução integrada numa ferramenta CAT. A aplicação auxilia os tradutores através da associação de um processador de texto com capacidade de gestão de tradução por segmentos com muitas outras ferramentas. A partir de uma TM, o software recupera o texto previamente traduzido pelo linguista e apresenta-o quando existem candidatos viáveis à tradução em execução.
A aplicação também permite análises e limpeza de ficheiros, contagens de palavras, concordância em segmentos, tradução de textos e de segmentos, controlo de garantia de qualidade, gestão de memórias de tradução (TMs), reconhecimento de termos, entre muitas outras funções.

transliteração. Representação dos caracteres de um sistema de escrita alfabética pelos caracteres de um outro sistema.[340]

truncação. Processo de redução de uma palavra sem alteração do seu significado ou da sua categoria sintática. Este processo tem frequentemente o efeito de tornar a palavra estilisticamente menos formal. Em terminologia, este processo pode levar à criação de novos termos. Exemplos: prof (professor/a); facho (fascista); porno (pornográfico/a); metro (metropolitano).[341] Cf. **redução**. O mesmo que **truncamento**

truncamento. Ver **truncação**

TTX. É um tipo de ficheiro utilizado pelo TRADOS TagEditor e é também a extensão desses ficheiros.

U

Unicode. O Unicode é uma norma padrão de codificação de duplo byte projetada para permitir que, quer o texto quer os símbolos de todos os sistemas de escrita do mundo — incluindo os conjuntos de caracteres do árabe, do chinês, do japonês e do coreano — possam ser consistentemente representados e utilizados por computadores. O Unicode tenta unificar todos os conjuntos de caracteres existentes num conjunto de caracteres de 16 bits (2 x 8 bits). O padrão já foi implementado em várias tecnologias recentes, incluindo a XML, Java e nos sistemas operacionais mais modernos. Cf. **ASCII**

unidade de tradução. Cada um dos segmentos constituídos pelos pares de textos de partida e de chegada, armazenados na memória de tradução.

unidade fraseológica. Expressões constituídas pela combinação frequente de substantivo, adjetivo ou verbo, com ou sem preposição, que mantêm a unicidade de significado.

unidade terminológica. Ver **termo**.

uso. TERMINOLOGIA: Emprego ou funcionamento real de um termo pelos especialistas de uma área.

utilizador. Pessoa que utiliza regularmente uma base de dados ou um computador, com ou sem conhecimentos informáticos especializados, tanto a nível de hardware como a nível de software.

UTX (*Universal Terminology eXchange*). É um formato normalizado projetado especificamente para ser usado em dicionários de motores de tradução automática, mas pode ser utilizado em glossários e dicionários regulares, para utilização por pessoas. O UTX visa acelerar a partilha e reutilização do dicionário através da sua especificação extremamente simples e prática.

V

validação. Processo através do qual se comprova que as entradas terminológicas a serem inseridas numa base de dados respeitam as regras de registo de dados e outros requisitos técnicos estabelecidos para a operação terminológica eletrónica. Processo através do qual uma comissão especialmente designada, quer seja uma empresa, um órgão ministerial ou outra unidade administrativa, reconhece e aprova um termo ou um conjunto de termos (e nalguns casos, as suas definições) de forma a recomendar a sua utilização numa comunidade de utilizadores.

variante gráfica. Grafia alternativa de um dado termo. Cf. **variante ortográfica**

variante morfológica. Cada uma das variantes estruturais ou gramaticais de um termo.[342]

variante ortográfica. Cada uma das grafias existentes para um termo.[343] Cf. **variante gráfica**

variante sintática. Cada uma das variantes de um termo complexo.[344] Termo cuja estrutura gramatical difere parcialmente da de outro termo que designa o mesmo conceito. Exemplo: "vetor de clonagem de genes" e "vetor de clonagem génica".

vedeta. Designação de uma noção que figura no início de uma ficha terminológica. A vedeta é geralmente um termo que constitui a entrada de uma ficha terminológica e que se apresenta na sua ordem sintagmática normal e na sua forma não marcada.[345]

verificação automática de qualidade. Uma função avançada que calcula a qualidade de uma tradução automática, normalmente efetuada por uma ferramenta CAT.

vocabulário. TERMINOLOGIA: Dicionário terminológico baseado num trabalho terminológico, que apresenta a terminologia de um domínio particular ou de domínios associados.[346] LEXICOLOGIA: Lista exaustiva das palavras de um *corpus*. O vocabulário distingue-se do léxico que é entendido como o inventário de todas as lexias de um dado estado de língua. Denomina-se ainda vocabulário um dicionário constituído pelos vocábulos mais frequentes da língua corrente, definidos sucintamente, seguidos por vezes do seu equivalente numa língua antiga ou estrangeira.[347] Repertório monolingue, bilíngue ou multilingue de palavras ordenadas de acordo com critérios específicos, tais como palavras pertencentes a uma determinada atividade ou a um dado campo semântico, acompanhadas geralmente de definições ou de explicações sucintas. Cf. **dicionário, glossário, léxico**

vocabulário científico. Conjunto de unidades lexicais ou termos próprios de um domínio científico, que são utilizados por um grupo sociocultural e profissional.[348]

vocabulário de especialidade. Vocabulário relativo a uma língua de especialidade. Exemplo: a economia.³⁴⁹ Cf. **léxico de especialidade**

vocabulário técnico. Conjunto de unidades lexicais ou termos próprios de uma técnica, que são utilizados por um grupo sociocultural e profissional.³⁵⁰

vocabulário técnico-científico. Conjunto de unidades lexicais ou termos próprios de domínios que articulam aspetos científicos, técnicos e tecnológicos. Exemplo: teledeteção.³⁵¹

vocabulário tecnológico. Ver **vocabulário técnico-científico**

vocábulo. Este termo, utilizado por vezes como sinónimo de "palavra", designa uma unidade de um vocabulário, ou seja, de uma lista de palavras que ocorrem num dado *corpus*.³⁵²

volume de pesquisa (*search volume*). O volume de pesquisa é o número de vezes que um determinado termo ou palavra-chave é procurado mensalmente nos motores de busca.

W
webtop. Um *webtop* é um desktop virtual, tornando-se assim num neologismo de tripla metáfora: *desktop* (área de trabalho de uma secretária) > *desktop computer* (computador de secretária) > *computer desktop* (área de trabalho no monitor de um computador) > *webtop (virtual computer desktop)*, isto é, "área de trabalho virtual no monitor de um computador". Este desktop virtual é executado a partir de um navegador da Web ou aplicação semelhante. Um *webtop* integra, portanto, aplicações Web, serviços Web, aplicações cliente-servidor, servidores de aplicações, e aplicações do cliente local num ambiente de área de trabalho que recorre à metáfora do desktop. Os desktops virtuais proporcionam um ambiente semelhante às plataformas Windows, Mac ou a uma interface gráfica de utilizador em sistemas Unix e Linux. Num desktop virtual, as aplicações, dados, ficheiros de configuração, configurações e privilégios de acesso residem remotamente na rede.

X
XLIFF (*XML Localization Interchange File Format*). O formato XLIFF foi concebido por um grupo de fabricantes de software, de fornecedores de serviços de localização e de criadores de ferramentas de localização. É um ficheiro de intercâmbio de formato único que qualquer fornecedor de serviços de localização poderá utilizar.

XML (*eXtensible Markup Language*). A XML é uma linguagem de marcação de uso geral recomendada pelo W3C que suporta uma grande variedade de aplicações. É um formato universalmente aceite e tem-se tornado cada vez mais preferencial para a criação e a marcação de documentos e de dados para serem apresentados na Web. O XML foi desenvolvido e é administrado pelo *World Wide Web Consortium* (W3C). As principais características do XML são a de poder criar uma infraestrutura única para diversas linguagens, não depender das plataformas de hardware ou de software e permitir a criação de documentos a partir de dados organizados de forma hierárquica que as bases de dados conseguem ler. O XML permite ainda que um texto possua comportamentos dinâmicos, possibilitando ligar diversos conteúdos entre si, o que representa um passo muito importante no futuro multimédia dos textos.

Bibliografia

(Transpoonline) Editorial & Comunicação RQ Ltda. (abril de 2011). *Fábrica de veículos militares Lista de notícias Transpoonline*. Obtido em 18 de junho de 2012, de transpoonline.com.br: http://bit.ly/hVTcPL

[empresa de formação e consultoria]. (2012). *Quem somos*. Obtido em 22 de outubro de 2011, de Qvo Legis: http://bit.ly/LB8zLl

3M. (2012). *3M Portugal - Segurança - Pessoal e Rodoviária - Protecção de Edifícios*. Obtido em 18 de março de 2012, de solutions.3m.com: http://bit.ly/LpDCGN

Allen, J. (Março de 2003). The New BBC News Styleguide.

Answers Corporation. (2012). *Computer Desktop Encyclopedia -* . Obtido em 5 de junho de 2012, de answers.com: http://anse.rs/M4vIBk

Araújo, M. d. (1987). *Leitura um modelo teórico e (algumas) propostas de uma prática consistente*. Obtido em 24 de setembro de 2011, de Instituto Politécnico de Viseu: http://www.ipv.pt/millenium/arq8_1.htm

Arkonte LLC. (2012). *benchmarking*. Obtido em 12 de maio de 2012, de Arkonte LLC - Comunicação Global: http://www.arkonte.com/pt/negocios/benchmarking.html

Autoridade para as Condições do Trabalho. (29 de fevereiro de 2012). *Artigo Genérico*. Obtido em 22 de maio de 2012, de act.gov.pt: http://bit.ly/Ldjc8r

Bailly, M. A. (1930). *Dictionnaire Grec-Français*. Paris: Librairie Hachette.

Bennett, J. G., & Blake, A. (s.d.). *Systematics.Org browse Main Structures*. Obtido em 11 de 09 de 2012, de Systematics.Org: http://www.systematics.org/pmwiki/pmwiki.php

Bidgoli, H. (2004). *The Internet Encyclopedia* (Vol. 1). Hoboken, NJ: John Wiley & Sons, Inc.

British Vehicle Rental and Leasing Association Limited. (2012). *BVRLA - Welcome*. Obtido em 2012 de março de 2012, de bvrla.co.uk: http://www.bvrla.co.uk/

Business Process Trends. (s.d.). *resources glossary*. Obtido em 12 de maio de 2012, de Business Process Trends - Glossary: http://bit.ly/LB5zyx

Byrne, J. (2006). *Technical Translation: Usability Strategies for Translating Technical Documentation*. Dordrecht: Springer.

Cambridge University Press. (s.d.). *technical*. Obtido de Cambridge Academic Content Dictionary: http://bit.ly/LnCN1g

Central Intelligence Agency. (2012). *CIA - The World Factbook*. Obtido em 18 de junho de 2012, de cia.gov: http://1.usa.gov/akOFIK

Centro de Linguística da Universidade de Lisboa. (13 de 09 de 2012). *Marrafa, Palmira*. Obtido em 23 de 09 de 2012, de [CLUL] Apresentação: http://www.clul.ul.pt/pt/investigador/97-palmira-marrafa

Chase, S., Weiss, M., Gibbs, P., Hillman, C., & Urban, N. (s.d.). *The Physics and Relativity FAQ*. Obtido em 27 de março de 2012, de University of California-Riverside, Department of Mathematics: http://bit.ly/uG8aO

Codex Systems Inc. (2012). *Codex - The Easy DITA Editor for Everyone*. Obtido em 21 de 09 de 2012, de Codex - The Easy DITA Editor for Everyone: http://www.codex-systems.ca/dita.html

Comissão Europeia. (2010). Redigir com clareza. Bruxelas, Bélgica.

Computer Science Department at Princeton University. (2012). *Christiane D. Fellbaum*. Obtido em 23 de 09 de 2012, de Computer Science Department at Princeton University: http://www.cs.princeton.edu/~fellbaum/
Contente, M. M. (2008). *Terminocriatividade, Sinonimia e Equivalência Interlinguística em Medicina*. Lisboa: Edições Colibri / Universidade Nova de Lisboa.
Correia, M. (1998). Neologia e Terminologia. In c. M. Correia (Ed.), *Terminologia: questões teóricas, métodos e projectos/Cursos da Arrábida* (pp. 59-74). Mem Martins: Europa-América.
Correia, M. (2005). Para uma cooperação entre especialistas do domínio e terminólogos: o caso de dois dicionários náuticos portugueses. In M. D. ILTEC (Ed.), *3ª Conferência Internacional de Terminologia Marítima* (pp. 73-80). Lisboa: ILTEC.
Correia, M. (s.d.). *Os Dicionários Portugueses*. [Lisboa]: Caminho.
Correia, M., & Mineiro, A. (2004). Neologia de importação no português europeu: desafios e medidas a tomar. *Actas do XX Encontro da Associação Portuguesa de Linguística* (pp. 33-54). Lisboa: APL.
Correia, M., & Mineiro, A. (2005). Terminologia, neologia e normalização: como tratar os empréstimos neológicos. *Terminómetro, número especial*, 15-20.
Correia, M., Mineiro, A., Antunes, M., Doria, M., & Cabré, M. T. (2004). O Observatório de Neologia do Português – ONP: criação e apresentação. *Actas do XX Encontro da Associação Portuguesa de Linguística* (pp. 471-482). Lisboa: APL.
CPLP. (2010). *CPLP - Comunidade dos Países de Língua Portuguesa - Timor-Leste*. Obtido em 18 de junho de 2012, de cplp.org: http://www.cplp.org/id-30.aspx
Cunha, C., & Cintra, L. (2005). *Nova Gramática do Português Contemporâneo*. Lisboa: Edições João Sá da Costa.
Defesanet Agência de Notícias Ltda. (2011). *DefesaNet - Guarani - Exército argentino negocia compra do blindado Guarani*. Obtido em 18 de junho de 2012, de defesanet.com.br: http://bit.ly/J2aNzY
DeGeorge, J. (1984). *Style and Readability in Technical Writing*. New York: Random House.
DGIDC - Ministério da Educação. (s.d.). *DT - Dicionário Terminológico*. Obtido em 24 de 09 de 2012, de DT - Dicionário Terminológico: http://dt.dgidc.min-edu.pt/
dictionary.die.net. (1996-2012). *Online Dictionary definitions by WordNet, Webster's*. Obtido em 8 de junho de 2012, de dictionary.die.net: http://dictionary.die.net/
Dictionary.die.net. (2012). *google*. Obtido em 5 de junho de 2012, de Dictionary.die.net: http://dictionary.die.net/google
DoD - US Army Publishing Directorate. (2012). *APD Home Page*. Obtido em 22 de maio de 2012, de apd.army.mil: : http://www.apd.army.mil/pdffiles/r600_55.pdf
Duarte, I. (2001). Uso da Língua e Criatividade. *Actas do Colóquio A Linguística na Formação de Professores de Português* (pp. 107-123). Porto: Centro de Linguística da Universidade do Porto.

Duarte, I. (2010). Medidas para a promoção do português como língua da ciência e de tecnologia. In F. S. (coord.), *A Internacionalização da Língua Portuguesa* (pp. 174-180). Lisboa: Associação Sindical dos Diplomatas Portugueses e Instituto Diplomáticos do Ministério dos Negócios Estrangeiros.

DuBay, W. H. (2004). *The Principles of Readability.* Costa Mesa: Impact Information.

DuBay, W. H. (2008). *Working with Plain Language: A Training Manual.* Costa Mesa: Impact Information.

Durão, M. d. (2007). *Tradução científica e técnica: Proposta para a Formação de Tradutores Pluricompetentes Especializados na Produção de Documentação Científica e Técnica do Inglês para o Português.* Lisboa: Universidade Aberta.

Eagleton, T. (2008). *Literary Theory: An Introduction* (3ª ed.). Minnesota: University of Minnesota Press.

Eco, U. (2005). *Dizer quase a mesma coisa.* Algés: Difel.

Éditions Larousse. (2009). *Definition technique - Dictionary French Larousse.* Obtido em 30 de abril de 2012, de Larousse.fr: http://bit.ly/KIRP0h

Embraer SA. (2011). *Aeronaves - Embraer.* Obtido em 18 de junho de 2012, de embraer.com: http://bit.ly/MpvQ0R

ENVINOR - Empresa de Vidros do Norte, Lda. (s.d.). *Envinor.* Obtido em 11 de outubro de 2011, de envinor.com: http://www.envinor.com/vlaminados.htm

European Committee for Standardization. (January de 2006). European Standard EN 15038. Brussels, Belgium.

European Communities. (2012). *IATE.* Obtido em 8 de junho de 2012, de iate.europa.eu: http://iate.europa.eu

European Distributed Institute of Taxonomy (EDIT). (s.d.). *What is taxonomy ? | EDIT.* Obtido em 11 de 09 de 2012, de EDIT - European Distributed Institute of Taxonomy: http://www.e-taxonomy.eu/node/5

European Telematics Applications Programme. (09 de 2001). *EuroWordNetBuilding a multilingual database with wordnets for several European languages.* Obtido em 25 de 09 de 2012, de The Global WordNet Association: http://www.illc.uva.nl/EuroWordNet/

Facebook. (2012). *Newsroom.* Obtido em 5 de junho de 2012, de Facebook: http://bit.ly/yXqEHC

Faultstich, E. (s.d.). *Variações terminológicas princípios lingüísticos de análise e método de recolha - Realiter.* Obtido em 24 de 09 de 2012, de Direção Terminologia e Indústrias da Língua - União Latina: http://www.realiter.net/spip.php?article634

Folkart, B. (1999). Poetry as Knowing. *TTR : traduction, terminologie, rédaction, 12*, pp. 31-55.

Gamero Pérez, S. (2001). *La traducción de textos técnicos.* Barcelona: Editorial Ariel.

Gaspar, M. (4 de dezembro de 2006). *E que tal descodificar?* Obtido em 15 de outubro de 2011, de Diário de Notícias: http://bit.ly/L61X7X

Gomes, M. d., Sebastião, J., Ávila, P., & Costa, A. F. (2000). Novas análises dos níveis de literacia em Portugal: comparações diacrónicas e internacionais. *IV Congresso Português de Sociologia* (p. Acta 104). Coimbra : Universidade de Coimbra .

Goodman, K. S. ([s.d.]). Reading: A Psycholinguistic Guessing Game.
Heltai, P. (2004). Ready-made language and translation. *Claims, changes and challenges in translation studies* (pp. 51-72). Copenhagen: John Benjamins.
Heymann, P., & Garcia-Molina, H. (s.d.). *Tag Hierarchies*. Obtido em 11 de 09 de 2012, de The Stanford University InfoLab: http://infolab.stanford.edu/~heymann/taghierarchy.html
IATE. (2012). *IATE-Inter-Active Terminology for Europe-About IATE*. Obtido em 8 de junho de 2012, de iate.europa.eu: http://bit.ly/LoMgW7
IBM. (15 de outubro de 2007). *Effective agile delivery toward globalization*. Obtido em 5 de junho de 2012, de ibm.com: http://ibm.co/L7ZSrU
IBM. (2012). *Globalize your business*. Obtido em 5 de junho de 2012, de ibm.com: http://ibm.co/MtNVMM
IEEE. (2012). *A View Inside the Cloud - IEEE - The Institute*. Obtido em 23 de 08 de 2012, de IEEE - The Institute: http://bit.ly/LxASFM
Infopédia - Porto Editora. (2012). *Infopédia - Dicionário da Língua Portuguesa*. Obtido em 8 de junho de 2012, de infopedia.pt: http://www.infopedia.pt/lingua-portuguesa/
Instituto Camões - Centro de Recursos de Tradumática em Português. (2008). *Centro de Recursos de Tradumática*. Obtido em 18 de 09 de 2012, de Centro Virtual Camões: http://cvc.instituto-camoes.pt/tradumatica/rev1/roulaPT.html
Instituto de Linguística Teórica e Computacional (ILTEC). (s.d.). *Acordo Ortográfico - Portal da Língua Portuguesa*. Obtido em 5 de setembro de 2012, de Portal da Língua Portuguesa: http://www.portaldalinguaportuguesa.org/acordo.php
Instituto Nacional de Estatística. (2012). *Portal do Instituto Nacional de Estatística*. Obtido em 22 de maio de 2012, de ine.pt: www.ine.pt/ine_novidades/semin/cae/CAE_REV_3.pdf
International Telecommunication Union. (2012). *World Telecommunication/ICT Indicators Database*. Obtido em 5 de junho de 2012, de International Telecommunication Union: http://www.itu.int/ITU-D/ict/statistics/
InterWorld Translations, I. (s.d.). *Checklist*. Obtido em 12 de maio de 2012, de iwtservices.com: http://bit.ly/MRdRCF
Isidro Pereira, S. J. (1984). *DIcionário Grego-Português e Português Grego*. Porto: Livraria Apostolado da Imprensa.
IVECO Brasil. (2012). *Veículo Militar Blog da Iveco*. Obtido em 18 de junho de 2012, de blogiveco.com.br: http://bit.ly/L0ZSpk
Jakobson, R. (2003). Aspectos Linguísticos da Tradução. In R. Jakobson, *Linguística e Comunicação* (pp. 62-72). São Paulo: Cultrix.
Khosrow–Puor, M. (2006). *Emerging Trends and Challenges in Information Technology Management*. Idea Group, Inc.
Kunder, M. d. (2012). *The size of the World Wide Web (The Internet)*. Obtido em 5 de junho de 2012, de worldwidewebsize.com: http://www.worldwidewebsize.com
Künzli, A. (2005). L'interaction entre connaissances linguistiques et connaissances extralinguistiques en traduction. Une étude de cas. *Hermes, Journal of Linguistics no 34*, pp. 223-244.

Laubach, R. S., & Koschnick, K. (1977). *Using Readability, Formulas for Easy Adult Materials*. Syracuse: New Readers Press.
Learning Solutions Magazine. (2012). *What is DITA and Why Should You Care by Chris Benz Learning Solutions Magazine*. Obtido em 23 de 08 de 2012, de Learning Solutions Magazine Home: http://bit.ly/9omVde
Lervad, S. (1999). The European Association for Terminology (EAFT): Background, Objectives and Perspectives. *Snow Landsc. Rec. 74, 2*, pp. 263-267.
Linguee GmbH. (2012). *Linguee – Dictionary for German, French, Spanish, Portuguese, English*. Obtido em 8 de junho de 2012, de linguee.com: http://bit.ly/9GMEnp
Manuelito, H., & Santos, I. R. (2005). Terminologia e tradução de textos especializados: da equivalência conceptual às convenções fraseológicas. *Des(a)fiando Discursos*, pp. 449-459.
Marrafa, P. ([2006]). *DTIL*. Obtido em 25 de 09 de 2012, de União Latina, Direção Terminologia e Indústrias da Língua - DTIL: http://dtil.unilat.org/tercer_seminario/actas/marrafa_pt.htm
Marrafa, P., Amaro, R., Mendes, S., Chaves, R., & Lourosa, S. (2009). *LexTec – Léxico Técnico do Português: Ambiente, Banca, Comércio, Construção Civil, Direito Comercial Internacional, Economia e Gestão de Empresas, Energia, Seguros, Turismo, Telecomunicações*. Obtido em 23 de 09 de 2012, de Instituto Camões: http://instituto-camoes.pt/lextec
Mateus, M. H. (2005). "Terminologia em Portugal: necessidades em matéria de Ordenamento Terminológico. *Terminómetro, N° Especial*, pp. 1-10.
Matis, N. (2005). Translation Project Management. *Équivalences, numéro 32*.
Melby, A. K., & Foster, C. (2010). Context in translation: Definition, access and teamwork. *The International Journal for Translation & Interpreting*.
Merriam-Webster, Incorporated. (2012). *Dictionary and Thesaurus - Merriam-Webster Online*. Obtido em 17 de maio de 2012, de merriam-webster.com: http://www.merriam-webster.com/
Ministério da Saúde. (2012). *Unidade de Missão para os Cuidados Continuados Integrados (UMCCI)*. Obtido em 17 de maio de 2012, de umcci.min-saude.pt: http://bit.ly/MKVE6o
Mossberg & Sons, Inc. (2012). *O.F. Mossberg & Sons, Inc. - Firearms, Shotguns, Rifles, Accessories, and Precision Machining*. Obtido em 8 de junho de 2012, de Mossberg & Sons, Inc: http://bit.ly/flvvMl
MRA Instrumentação. (2012). *segurança*. Obtido em 23 de maio de 2012, de mra.pt: http://bit.ly/LnSjM1
NATO. (s.d.). *NATO Review*. Obtido em 12 de maio de 2012, de nato.int: http://bit.ly/MDlusd
Newmark, P. (March de 2011). Non-literary in the Light of Literary Translation. *The Journal of Specialized Translation*.
OASIS. (2012). *DITA OASIS Standard DITA XML.org*. Obtido em 23 de 08 de 2012, de DITA XML.org Online community for the Darwin Information Typing Architecture OASIS Standard: http://dita.xml.org/standard
OECD. (s.d.). *PISA Country Profiles*. Obtido em 8 de junho de 2012, de pisacountry.acer.edu.au: http://pisacountry.acer.edu.au

Olvera-Lobo, M. D. (2005). Translator Training and Modern Market Demands. *Perspectives: Studies in Translatology, Vol. 13, No. 2*, pp. 132-142.

OpenCrowd. (2010). *Software as a Service Cloud Computing Vendors Taxonomy OpenCrowd*. Obtido em 17 de 09 de 2012, de OpenCrowd Cloud Taxonomy: http://cloudtaxonomy.opencrowd.com/taxonomy/software-as-a-service/

Orwell, G. (2008). *Nineteen Eighty-four*. London: Penguin.

Pack it Direct. (2012). *Jiffy Bags, Mail Lite bags, Padded Envelopes, Bubble Bags, Mailing Bags*. Obtido em 24 de maio de 2012, de packitdirect.co.uk: http://www.packitdirect.co.uk

Parlamento Europeu. (s.d.). *pesquisa de documentos*. Obtido em 8 de junho de 2012, de Europarl.Europa.eu: http://bit.ly/M8onAS

Plain Language Action and Information Network (PLAIN). (2011). Federal Plain Language Guidelines, Revision 1. EUA.

Priberam Informática, S.A. . (2012). *Dicionário Priberam da Língua Portuguesa*. Obtido em 18 de junho de 2012, de priberam.pt: http://www.priberam.pt/dlpo/default.aspx

Publications Office of the European Union. (20 de maio de 2011). *About Eur-Lex*. Obtido em 8 de junho de 2012, de Eur-Lex: http://bit.ly/HtPhDj

Rowley, J., & Farrow, J. (2004). *Organizing Knowledge*. Hampshire: Ashgate.

Software Tool & Die. (2006-2012). *Modem Standards*. Obtido em 14 de março de 2012, de world.std.com/: http://bit.ly/M9jWWA

Talebi, S. H. (11 de novembro de 2007). *Strategic Reading in L1 and L2*. Obtido em 3 de maio de 2012, de Language in India: www.languageinindia.com/nov2007/talebi.pdf

Tarutz, J. (1992). *Technical Editing: The Practical Guide for Editors and Writers*. Reading: Perseus Books.

The Literacy Company. (s.d.). *education statistics*. Obtido em 2 de junho de 2012, de The Literacy Company: http://www.readfaster.com/education_stats.asp

Tidwell, M. (2000). *How to produce effective operations and maintenance manuals*. Reston: American Society of Civil Engineers.

U.S. Department of Defense. (2012). *DoD Issuances Website DoD Publications*. Obtido em 20 de março de 2012, de dtic.mil: http://www.dtic.mil/whs/directives/corres/pub1.html

U.S. Department of Education - Pacific Tsunami Museum. (2012). *HITEC-Hawai'i Tsunami Education Curriculum*. Obtido em 14 de março de 2012, de discovertsunamis.org: http://bit.ly/LIHypi

U.S. Department of Labor. (2012). *U.S. Department of Labor -- Veterans' Employment and Training Service (VETS)*. Obtido em 22 de maio de 2012, de dol.gov: http://1.usa.gov/gOD9Rd

UNESCO. (2005). *Nomenclatura internacional de UNESCO para los campos de Ciencia y Tecnología*. Obtido em 27 de abril de 2012, de Revista Tecnura, articulos cientificos, revista cientifica: http://bit.ly/MCMgBa

União Europeia. (2012). *EUROPA - O portal oficial da União Europeia*. Obtido em 8 de junho de 2012, de http://europa.eu: http://europa.eu/index_pt.htm

Villalva, A. (2008). *Morfologia do Português*. Lisboa: Universidade Aberta.

Webster's Revised Unabridged Dictionary. (s.d.). *terminology*. Obtido em 5 de junho de 2012, de Webster's Revised Unabridged Dictionary, The University of Chicago, Department of Romance Languages and Literature: http://bit.ly/KVQrO1

Wordnet - Princeton University. (6 de janeiro de 2012). *WordNet Search - 3.1*. Obtido em 24 de maio de 2012, de wordnetweb.princeton.edu: http://wordnetweb.princeton.edu/perl/webwn

Zethsen, K. K. (1998). Expressivity in Technical Texts From a Translation Theoretical Perspective. *Hermes, Journal of Linguistics no 21*, pp. 225-232.

Índice remissivo

abreviatura, 177, 189, 216
acrónimo, 47, 66, 135, 177, 188, 216
agência, 78, 90, 93, 94, 97, 105, 121, 139, 140, 141, 142, 148, 150, 151, 152, 154,
    155, 156, 159, 160, 161, 162, 163, 164, 165, 167, 171, 173, 218
agências, ix, 46, 78, 90, 93, 94, 95, 98, 103, 105, 109, 122, 129, 130, 134, 135, 137,
    138, 141, 142, 145, 147, 148, 149, 151, 155, 156, 158, 159, 161, 162, 165, 167,
    168, 170
alinhamento, 120, 121, 132, 177, 194, 211
amálgama, 178
análise, 6, 18, 28, 57, 68, 98, 119, 121, 122, 124, 130, 139, 156, 171, 178, 185, 186,
    188, 190, 197, 203, 210, 212
análise contextual, 178
análise nocional, 178
análise terminológica, 178, 186, 190, 212
aplicação, 41, 86, 87, 90, 166, 178, 182, 188, 195, 219, 222
área de especialização, 12, 41, 54, 55, 57, 58, 60, 61, 68, 93, 115, 135, 148, 149, 151,
    165, 175, 178, 179, 181, 185, 189, 191, 192, 193, 198
áreas temáticas, 10, 40, 41, 47, 151, 181, 197
arquivo, 178
árvore temática, 179, 189
ASTM F2575-06, 98, 211
atestação, 53, 62, 179
atualização, 2, 37, 54, 56, 61, 62, 67, 69, 121, 179
base de dados, 48, 49, 54, 56, 57, 58, 113, 115, 118, 119, 173, 179, 181, 183, 184,
    186, 193, 195, 197, 205, 206, 208, 210, 211, 218, 219, 223, 224
base de dados terminológicos, 210
benchmarking, 2, 7, 98, 170, 245
biblioteca, 179
bilíngue, 203, 225
bitexto, 116, 180
campo, 3, 13, 42, 57, 180, 181, 204, 225
campo conceptual, 180
campo lexical, 180, 181
campo nocional, 180
campo semântico, 181
caracteres, 65, 86, 87, 122, 124, 125, 126, 127, 129, 173, 180, 190, 202
certificado, 171
citação, 81, 181, 193, 198
classificação, 4, 5, 8, 12, 40, 41, 181, 192, 197, 217, 218, 245
código, ix, 18, 85, 86, 87, 91, 107, 116, 117, 123, 126, 130, 132, 133, 135, 140, 149,
    176, 181, 182, 194, 206
Código, 86, 182

código da fonte, 182
código-fonte, 86, 87, 182
Código-máquina, 182
coerência, 32, 52, 54, 93, 119, 121, 140, 178, 205, 214
cognato, 182, 193
competências, 1, 2, 20, 68, 137, 150, 153, 171
composição, 136, 175, 183, 189, 209
computador, 15, 16, 33, 47, 114, 155, 158, 178, 182, 191, 192, 194, 199, 216, 217, 219, 222, 224
computadores, 111, 116, 153, 216
comunicação, vii, 1, 7, 14, 16, 27, 28, 31, 33, 38, 40, 41, 45, 48, 50, 51, 52, 62, 64, 65, 66, 81, 94, 136, 138, 147, 197, 203, 204, 206, 212, 222
conceito, 4, 5, 6, 7, 10, 18, 31, 38, 40, 42, 43, 45, 46, 47, 48, 49, 50, 59, 62, 63, 65, 66, 67, 71, 85, 166, 178, 184, 185, 186, 189, 190, 191, 192, 193, 198, 206, 208, 210, 211, 212, 213, 216, 218, 219, 220, 222, 225, 245
conceptual, 13, 64, 180, 189, 217
configuração, 198
conhecimento, 2, 3, 7, 11, 18, 19, 22, 23, 26, 29, 30, 33, 35, 37, 38, 41, 42, 43, 44, 50, 52, 53, 54, 56, 81, 82, 92, 97, 107, 108, 147, 149, 159, 192, 203, 220, 221, 245
contagem, 78, 122, 123, 124, 127, 129, 130, 150
contagem de palavras, 78, 122, 129, 130, 150
conteúdos, ix, 1, 29, 40, 50, 51, 52, 53, 54, 56, 58, 60, 68, 88, 89, 117, 120, 126, 145, 153, 154, 186, 197, 211, 212
contexto, 13, 19, 31, 43, 52, 59, 66, 72, 78, 80, 85, 94, 106, 107, 125, 137, 148, 178, 184, 185, 193, 195, 198, 213
contrato, 109, 137, 138, 159, 160, 161
contratos, 33, 93, 137, 159, 160, 161, 168
controlo de qualidade, 2, 7, 52, 55, 60, 90, 93, 98, 103, 104, 105, 139, 142, 151, 154, 169, 170, 171, 173, 185, 197, 211
convenções, 37, 48, 86, 135, 172, 176, 185, 191, 201, 214
coocorrência, 47, 185
corpus, 53, 115, 186, 193, 225
corpus textual, 186, 193
correção, 31, 94, 106, 140, 186, 214
correspondência, 66, 69, 113, 118, 121, 122, 124, 125, 126, 167, 174
corretor ortográfico, 142, 186
critérios, 36, 60, 62, 169, 210, 211, 217, 225
Curriculum Vitae, 152, 154
derivação, 67, 183, 188, 209
diagrama conceptual, 46, 48, 58, 179, 189, 192, 207
dicionário, 44, 45, 72, 78, 130, 131, 132, 189, 191, 198, 203, 221, 224, 225
dicionários, 47, 55, 56, 57, 61, 65, 76, 114, 115, 117, 130, 131, 194, 203, 224
documento, 29, 53, 78, 80, 87, 97, 103, 106, 119, 120, 121, 122, 124, 125, 126, 127, 128, 129, 130, 136, 142, 155, 156, 161, 165, 166, 175, 190, 191, 199

documentos, 3, 37, 56, 57, 58, 86, 100, 101, 102, 109, 114, 117, 118, 120, 121, 122, 124, 128, 129, 130, 139, 143, 153, 156, 157, 166, 167, 168, 175, 179, 180, 186, 194, 199, 201, 211, 215, 221
domínio, 6, 40, 42, 43, 44, 60, 64, 135, 163, 172, 173, 183, 186, 191, 195, 203, 206, 209, 214, 218, 219, 220, 225
domínio de experiência, 218
edição, vii, 7, 89, 91, 100, 102, 104, 112, 114, 140, 150, 153, 172, 200, 204, 211
Edição, 171, 172
editor, 126, 135, 156, 172, 191
empréstimo, 61, 75, 76, 191, 206
empréstimos, 63, 175, 191
EN 15038, 93, 98, 142, 151, 171, 172, 211
enciclopédia, 97
entrada, vii, 44, 47, 75, 180, 181, 182, 185, 186, 191, 192, 193, 201, 205, 206, 208, 209, 210, 212, 213, 214, 218
entradas, 131, 179, 191, 195, 198, 211, 223, 224
equivalência, 47, 192
erro, 36, 38, 53, 87, 90, 119, 141, 171, 176
erros, 52, 94, 95, 101, 104, 105, 114, 121, 141, 142, 143, 155, 160, 166, 171, 176, 186, 194
escolaridade, 21, 22
escrita técnica, 1, 11, 16, 22, 29, 33, 52, 53, 82, 114, 138, 153, 200, 204
escritores, 54, 55, 57, 68, 88
especialidade, 1, 5, 6, 11, 12, 40, 41, 42, 43, 44, 45, 47, 48, 60, 64, 92, 103, 131, 143, 144, 148, 149, 169, 193, 195, 199, 203, 204, 220
especialista, 14, 166, 184, 191, 192
especializados, 4, 7, 11, 15, 16, 40, 46, 50, 56, 91, 137, 148, 210, 224
especificações, 53, 132, 171, 172, 185
estilo, 10, 15, 16, 17, 29, 30, 31, 94, 150, 171, 172, 174, 175, 198, 245
estilos, 17, 35, 48, 95
ética, 97, 109, 130
etiqueta, 44, 46, 130, 192, 193, 218
etiquetagem, 57, 192, 193
etiquetas, 57, 87, 123, 126, 130, 174, 176, 192
Exortativo, 16
Expositivo, 16
expressões fixas, 80
extração, 57, 58, 59, 193
extração terminológica, 50, 193
ferramenta, 29, 36, 55, 78, 101, 103, 106, 113, 115, 116, 117, 118, 121, 122, 124, 126, 129, 130, 134, 140, 142, 147, 149, 150, 157, 165, 173, 194, 198, 205, 215, 225
ferramenta CAT, 115, 117, 118, 121, 122, 124, 134, 140, 142, 149, 150, 165, 173, 194, 205, 225
ferramenta de trabalho, 194

ferramenta de tradução, 78, 101, 103, 117, 129, 130, 194, 215
ferramentas, ix, 2, 32, 33, 42, 59, 68, 81, 99, 102, 103, 105, 111, 112, 115, 116, 117, 120, 121, 122, 123, 128, 129, 130, 135, 140, 149, 153, 165, 177, 182, 192, 194, 200, 205, 226
ferramentas CAT, 81, 103, 115, 128, 129, 194, 200, 205
ferramentas de localização, 194
ferramentas de tradução, 81, 129, 194
ficheiro, 76, 87, 103, 120, 123, 130, 139, 140, 150, 178, 191, 192, 194, 195, 199, 223, 226
ficheiros, 87, 98, 120, 123, 127, 129, 168, 182, 194, 216, 223
Foco, 15, 16
fonte, 11, 87, 132, 140, 144, 175, 179, 180, 181, 182, 195
formação, ix, 1, 4, 27, 35, 46, 51, 60, 72, 84, 89, 95, 105, 137, 147, 148, 149, 153, 158, 159, 169, 183, 188, 206, 209, 211
formação de palavras, 183, 188, 209
freelance, 46, 55, 92, 94, 95, 96, 106, 137, 138, 143, 148, 150, 157, 160, 161, 218
função, 11, 12, 13, 15, 33, 36, 40, 48, 49, 50, 60, 117, 120, 131, 180, 185, 196, 204, 211, 221, 225
funções, 5, 7, 13, 38, 47, 98, 116, 117, 192, 194, 196, 197, 203
funções da linguagem, 196, 197
garantia de qualidade, 60, 84, 93, 119, 142, 149, 151, 161, 170, 197
género, 7, 14, 15, 27, 33, 48, 76, 176, 188, 197, 245
género técnico, 14, 15, 33, 76
gestão de projetos, 7, 55, 84, 89, 93, 97, 98, 99, 106, 121
gestor de projeto, 87, 95, 96, 97, 106, 139, 140, 141, 150, 159, 177, 214
gestor de projetos, vii, 97, 98, 101
Gestores de projeto, 94
ghostwriter, 197
globalização, 1, 50, 51, 52, 84, 85, 88, 90, 92, 106, 138, 147, 152, 208
glossário, 102, 132, 139, 189, 198, 202, 210, 225
glossários, ix, 55, 76, 95, 99, 102, 120, 130, 131, 132, 150, 174, 223, 224
grupo de discussão, 198
guia de estilo, 102, 175, 198
hardware, 192, 199, 217, 224
harmonização, 199
hiperligação, 122, 127, 145, 199
hiperónimo, 73, 199, 220
hipertexto, 199, 211
hipónimo, 199, 220
homónimo, 200
indústria, 3, 13, 14, 36, 40, 41, 84, 90, 112, 132, 151, 159, 169, 200
indústrias, 61, 62, 137, 149, 175
informação, vii, 1, 5, 18, 19, 23, 24, 28, 29, 38, 43, 44, 46, 49, 53, 55, 57, 58, 59, 62, 68, 76, 92, 116, 117, 118, 129, 131, 157, 159, 164, 167, 175, 179, 180, 184, 185,

186, 189, 190, 191, 192, 194, 195, 198, 200, 205, 210, 212, 213, 215, 217, 218, 221, 223
internacionalização, 50, 84, 85, 86, 88, 91, 106, 201
interpretação, 4, 18, 37, 169, 197, 200, 204
ISO 704, 60, 211
ISO 9001, 98, 211
ISO TC 37, 211
jargão, 27, 29, 80, 145, 201, 204
lexia, 202, 206
lexical, 37, 42, 43, 44, 60, 61, 62, 64, 76, 80, 81, 119, 131, 135, 175, 180, 185, 188, 199, 202, 204, 210, 220
lexicalização, 47, 202
léxico
  lexical, 11, 42, 50, 62, 70, 75, 82, 142, 178, 189, 198, 202, 203, 206, 210, 225
lexicografia, 200, 203, 204
língua, vii, viii, 1, 2, 5, 6, 7, 10, 11, 12, 17, 19, 27, 28, 29, 35, 36, 38, 40, 41, 42, 44, 47, 48, 55, 59, 60, 61, 62, 63, 64, 65, 66, 67, 70, 73, 75, 78, 81, 82, 84, 85, 90, 103, 107, 114, 115, 117, 123, 126, 132, 133, 134, 135, 142, 147, 148, 153, 155, 162,165, 169, 171, 173, 176, 179, 180, 188, 189, 191, 194, 196, 199, 200, 201, 202, 203, 204, 206, 210, 212, 216, 219, 220, 221, 222, 225
linguagem, 18, 37, 41, 47, 50, 66, 78, 80, 81, 82, 88, 116, 153, 182, 196, 197, 200, 201, 203, 204, 211, 212
linguagem técnica, 18
línguas de especialidade, 7, 40, 41, 49, 50, 191, 219
linguista, 1, 95, 97, 204, 210
linguistas, 26, 30, 45, 94, 95, 96, 116, 137, 148, 212
linguística, 1, 6, 22, 27, 28, 36, 41, 45, 58, 61, 64, 66, 67, 68, 78, 107, 108, 113, 114, 117, 119, 132, 133, 141, 153, 162, 170, 174, 189, 196, 200, 204, 209, 210, 215, 219
literacia, 20, 22, 25, 26, 32
locale, 88, 114, 133, 134, 204, 205
locales, 126, 132, 134, 135, 143
localização, 51, 72, 85, 86, 87, 88, 89, 90, 91, 131, 176, 180, 194, 200, 201, 205, 208, 226
manual, vii, viii, 1, 2, 3, 26, 30, 35, 38, 58, 68, 85, 112, 119, 149, 157, 159, 166, 175, 177, 193, 205
memória, 24, 115, 116, 117, 118, 119, 120, 122, 124, 125, 126, 127, 146, 166, 174, 177, 191, 194, 205, 215, 217, 224
memória de tradução, 122, 124, 125, 126, 166, 177, 205
metodologia, 55, 139, 203, 205, 212, 218
metodologias, 139
modelo, 15, 16, 33, 108, 195, 206
monolingue, 81, 94, 116, 135, 142, 172, 189, 225
monossemia, 32, 47, 48, 50, 206
monossémico, 58, 210

MT, 115, 118, 119, 120, 121, 123, 205
multilingue, 40, 47, 85, 116, 137, 189
neologismo, 49, 61, 63, 65, 70, 72, 75, 132, 166, 173, 206
neologismos, 6, 50, 59, 61, 62, 64, 65, 70, 73, 74, 75, 183
neónimo, 62, 63, 70, 71, 206
neónimos, 55, 62, 68, 82
nível de especialização, 135, 191
noção, 6, 7, 24, 43, 82, 131, 178, 180, 188, 192, 199, 202, 206, 216
nocional, 43, 178, 180, 188, 189, 192
noções, 106, 188, 200, 210, 219, 222
norma, 6, 27, 60, 132, 133, 142, 151, 171, 172, 207, 208, 210, 211
normalização, 55, 64, 68, 183, 207, 209
normas, 1, 2, 60, 64, 66, 81, 93, 98, 105, 132, 135, 139, 149, 151, 153, 170, 173, 185, 207, 208, 211, 219
numerónimo, 85, 88, 208
omissões, 155, 171
operação terminológica, 224
orçamentação, 94, 100, 101, 128, 157
Ordens de Compra, 168
outsourcing, 55, 208, 218
padrões, 29, 67, 116, 136, 170
palavra-chave, 192, 209
palavras-chave, 145, 192, 203
par linguístico, 91, 103, 118, 159, 162, 165
parassíntese, 183, 189, 209
pesquisa, 40, 41, 57, 59, 116, 124, 144, 145, 148, 166, 192, 198, 205, 207, 209, 210, 211, 212, 213, 215, 219
pesquisas, 55, 59, 109, 119, 165, 192, 197, 205
Plain English, 28, 29
PO, 122, 139, 150, 156, 164
polissemia, 32, 44, 50, 78, 210
pontuação, 173, 174, 175, 198
prazo, 94, 141, 150, 165
prazos, 90, 93, 95, 105, 109, 128, 136, 138, 139, 141, 144, 165, 167
prefixo, 71, 209
princípio, 40, 41, 47, 50, 139, 143, 166, 210
procedimentos, 11, 55, 74, 93, 139, 140, 142, 171, 199, 205, 211
Procedimentos, 55, 77, 172, 174
processos, 2, 3, 7, 13, 18, 27, 30, 38, 43, 61, 62, 81, 82, 84, 85, 88, 98, 99, 112, 132, 139, 140, 164, 183, 188, 202
profissionalismo, 97, 112, 141, 145, 148, 164
programa de computador, 86, 113, 194, 211, 217
projeto, vii, 22, 33, 35, 52, 54, 56, 84, 87, 93, 94, 95, 96, 97, 98, 100, 101, 102, 103, 104, 105, 106, 108, 116, 120, 121, 123, 128, 137, 139, 141, 150, 156, 157, 160, 164, 166, 171, 172, 174, 194

projetos, 53, 89, 94, 98, 99, 102, 105, 106, 109, 116, 120, 121, 144, 145, 151, 156, 159, 171, 172, 178, 205, 211
promoção, 19, 84, 147, 154
qualidade, 1, 2, 36, 50, 60, 66, 93, 103, 105, 106, 107, 112, 113, 114, 135, 137, 139, 144, 145, 147, 148, 151, 152, 158, 162, 165, 166, 169, 170, 171, 172, 179, 185, 205, 211, 214, 225
recetor, 14, 16, 17, 19, 23, 25, 26
redes sociais, 53, 154, 167, 212
registo, 58, 61, 64, 70, 81, 135, 171, 172, 176, 180, 195, 198, 206, 210, 211, 212, 213, 224
regras, 1, 50, 57, 60, 62, 63, 64, 67, 72, 81, 114, 132, 143, 175, 185, 195, 198, 199, 202, 207, 211, 213, 217, 218, 224
regras gramaticais, 60, 185
representação, 24, 125, 206, 222
revisão, 52, 93, 94, 104, 105, 114, 119, 135, 139, 142, 150, 151, 153, 156, 165, 172, 200, 214
Revisão, 171, 172
revisão de provas, 200, 214
revisões, 104, 136, 191
revisor, 35, 60, 93, 104, 135, 142, 156, 165, 171, 182, 191, 214
revisor de provas, 136, 191
revisores, 105, 109, 119, 135, 136, 142, 172
Revisores de provas, 94
segmento, 80, 82, 118, 119, 122, 124, 125, 126, 127, 136, 215
segmentos, 80, 88, 113, 115, 117, 118, 119, 120, 122, 123, 124, 125, 126, 173, 174, 176, 177, 194, 205, 211, 215, 224
sigla, 47, 66, 164, 177, 188, 208, 216
sinónimo, 170, 194, 209, 211, 212, 216, 221
sintagma, 47, 66, 196, 206, 216, 220
sintagmáticos, 63, 73, 74, 78, 117
sistema, vii, ix, 4, 5, 7, 10, 40, 41, 42, 53, 57, 62, 63, 64, 70, 87, 91, 119, 128, 139, 145, 150, 155, 161, 169, 179, 180, 182, 186, 188, 192, 196, 197, 210, 216, 217, 219
sítio Web, vii, ix, 51, 59, 86, 87, 91, 94, 122, 132, 144, 145, 154, 157, 158, 159, 161, 163, 168, 170, 174
sítios Web, 3, 53, 76, 85, 88, 104, 116, 138, 144, 148, 149, 157, 163, 169, 170
software, ix, 51, 76, 85, 86, 87, 89, 90, 104, 114, 115, 116, 120, 128, 130, 131, 153, 155, 158, 176, 180, 182, 192, 193, 194, 200, 205, 211, 217, 222, 224, 226
subcontratação, 55, 208, 218, 219
sufixo, 209
superordenado, 48, 184, 199, 213, 220
tag, 192, 218
Tarifa, 156
tautologia, 48, 218
taxinomia, 192, 218

Manual Prático e Fundamental de Tradução Técnica | 243

técnica, vii, 1, 2, 3, 4, 5, 7, 8, 10, 11, 12, 14, 16, 19, 31, 33, 35, 36, 37, 38, 42, 49, 62, 64, 65, 66, 80, 81, 82, 84, 88, 90, 91, 94, 99, 105, 106, 107, 108, 114, 115, 116, 139, 150, 151, 169, 201, 203, 204, 207
tecnologia, 8, 11, 14, 33, 45, 119
teoria, 43, 44, 197, 218
terminocriatividade, 61, 62, 132, 173
terminologia, 4, 5, 35, 40, 41, 42, 43, 44, 45, 46, 49, 50, 51, 52, 54, 55, 57, 61, 67, 68, 69, 94, 102, 103, 107, 114, 116, 117, 120, 141, 166, 171, 173, 183, 185, 201, 203, 204, 207, 211, 219, 225
terminologias, 35, 40, 50, 55, 59, 60, 65, 76, 95, 99, 102, 130, 131, 150, 166, 168, 200, 215, 222
terminológico, 40, 41, 44, 45, 48, 53, 56, 59, 60, 62, 63, 66, 116, 132, 135, 177, 180, 182, 184, 189, 190, 191, 195, 206, 208, 210, 216, 222, 225
terminológicos, 40, 46, 48, 49, 54, 55, 56, 57, 58, 59, 60, 62, 65, 69, 95, 115, 116, 120, 121, 130, 141, 173, 178, 179, 181, 183, 184, 186, 189, 191, 193, 194, 196, 197, 199, 206, 207, 208, 211, 216, 218, 223
terminólogo, 41, 47, 48, 49, 50, 54, 55, 56, 57, 58, 59, 60, 130, 213, 219
Terminólogos, 95
termo, 3, 4, 42, 43, 44, 46, 47, 48, 49, 50, 64, 65, 67, 70, 71, 72, 73, 74, 77, 81, 84, 115, 130, 165, 178, 179, 180, 182, 184, 185, 188, 189, 191, 192, 193, 195, 196, 199, 203, 205, 206, 207, 208, 209, 210, 212, 216, 217, 218, 220, 221, 222, 224, 225, 245
Termo, 70, 72, 74, 76, 180, 191, 196, 197, 202, 206, 209, 210, 212, 216, 220, 221, 225
termos, 2, 6, 11, 33, 38, 40, 41, 42, 43, 44, 46, 50, 52, 53, 55, 57, 58, 59, 60, 61, 64, 65, 66, 68, 70, 75, 92, 93, 102, 113, 114, 117, 119, 124, 144, 160, 161, 178, 184, 191, 192, 193, 198, 199, 200, 203, 207, 210, 211, 212, 218, 219, 221, 225
testes finais, 136, 191, 214
texto de chegada, 10, 107, 114, 117, 123, 135, 140, 177, 191, 214, 221
texto de partida, 10, 38, 104, 106, 114, 116, 117, 118, 122, 123, 140, 141, 166, 169, 172, 173, 177, 205, 211, 215, 221
texto literário, 11, 36, 37, 38
texto técnico, 3, 4, 5, 10, 12, 13, 14, 15, 17, 26, 28, 31, 32, 33, 38, 40, 41, 106, 107, 114, 166, 245
textos técnicos, 3, 11, 12, 13, 17, 22, 23, 24, 26, 33, 36, 37, 62, 80, 81, 130
tradução, vii, ix, 1, 2, 4, 5, 7, 8, 10, 11, 16, 31, 33, 35, 36, 37, 38, 39, 41, 46, 50, 51, 52, 60, 65, 68, 72, 75, 76, 80, 81, 84, 85, 86, 87, 88, 89, 90, 91, 92, 93, 94, 96, 97, 98, 99, 100, 101, 102, 103, 104, 105, 106, 107, 108, 109, 112, 113, 114, 115, 116, 117, 118, 119, 120, 121, 122, 124, 125, 126, 127, 128, 129, 130, 132, 134, 135, 136, 137, 138, 139, 140, 141, 142, 143, 144, 145, 146, 147, 148, 149, 150, 151, 152, 153, 156, 160, 161, 162, 164, 165, 166, 168, 169, 170, 171, 172, 173, 174, 176, 177, 194, 195, 200, 204, 205, 208, 211, 214, 215, 217, 218, 221, 222, 224, 225
tradução técnica, 2, 4, 7, 11, 36, 37, 81, 90

tradutor, vii, 1, 3, 17, 33, 35, 36, 37, 38, 78, 81, 82, 87, 91, 92, 93, 96, 97, 99, 101, 102, 103, 106, 107, 108, 109, 111, 112, 115, 117, 118, 119, 121, 123, 125, 128, 129, 130, 135, 137, 138, 139, 140, 141, 142, 143, 145, 147, 148, 149, 150, 151, 152, 156, 157,158, 159, 160, 161, 164, 165, 169, 171, 173, 177, 194, 214, 223
tradutores, 1, 4, 22, 29, 30, 33, 38, 46, 54, 78, 84, 87, 91, 92, 94, 96, 97, 102, 105, 106, 107, 109, 113, 119, 120, 121, 135, 137, 138, 139, 142, 144, 145, 147, 148, 151, 152, 155, 156, 157, 158, 160, 162, 163, 164, 170, 172, 212
Tradutores, 35, 94, 137
traduzir, 5, 36, 37, 38, 52, 53, 64, 81, 91, 103, 107, 109, 114, 119, 120, 121, 124, 132, 139, 141, 149, 152, 153, 156, 159, 162, 165, 166, 170, 194
unidade, 42, 43, 44, 46, 47, 61, 76, 81, 131, 176, 182, 185, 188, 191, 196, 199, 202, 206, 215, 216, 220, 224
unidade terminológica, 42, 46, 47, 188, 191, 220, 224
utilizador, 19, 26, 49, 53, 88, 106, 119, 145, 149, 156, 176, 183, 205, 211, 224
validação, 207, 224
verificação, ix, 15, 16, 76, 103, 139, 142, 159, 171, 173, 174, 214, 225
Verificação, 171, 172, 173, 174, 214
verificar, 4, 45, 122, 129, 171, 172, 173
vocabulário, 28, 35, 40, 42, 47, 49, 54, 115, 176, 180, 189, 198, 203, 207, 210, 225

Notas

[1] Neste nosso trabalho, o conceito de "género" refere-se, com alguma amplitude, às características comuns de um determinado grupo, estilo, ou tipo de textos, e às suas características prototípicas, e não aos géneros gramatical ou literário. Quanto às especificidades do género de texto técnico, estas serão fornecidas mais adiante neste trabalho.
[2] (Isidro Pereira, 1984:572).
[3] (Bailly, 1930:1923).
[4] (Infopédia - Porto Editora, 2012).
[5] (Larrousse - termo: "technique").
[6] (Durão, 2007:22-24).
[7] A UNESCO adotou, a partir de 2005, uma classificação para as ciências e as tecnologias [que] abrange todas as áreas do conhecimento, desde a Medicina, a Matemática e as Ciências Tecnológicas à Pedagogia, Ética, Lógica, Artes e Letras (DURÃO, 2007:22-23).
[8] (Byrne, 2006:11).
[9] (Byrne, 2006:3).
[10] (Byrne, 2006:3): *'technical' means precisely that, something to do with technology and technological texts. Just because there is a specialised terminology, doesn't make something technical*, ibidem.
[11] (Correia & Mineiro, Neologia de importação no português europeu: desafios e medidas a tomar, 2004).
[12] (Contente, 2008:31).
[13] (Contente, 2008:31).
[14] (Contente, 2008:31).
[15] ISO 1087-1:2000, *Terminology work -- Vocabulary -- Part 1: Theory and application*.
[16] (UNESCO, 2005:3).
[17] (Contente, 2008:44).
[18] (UNESCO, 2005). Original em espanhol. T. do A.
[19] (Gamero Pérez, 2001:61).
[20] (Jakobson, 2003:69-69).
[21] (Eco, 2005:15).
[22] (Byrne, 2006:2).
[23] (Gamero Pérez 2001:23).
[24] (Gamero Pérez, 2001:26).
[25] (Gamero Pérez, 2001:28).
[26] (Gamero, 2001:28).
[27] (Gamero Pérez, 2001:35). T. do A.
[28] Segundo o *benchmarking*, um processo económico é
> uma sequência repetitiva de etapas utilizadas para transformar algo substancial (ou seja, um produto ou serviço inicial) numa produto final (o produto ou serviço resultante) que tem valor para [a empresa] e/ou para o […] cliente.

> Um único processo contém geralmente várias práticas. Cada processo é constituído por etapas, e cada etapa é constituída por uma ou mais práticas.
> Desta forma: Processos > Etapas > Práticas (Arkonte LLC, 2012).

[29] (Gamero Pérez, 2001:64).

[30] Gamero trabalhou sobre um *corpus* espanhol de materiais variados, e chegou a conclusões claras sobre os textos técnicos, o estudo da sua tipologia, e dos géneros textuais. Gamero refere, aliás, que
> si comparamos estos tipos con los propuestos por Hatim y Mason observaremos la ausencia del foco argumentativo. Ningún texto del corpus presenta este foco, ni como función dominante ni como secundaria. Podemos deducir que la argumentación no es propia de la técnica. (Gamero Pérez, 2001:67).

[31] (Gamero Pérez, 2001:36). T. do A.

[32] (Gamero Pérez, 2001:37).

[33] Afirma Gamero, no original, que (2001:38)
> teniendo en cuenta todo lo dicho, proponemos definir el texto técnico como un acto concreto de comunicación en el que los emisores son ingenieros, técnicos o profesionales; los receptores son otros ingenieros, técnicos, especialistas en formación o público general; la situación comunicativa está relacionada con la industria, la explotación agrícola, la fabricación de productos o la oferta de servicios; el foco predominante es la exposición o la exhortación; el modo es generalmente escrito; el campo es de carácter exclusivamente técnico [...].

[34] Tradução do autor. Gamero (2001:6) escreve que
> Podemos definir el género técnico como un prototipo de texto, utilizado en determinadas situaciones comunicativas que se repiten dentro de una cultura concreta en cualquiera de los ámbitos incluidos en la nomenclatura de la UNESCO para los campos de la tecnología, y que tiene la finalidad de que la comunicación se efectúe del modo más eficaz posible. Cada uno de los géneros técnicos presenta una serie de elementos textuales fijos: uno o dos focos contextuales (exhortativo, expositivo, o ambos combinados), un emisor que es siempre un especialista, un receptor que puede ser otro especialista o bien el público en general, un modo que puede ser escrito, oral o audiovisual, y, finalmente, y en tanto que prototipo, un funcionamiento textual interno de características relativamente fijas y convencionales.

[35] (Gamero, 2001:65).

[36] (Gamero Pérez, 2001:69):
> La propuesta no pretende ser exhaustiva ni definitiva. Hay que pensar que existen géneros que no hemos podido recoger en nuestro corpus. Además, conviene señalar que nunca dejan de

aparecer nuevos géneros, a medida que surgen nuevas necesidades comunicativas.
[37] (Gamero Pérez, 2001:65-66).
[38] (Gamero Pérez, 2001:67).
[39] (Gamero Pérez, 2001:69):
> *[...] los cuatro grupos que se incluyen en nuestra clasificación pueden considerarse típicos del campo técnico.*

[40] (Cunha & Cintra, 2005:1).
[41] (DeGeorge, 1984:1)
[42] (DeGeorge, 1984: v).
[43] (DeGeorge, 1984: 1).
[44] (Jakobson, 1975:64).
[45] (Contente, 2008: 35).
[46] (Rowley & Farrow, 2004: 9).
[47] (Gomes, Sebastião, Ávila, & Costa, 2000:4-5).
[48] Se 72% da população acima dos 15 anos de idade tem até ao terceiro ciclo de escolaridade, isso significará que o nível médio de leitura — de acordo com muitos outros estudos internacionais existentes, incluindo os da OCDE (OCDE-PISA) — será certamente abaixo desse nível de escolaridade; por exemplo, nos EUA, a capacidade de leitura de cerca de 50% dos adultos é pouco acima do sétimo ano de escolaridade (The Literacy Company).
[49] (Rowley & Farrow, 2004: 10).
[50] (Laubach & Koschnick, 1977:5).
[51] (Talebi, 2007: 2).
[52] (Araújo, 1987).
[53] (Goodman, [s.d.]:7).
[54] (Goodman, [s.d.]:2).
[55] (Dubay, 2008:1).
[56] (DuBay, The Principles of Readability, 2004:1).
[57] ([empresa de formação e consultoria], 2012).
[58] (Gaspar, 2006).
[59] A *newspeak* foi uma língua ficcional inventada pelo escritor George Orwell no seu romance *Nineteen Eighty-four*, e que representa a opressão do homem por um poder totalitário através de uma forma de niilismo linguístico que culminaria com a destruição do próprio pensamento. Orwell descreveu assim a *newspeak* no seu romance (Orwell, 2008: 312-313):
> *Newspeak was the official language of Oceania, and had been devised to meet the ideological needs of Ingsoc, or English Socialism. In the year 1984 there was not as yet anyone who used Newspeak as his sole means of communication, either in speech or writing. The leading articles of the Times were written in it, but this was a tour de force which could only be carried out by a specialist, It was expected that Newspeak would have finally superseded Oldspeak (or standard English, as we should call it) by about the year 2050. Meanwhile, it gained ground steadily, all party members tending to use Newspeak words and grammatical*

> constructions more and more in their everyday speech. The version in 1984, and embodied in the Ninth and Tenth Editions of Newspeak dictionary, was a provisional one, and contained many superfluous words and archaic formations which were due to be suppressed later. It is with the final, perfected version, as embodied in the Eleventh Edition of the dictionary, that we are concerned here.
>
> The purpose of Newspeak was not only to provide a medium of expression for the world-view and mental habits proper to the devotees of IngSoc, but to make all other modes of thought impossible. It was intended that when Newspeak had been adopted once and for all and Oldspeak forgotten, a heretical thought -- that is, a thought diverging from the principles of IngSoc -- should be literally unthinkable, at least so far as thought is dependent on words. Its vocabulary was so constructed as to give exact and often very subtle expression to every meaning that a Party member could properly wish to express, while excluding all other meaning and also the possibility of arriving at them by indirect methods. This was done partly by the invention of new words, but chiefly by eliminating undesirable words and stripping such words as remained of unorthodox meanings, and so far as possible of all secondary meaning whatever.

[60] (Allen, 2003).
[61] (Comissão Europeia, 2010).
[62] (Tidwell, 2000: 1-2).
[63] (Byrne, 2006: 4-5).
[64] (Zethsen, 1998).
[65] (Tarutz, 1992:22).
[66] (Eagleton, 2008:9)
[67] "*urgent personal voice*", no original (Folkart, 1999:36). T. do A.
[68] (Folkart, 1999:36). T. do A.
[69] No original, "*there are translations of poems, and then there are translations that actually are poems*" (Folkart, 1999:44). T. do A.
[70] (Newmark, 2011). T. do A. Diz assim o texto original:
> Literary and non-literary translation are two different professions, though one person may sometimes practise them both. They are complementary to each other and are noble, each seeking in the source text a valuable but different truth, the first allegorical and aesthetic, the second factual and traditionally functional. They sometimes each have different cultural backgrounds, occasionally referred to as 'the two cultures', which are detrimentally opposed to each other.
> Here there is a long history of mutual distortion and hostility: the literary is viewed as traditional, old-fashioned, academic, ivory

tower, out of touch; the non-literary as philistine, market-led, coal in the bath, uncivilised. The dividing line is the word 'engineer', ingénieur as an academic, mécanicien or monteur or Mechaniker in working life. In literary texts, these are the faintly Romantic, poetic, obsolescent 19th century words: lone, descry, brood, ponder, linger, rue, ease, all the personal words, which, when stripped of feeling and tenderness, may become non-literary: single, observe, meditate, contemplate, delay, regret, alleviate, the straight reporting words.

[71] (Lervad, 1999).
[72] (Correia, 2005:1).
[73] (Contente 2008:36).
[74] (Contente 2008:35-36).
[75] (Contente, 2008:36).
[76] (Contente, 2008:43-44).
[77] (dictionary.die.net, 2012).
[78] (Webster's Revised Unabridged Dictionary).
[79] (Answers Corporation, 2012).
[80] (Faultstich).
[81] (ibid.).
[82] (Facebook, 2012).
[83] (Kunder, 2012).
[84] (International Telecommunication Union, 2012).
[85] (IBM, 2007).
[86] (IBM, 2012).
[87] (Villalva, 2008:51).
[88] (Correia, 1998:62).
[89] (Correia, 1998:63).
[90] (Correia, 1998:65).
[91] (Dubuc, 1983:124).
[92] (Contente, 2008:171).
[93] (Correia, 1998:70).
[94] *Abensonhada* — origem: Mia Couto.
[95] (Correia, 1998:67-68).
[96] (ibid.).
[97] (ibid.).
[98] (Correia, 1998:64-65).
[99] (Correia, 1998:65).
[100] (Correia, 1998:66).
[101] (Correia, 1998:72).
[102] (Contente, 2008:166-171).
[103] (Contente, 2008:166).
[104] (Contente, 2008:167).
[105] (Contente, 2008:170).
[106] (Correia, 1998:67).
[107] (Correia, 1998:68).

[108] (ibid.).
[109] (ibid.).
[110] (Duarte, 2001:114).
[111] (Duarte, 2001:115).
[112] (Correia, 1998:68).
[113] (ibid.).
[114] (Duarte, 2001:117).
[115] (Correia, 1998:68).
[116] (ibid.).
[117] (Infopédia - Porto Editora, 2012).
[118] (Mossberg & Sons, Inc, 2012).
[119] (Correia, 1998:63).
[120] Para uma perceção visual deste conceito, visite MRA Instrumentação (2012).
[121] (Infopédia - Porto Editora, 2012).
[122] (ibid.).
[123] (ibid.).
[124] (Villalva, 2008:57 e Correia, 1998:63).
[125] Linguee (Linguee GmbH, 2012):
    sponsor
    noun, singular
    patrocinador m
    patrocinadora f
    patrocinar m· fiador m
[126] (Dictionary.die.net, 2012).
[127] (Correia, 1998:70).
[128] (Correia, 2005:10).
[129] Infopédia:
    hoax [hE§ks]
    nome
    [plural: -es]
    1. mistificação
    2. embuste, intrujice,
[130] (Infopédia - Porto Editora, 2012).
[131] (Correia, 2005:8).
[132] (Contente, 2008:168).
[133] (Dictionary.die.net, 2012)
[134] (Heltai, 2004:58).
[135] (Heltai, 2004:56).
[136] (Heltai, 2004:54).
[137] (ibid.).
[138] (ibid.).
[139] (Heltai, 2004:58-59).
[140] (Heltai, 2004:63-64).
[141] (ibid.).
[142] (Matis, 2005:13).

[143] Künzli (2005:229): "[...] *il est nécessaire d'avoir un niveau minimal de connaissances linguistiques et extralinguistiques pour pouvoir traduire et comprendre [...]*".
[144] (Jakobson, 1975:65).
[145] (Künzli 2005:229): "[*La stratégie globale*] *consiste à adapter le texte d'arrivée aux besoins des récepteurs, qui ne sont pas forcément des spécialistes*" e p. 227: "*Les notices techniques doivent tenir compte du niveau de formation générale et de la perspicacité qu'on peut raisonnablement attendre des usagers non-professionnels*".
[146] (Künzli 2005:240).
[147] (Künzli, 2005:225-226).
[148] O Brasil é claramente a maior potência da América do Sul e a segunda maior potência das Américas, imediatamente atrás, em dimensão e valor estratégico, dos Estados Unidos da América.
[149] A proximidade entre os EUA e o Brasil foi reiterada quando em março de 2011 o Presidente americano Barack Obama e a Presidente do Brasil Dilma Rousseff se encontram em Brasília para tratar de matérias relativas à Unasur e ao Mercosul.
[150] Exemplo disso são a Embraer e a Iveco Militar, com extensa produção no Brasil: ((Transpoonline) Editorial & Comunicação RQ Ltda, 2011):

> *O complexo industrial da Iveco em Sete Lagoas (MG) abrigará, também, a nova divisão nomeada Iveco Veículos de Defesa. A montadora, dedicada à produção de veículos militares, receberá investimentos da ordem de R$ 75 milhões.*
>
> *A nova unidade fabril ocupará uma área de 18 mil m2 e já tem a sua primeira fornada dedicada ao Exército Brasileiro. Trata-se do projeto do VBTP-MR, apelidado de "Guarani", um veículo blindado anfíbio em desenvolvimento pela IVD com o Exército Brasileiro. Ao todo, foram encomendadas 2.044 unidades do Guarani, sendo que o primeiro lote será entregue no segundo semestre de 2012 e os demais veículos serão entregues até 2014.*

(Embraer SA, 2011):

> *A Embraer desempenha um papel estratégico no sistema de defesa brasileiro, tendo fornecido mais de 50% da frota da força aérea brasileira. Cerca de 20 forças aéreas no exterior também operam os produtos Embraer. Uma linha de produtos de defesa baseados na plataforma do ERJ 145, tais como o EMB 145 AEW&C, para Alerta Aéreo Antecipado, o EMB 145 MULTI INTEL, para sensoreamento remoto e o EMB 145 MP, para patrulhamento marítimo e guerra anti-submarino, apresentam excelente potencial de vendas no concorrido mercado de defesa internacional. A empresa oferece também soluções para treinamento e ataque leve com o Super Tucano, sucesso comprovado em todas as aplicações empregadas. Já foram produzidas e entregues mais de 100 aeronaves para a FAB e outras tantas para Forças Aéreas de todo o mundo. Além desses, a Embraer está projetando uma das aeronaves mais modernas e completas de sua categoria: o KC-390.*

[151] (Defesanet Agência de Notícias Ltda., 2011):
> As Forças Armadas do país poderão funcionar como um novo polo de aproximação entre Brasil e Argentina. O Guarani, novo veículo blindado brasileiro, ainda não é produzido em larga escala no país, mas já pode ter sua primeira venda internacional confirmada nas próximas semanas. O Ministério da Defesa está negociando um lote piloto de 14 unidades para o exército argentino.
>
> Fruto de uma parceria entre o Centro de Tecnologia do Exército e a montadora italiana Iveco, o Guarani vai ser fabricado em uma nova linha de montagem da companhia ligada ao grupo Fiat em sua fábrica em Sete Lagoas, Minas Gerais.

[152] (IVECO Brasil, 2012):
> O estande da Iveco promete ser um dos mais visitados na 8ª edição da LAAD, a maior feira militar da América Latina, que acontece de 12 a 15 de abril no Riocentro, RJ. Depois de anunciar a criação de uma divisão de veículos militares no Brasil, a empresa vai mostrar no evento o esperado protótipo do VBTP-MR, batizado de "Guarani", veículo blindado anfíbio desenvolvido em conjunto com o Exército Brasileiro.

[153] Para informação detalhada acerca de indicadores económicos de países como o Brasil, Timor Leste, e os países pertencentes aos PALOP, cf. CIA - The World Factbook (Central Intelligence Agency, 2012).

[154] (CPLP, 2010).

[155] (Mateus, 2005:5).

[156] (Duarte, Medidas para a promoção do português como língua da ciência e de tecnologia, 2010).

[157] (Centro de Linguística da Universidade de Lisboa, 2012).

[158] (Marrafa, DTIL, [2006]).

[159] Um wordnet — isto é, um conjunto de léxicos computacionais relacionais, com ocorrências autênticas e excertos de textos extraídos da internet — e a sua arquitetura inspira-se na EuroWordNet (European Telematics Applications Programme, 2001) — uma base de dados multilingue com wordnets de várias línguas europeias — embora apresente desenvolvimentos próprios. Como afirma Marrafa,
> uma wordnet é uma rede léxico-conceptual que se estrutura em torno de nós que correspondem a conceitos, representados por todas as suas lexicalizações, e de um conjunto de relações entre os conceitos que permite derivar o sentido das expressões linguísticas que constam da rede. (Marrafa, DTIL, [2006]).

[160] (Marrafa, DTIL, [2006]).

[161] (ibid.).

[162] (Marrafa, Amaro, Mendes, Chaves, & Lourosa, 2009).

[163] (Marrafa, DTIL, [2006]).

[164] (ibid.).

[165] (ibid.).

[166] (Correia, Os Dicionários Portugueses:23-25).
[167] (IATE, 2012).
[168] (European Committee for Standardization, 2006:6). T. do A.
[169] O doPDF pode ser descarregado a partir de http://www.dopdf.com/.
[170] Pode efetuar a descarga do CV Europass através da seguinte hiperligação: http://europass.cedefop.europa.eu/pt/documents/curriculum-vitae)
[171] Cf. (Parlamento Europeu) através da seguinte hiperligação: http://ec.europa.eu/information_society/policy/ecomm/doc/library/call_tenders/art7_translations/faq4.pdf.
[172] O programa *Freebudget* pode ser descarregado gratuitamente a partir do seguinte sítio Web: http://www.webbudget.com/.
[173] Fonte: Salary.Com: http://swz.salary.com/SalaryWizard/Translator-Salary-Details-New-York-NY.aspx, acedido em 26 de agosto de 2012.
[174] HOCK (1986) / BOUTIN-QUESNEL et alii (1985) apud (Instituto de Linguística Teórica e Computacional (ILTEC)).
[175] (DGIDC - Ministério da Educação).
[176] (Instituto de Linguística Teórica e Computacional (ILTEC)).
[177] NORMALISATION FRANÇAISE (1990) apud (Instituto de Linguística Teórica e Computacional (ILTEC)).
[178] BOUTIN-QUESNEL et alii (1985) apud (Instituto de Linguística Teórica e Computacional (ILTEC)).
[179] NORMALISATION FRANÇAISE (1990) apud (Instituto de Linguística Teórica e Computacional (ILTEC)).
[180] GALISSON (1976) / BOUTIN-QUESNEL et alli (1985) apud (Instituto de Linguística Teórica e Computacional (ILTEC)).
[181] NORMALISATION FRANÇAISE (1990) apud (Instituto de Linguística Teórica e Computacional (ILTEC)).
[182] LYONS (1977) apud (Instituto de Linguística Teórica e Computacional (ILTEC)).
[183] (ibid.).
[184] GALISSON (1976) / BOUTIN-QUESNEL et alli (1985) apud (Instituto de Linguística Teórica e Computacional (ILTEC)).
[185] LYONS (1977) apud (Instituto de Linguística Teórica e Computacional (ILTEC)).
[186] BOUTIN-QUESNEL et alii (1985). / NORMALISATION FRANÇAISE (1990) apud (Instituto de Linguística Teórica e Computacional (ILTEC)).
[187] (Infopédia - Porto Editora, 2012).
[188] BOUTIN-QUESNEL et alii (1985). / NORMALISATION FRANÇAISE (1990) apud (Instituto de Linguística Teórica e Computacional (ILTEC)).
[189] BOUTIN-QUESNEL et alii (1985) apud (Instituto de Linguística Teórica e Computacional (ILTEC)).
[190] (ibid.).
[191] (ibid.).
[192] (ibid.).
[193] (ISO 9000:2000, definição 3.9.12).
[194] (Instituto de Linguística Teórica e Computacional (ILTEC)).
[195] NORMALISATION FRANÇAISE (1990) apud (Instituto de Linguística Teórica e Computacional (ILTEC)).

[196] (ibid.).
[197] Apud (IEEE, 2012).
[198] GALISSON & COSTE (1976) apud (Instituto de Linguística Teórica e Computacional (ILTEC)).
[199] BOUTIN-QUESNEL et alii (1985). / NORMALISATION FRANÇAISE (1990) apud (Instituto de Linguística Teórica e Computacional (ILTEC)).
[200] NORMALISATION FRANÇAISE (1990) apud (Instituto de Linguística Teórica e Computacional (ILTEC)).
[201] (Infopédia - Porto Editora, 2012).
[202] (Instituto de Linguística Teórica e Computacional (ILTEC)).
[203] (Infopédia - Porto Editora, 2012).
[204] BOUTIN-QUESNEL et alii (1985). / NORMALISATION FRANÇAISE (1990) apud (Instituto de Linguística Teórica e Computacional (ILTEC)).
[205] (ibid.).
[206] (ibid.).
[207] BOUTIN-QUESNEL et alii (1985) apud (Instituto de Linguística Teórica e Computacional (ILTEC)).
[208] (OASIS, 2012). T. do A.
[209] (Learning Solutions Magazine, 2012). T. do A.
[210] (Codex Systems Inc., 2012). T. do A.
[211] (Learning Solutions Magazine, 2012). T. do A.
[212] BOUTIN-QUESNEL et alii (1985). / NORMALISATION FRANÇAISE (1990) apud (Instituto de Linguística Teórica e Computacional (ILTEC)).
[213] DESMET (1990) apud (Instituto de Linguística Teórica e Computacional (ILTEC)).
[214] NORMALISATION FRANÇAISE (1990) apud (Instituto de Linguística Teórica e Computacional (ILTEC)).
[215] (ibid.).
[216] BOUTIN-QUESNEL et alii (1985) apud (Instituto de Linguística Teórica e Computacional (ILTEC)).
[217] NORMALISATION FRANÇAISE (1990) apud (Instituto de Linguística Teórica e Computacional (ILTEC)).
[218] (ibid.).
[219] (Instituto de Linguística Teórica e Computacional (ILTEC)).
[220] BOUTIN-QUESNEL et alii (1985) apud (Instituto de Linguística Teórica e Computacional (ILTEC)).
[221] (Instituto de Linguística Teórica e Computacional (ILTEC))
[222] (Priberam Informática, S.A. , 2012).
[223] BOUTIN-QUESNEL et alii (1985) apud (Instituto de Linguística Teórica e Computacional (ILTEC)).
[224] BOUTIN-QUESNEL et alii (1985). / NORMALISATION FRANÇAISE (1990) apud (Instituto de Linguística Teórica e Computacional (ILTEC))
[225] (ibid.).
[226] (ISO 9000:2000, definição 3.7.2).
[227] BOUTIN-QUESNEL et alii (1985) apud (Instituto de Linguística Teórica e Computacional (ILTEC)).

[228] (Infopédia - Porto Editora, 2012).
[229] BOUTIN-QUESNEL et alii (1985). / NORMALISATION FRANÇAISE (1990) apud (Instituto de Linguística Teórica e Computacional (ILTEC)).
[230] (ibid.).
[231] (ibid.).
[232] (ibid.).
[233] (ibid.).
[234] Apud (Bidgoli, 2004).
[235] Apud (Khosrow–Puor, 2006).
[236] Apud (Heymann & Garcia-Molina).
[237] NORMALISATION FRANÇAISE (1990) apud (Instituto de Linguística Teórica e Computacional (ILTEC)).
[238] BOUTIN-QUESNEL et alii (1985) apud (Instituto de Linguística Teórica e Computacional (ILTEC)).
[239] (ibid.).
[240] BOUTIN-QUESNEL et alii (1985). / NORMALISATION FRANÇAISE (1990) apud (Instituto de Linguística Teórica e Computacional (ILTEC)).
[241] (Infopédia - Porto Editora, 2012).
[242] BOUTIN-QUESNEL et alii (1985). / NORMALISATION FRANÇAISE (1990) apud (Instituto de Linguística Teórica e Computacional (ILTEC)).
[243] SALEM (1987) / NORMALIZATION FRANÇAISE (1990) apud (Instituto de Linguística Teórica e Computacional (ILTEC)).
[244] (Instituto de Linguística Teórica e Computacional (ILTEC)).
[245] NORMALISATION FRANÇAISE (1990) apud (Instituto de Linguística Teórica e Computacional (ILTEC)).
[246] (ibid.).
[247] (Instituto de Linguística Teórica e Computacional (ILTEC)).
[248] JAKOBSON (1963) apud (Instituto de Linguística Teórica e Computacional (ILTEC)).
[249] HALLIDAY (1978) apud (Instituto de Linguística Teórica e Computacional (ILTEC)).
[250] LYONS (1977) / LEVINSON (1983) apud (Instituto de Linguística Teórica e Computacional (ILTEC)).
[251] DUBOIS et alii (1973) apud (Instituto de Linguística Teórica e Computacional (ILTEC)).
[252] (Infopédia - Porto Editora, 2012).
[253] NORMALISATION FRANÇAISE (1990) apud (Instituto de Linguística Teórica e Computacional (ILTEC)).
[254] LYONS (1977) apud (Instituto de Linguística Teórica e Computacional (ILTEC)).
[255] LYONS (1977) apud (Instituto de Linguística Teórica e Computacional (ILTEC)).
[256] BOUTIN-QUESNEL et alii (1985) apud (Instituto de Linguística Teórica e Computacional (ILTEC)).
[257] BOUTIN-QUESNEL et alii (1985). / NORMALISATION FRANÇAISE (1990) apud (Instituto de Linguística Teórica e Computacional (ILTEC)).
[258] (Infopédia - Porto Editora, 2012).

[259] BOUTIN-QUESNEL et alii (1985) apud (Instituto de Linguística Teórica e Computacional (ILTEC)).
[260] (ibid.).
[261] (ibid.).
[262] (dictionary.die.net, 1996-2012). T. do A.
[263] HAIMAN (1985) apud (Instituto de Linguística Teórica e Computacional (ILTEC)).
[264] POTTIER (1974) apud (Instituto de Linguística Teórica e Computacional (ILTEC)).
[265] BAUER (1988) apud (Instituto de Linguística Teórica e Computacional (ILTEC)).
[266] SALEM (1987) apud (Instituto de Linguística Teórica e Computacional (ILTEC)).
[267] (Instituto de Linguística Teórica e Computacional (ILTEC)).
[268] QUEMADA (1987) / REY (1986) / GALISSON (1987) apud (Instituto de Linguística Teórica e Computacional (ILTEC)).
[269] BOUTIN-QUESNEL et alii (1985) apud (Instituto de Linguística Teórica e Computacional (ILTEC)).
[270] (ibid.).
[271] (ibid.).
[272] GUILBERT (1971) apud (Instituto de Linguística Teórica e Computacional (ILTEC)).
[273] Designação "duplo byte" apud (Instituto Camões - Centro de Recursos de Tradumática em Português, 2008).
[274] NORMALISATION FRANÇAISE (1990) apud (Instituto de Linguística Teórica e Computacional (ILTEC)).
[275] (ibid.).
[276] (ibid.).
[277] (ibid.).
[278] BOUTIN-QUESNEL et alii (1985) apud (Instituto de Linguística Teórica e Computacional (ILTEC)).
[279] BOUTIN-QUESNEL et alii (1985). / NORMALISATION FRANÇAISE (1990) apud (Instituto de Linguística Teórica e Computacional (ILTEC)).
[280] NORMALISATION FRANÇAISE (1990) apud (Instituto de Linguística Teórica e Computacional (ILTEC)).
[281] (ibid.).
[282] BOUTIN-QUESNEL et alii (1985) apud (Instituto de Linguística Teórica e Computacional (ILTEC)).
[283] (ibid.).
[284] BOUTIN-QUESNEL et alii (1985). / NORMALISATION FRANÇAISE (1990) apud (Instituto de Linguística Teórica e Computacional (ILTEC)).
[285] (Infopédia - Porto Editora, 2012).
[286] BOUTIN-QUESNEL et alii (1985). / NORMALISATION FRANÇAISE (1990) apud (Instituto de Linguística Teórica e Computacional (ILTEC)).
[287] (ibid.).
[288] BOUTIN-QUESNEL et alii (1985) apud (Instituto de Linguística Teórica e Computacional (ILTEC)).

[289] BOUTIN-QUESNEL et alii (1985). / NORMALISATION FRANÇAISE (1990) apud (Instituto de Linguística Teórica e Computacional (ILTEC)).
[290] (ibid.).
[291] NORMALISATION FRANÇAISE (1990) apud (Instituto de Linguística Teórica e Computacional (ILTEC)).
[292] (ibid.).
[293] (ibid.).
[294] GALISSON (1976) / NORMALISATION FRANÇAISE (1990) apud (Instituto de Linguística Teórica e Computacional (ILTEC)).
[295] (Instituto de Linguística Teórica e Computacional (ILTEC)).
[296] (ibid.).
[297] NORMALISATION FRANÇAISE (1990) apud (Instituto de Linguística Teórica e Computacional (ILTEC)).
[298] BOUTIN-QUESNEL et alii (1985). / LERAT (1987) apud (Instituto de Linguística Teórica e Computacional (ILTEC)).
[299] HALLIDAY (1978) apud (Instituto de Linguística Teórica e Computacional (ILTEC)).
[300] BOUTIN-QUESNEL et alii (1985). / NORMALISATION FRANÇAISE (1990) apud (Instituto de Linguística Teórica e Computacional (ILTEC)).
[301] BAUER (1988) apud (Instituto de Linguística Teórica e Computacional (ILTEC)).
[302] BOUTIN-QUESNEL et alii (1985). / NORMALISATION FRANÇAISE (1990) apud (Instituto de Linguística Teórica e Computacional (ILTEC)).
[303] NORMALISATION FRANÇAISE (1990) apud (Instituto de Linguística Teórica e Computacional (ILTEC)).
[304] BOUTIN-QUESNEL et alii (1985). / NORMALISATION FRANÇAISE (1990) apud (Instituto de Linguística Teórica e Computacional (ILTEC)).
[305] NORMALISATION FRANÇAISE (1990) apud (Instituto de Linguística Teórica e Computacional (ILTEC)).
[306] (OpenCrowd, 2010).
[307] (dictionary.die.net, 1996-2012). T. do A.
[308] BOUTIN-QUESNEL et alii (1985) apud (Instituto de Linguística Teórica e Computacional (ILTEC)).
[309] LYONS (1977) apud (Instituto de Linguística Teórica e Computacional (ILTEC)).
[310] BOUTIN-QUESNEL et alii (1985) apud (Instituto de Linguística Teórica e Computacional (ILTEC)).
[311] BOUTIN-QUESNEL et alii (1985). / NORMALISATION FRANÇAISE (1990) apud (Instituto de Linguística Teórica e Computacional (ILTEC)).
[312] (Infopédia - Porto Editora, 2012).
[313] LYONS (1977) apud (Instituto de Linguística Teórica e Computacional (ILTEC)).
[314] (Isidro Pereira, 1984:565).
[315] (Isidro Pereira, 1984:391).
[316] GREIMAS & COURTÉS (1979) apud (Instituto de Linguística Teórica e Computacional (ILTEC)).
[317] (Infopédia - Porto Editora, 2012).
[318] Apud (European Distributed Institute of Taxonomy (EDIT)).
[319] Apud (Bennett & Blake).

[320] BOUTIN-QUESNEL et alii (1985). / NORMALISATION FRANÇAISE (1990) apud (Instituto de Linguística Teórica e Computacional (ILTEC)).
[321] NORMALISATION FRANÇAISE (1990) apud (Instituto de Linguística Teórica e Computacional (ILTEC)).
[322] (Infopédia - Porto Editora, 2012).
[323] CAETANO MOCHO (1990) / CASSEN & DEGREMONT (1986) apud (Instituto de Linguística Teórica e Computacional (ILTEC)).
[324] (Instituto de Linguística Teórica e Computacional (ILTEC)).
[325] BOUTIN-QUESNEL et alii (1985) apud (Instituto de Linguística Teórica e Computacional (ILTEC)).
[326] NORMALISATION FRANÇAISE (1990) apud (Instituto de Linguística Teórica e Computacional (ILTEC)).
[327] (ibid.).
[328] LYONS (1977) apud (Instituto de Linguística Teórica e Computacional (ILTEC)).
[329] (ibid.).
[330] BOUTIN-QUESNEL et alii (1985) apud (Instituto de Linguística Teórica e Computacional (ILTEC)).
[331] BOUTIN-QUESNEL et alii (1985). / NORMALISATION FRANÇAISE (1990) apud (Instituto de Linguística Teórica e Computacional (ILTEC)).
[332] BOUTIN-QUESNEL et alii (1985) apud (Instituto de Linguística Teórica e Computacional (ILTEC)).
[333] NORMALISATION FRANÇAISE (1990) apud (Instituto de Linguística Teórica e Computacional (ILTEC)).
[334] BOUTIN-QUESNEL et alii (1985). / NORMALISATION FRANÇAISE (1990) apud (Instituto de Linguística Teórica e Computacional (ILTEC)).
[335] REY (1986) apud (Instituto de Linguística Teórica e Computacional (ILTEC)).
[336] (Infopédia - Porto Editora, 2012).
[337] NORMALISATION FRANÇAISE (1990) apud (Instituto de Linguística Teórica e Computacional (ILTEC)).
[338] BOUTIN-QUESNEL et alii (1985) apud (Instituto de Linguística Teórica e Computacional (ILTEC)).
[339] NORMALISATION FRANÇAISE (1990) apud (Instituto de Linguística Teórica e Computacional (ILTEC)).
[340] (ibid.).
[341] BAUER (1988) apud (Instituto de Linguística Teórica e Computacional (ILTEC)).
[342] BOUTIN-QUESNEL et alii (1985) apud (Instituto de Linguística Teórica e Computacional (ILTEC)).
[343] (ibid.).
[344] (ibid.).
[345] (ibid.).
[346] (ibid.).
[347] GUILBERT (1971) apud (Instituto de Linguística Teórica e Computacional (ILTEC)).
[348] (Instituto de Linguística Teórica e Computacional (ILTEC)).
[349] (ibid.).
[350] (ibid.).

[351] REY (1986) apud (Instituto de Linguística Teórica e Computacional (ILTEC)).
[352] (Instituto de Linguística Teórica e Computacional (ILTEC)).

www.ingramcontent.com/pod-product-compliance
Lightning Source LLC
LaVergne TN
LVHW051545070426
835507LV00021B/2410